JN110739

子どもたちは インターネットや ゲームの世界で何を しているんだろう？

—— 児童精神科医からみた
子どもたちの「居場所」

関 正樹 著

金子書房

目次

第2部　ゲームの世界と子どもたち　　　　　81

4. ゲームやオンラインゲームの世界　　　　82

はじめに

子どもたちの「居場所」としてのインターネット・ゲームの世界

0.1 子どもたちはインターネットやゲームの世界で何をしているんだろう

　現代においては、大人も子どもも何らかの形でインターネットを利用していると思われます。令和3年度の通信利用動向調査[1] における、個人でのインターネット利用率は82.9%であり、インターネットは今や多くの人々にとってなくてはならないものになっていますし、最近では若年層（子ども）や老年期にまでその普及が進んでいるといわれています。その背景には、もちろん、スマートフォン（スマホ）の普及もあるでしょう。

　例えば、大人の1日を例にとってみましょう。朝起床し、昨夜視聴し損ねたサッカーの試合を配信で視聴しながら、出勤の準備をする。電車内でニュースアプリをチェックし、時間を持て余すとゲームをする。会社では、手早くメールをチェックし、今日のスケジュールを確認する。いくつかの会議をウェブで行い、プロジェクトの進捗状況を共有する。帰宅途中に歩きながら友人と通話アプリで話す。帰宅後、ネットで注文しておいた書籍を宅配便で受け取り、夕食後には、いくつかのSNSをチェックし、友人にコメントを残すとともに、自身も今日の出来事などを投稿する。スマホでサブスクの動画をいくつか見ながら、眠りにつく。こんな生活を送っていらっしゃる方もいるのではないでしょうか。

　これらの1日の行動の多くはインターネットなしには成立し得ません。我々の生活は、知らず知らずのうちにインターネット抜きでは成り立たなくなっています。

　そして、大人には大人の生活スタイル、子どもには子どもの生活スタイルがありますから、大人と子どもではインターネットで何を利用するのかについては大きな違いがありそうです。

1

（1）スマホ利用は右肩上がり

　令和3年度の青少年のインターネット利用環境実態調査[2]によると、青少年の97.7%がインターネットを利用しています。インターネットを利用する機器としてはスマートフォンが最も多くなっており、スマートフォンを用いたインターネットの利用は全体で平成28年度の53.4%から令和3年度の77.0%へと右肩上がりに増加をしています（図1）。

　このデータは平成30年度以降とその以前で質問項目が異なっているため、直接比較はできないのですが、それでもここ数年でスマートフォンによるインターネット利用が子どもたちにとって身近なものになってきていることが見てとれます。

　また、この調査によれば7歳ですでに20.3%の子どもが子ども専用のスマートフォンを使用していることがわかっています。東京都における調査を見ても小学校低学年で19%の子どもがスマホを所有してていることがわかっています[3]ので、私たち大人が思うよりずっと多くの子どもが幼い頃からスマホを所有しているといえるのではないでしょうか？そして、10歳では48.0%、12歳

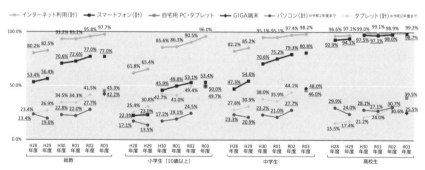

(注1)回答した青少年全員をベースに集計。回答数は以下のとおり。（下記の小学生は、10歳以上）
令和3年度：総数(n=3395) 小学生(n=1101) 中学生(n=1318) 高校生(n=0967) **令和2年度**：総数(n=3605) 小学生(n=1100) 中学生(n=1407) 高校生(n=1083)
令和元年度：総数(n=3194) 小学生(n=1081) 中学生(n=1241) 高校生(n=0868) **平成30年度**：総数(n=3079) 小学生(n=0990) 中学生(n=1175) 高校生(n=0903)
平成29年度：総数(n=3288) 小学生(n=1016) 中学生(n=1309) 高校生(n=0942) **平成28年度**：総数(n=3284) 小学生(n=1012) 中学生(n=1279) 高校生(n=0987)

(注2)「スマートフォン(計)」は、「スマートフォン」、「契約していないスマートフォン」のいずれかを利用すると回答した青少年。平成28年度から令和2年度までは、「スマートフォン(計)」は、「スマートフォン」、「格安スマートフォン」、「子供向けスマートフォン」、「契約切れスマートフォン」(平成28年度から平成29年度までは、携帯電話の契約が切れたスマートフォン」)のいずれかを利用すると回答した青少年。「パソコン(計)」は、「ノートパソコン」、「デスクトップパソコン」のいずれかを利用すると回答した青少年。「タブレット(計)」は、「タブレット」、「学習用タブレット」、「子供向け娯楽用タブレット」のいずれかを利用すると回答した青少年。複数の機器を使用している場合もあるため、(計)は、合計値が100%とならない。

(注3)インターネット利用率についての質問形式は、平成28年度から平成29年度までは「青少年に調査した15機器のうち、いずれかの機器でのインターネット利用の有無」を問う設問であり、平成30年度以降の「インターネット利用の有無」を問う設問と相違があるため、平成29年度までの調査結果とは直接比較できない。

(青少年Q1-1,Q1-2)

図1　青少年の機器ごとのインターネット利用状況（平成28年度から令和3年度）[2]

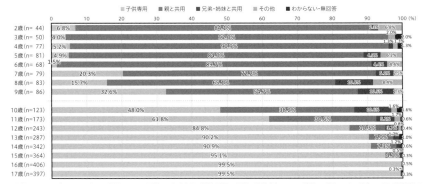

図2　年齢別のインターネット利用状況[2]

(注1)「スマートフォン」でインターネットを利用していると回答した青少年及び低年齢層の子供の保護者をベースに集計。0歳(n=2)、1歳(n=16)は回答数が少ないため図示しない。

(注2)青少年は本人に、低年齢層の子供は保護者に対して調査した結果であるため、直接比較することはできない。

(青少年 Q2、低年齢層の子供の保護者 Q2)

では84.8%、15歳では95.1%と年齢層が上がるにつれて、より多くの子どもたちが自分専用のスマートフォンをもつようになります（図2）。

　「塾の行き帰りが心配で」「中学校に入学したら買って欲しいとせがまれて」など、そのきっかけはさまざまだと思いますが、高校生にもなれば、ほとんど全員が自分専用のスマートフォンをもっている現状を考えると、どれだけ大人が遠ざけようとしても、10代の間にスマートフォンと出会い、自分専用のスマートフォンでインターネットを利用し始めるといえそうです。

（2）インターネットを通じ、オン／オフで気軽につながる子どもたち

　では、子どもたちはインターネットで何をしているのでしょうか。

　多くの大人は、小学生くらいですと、YouTubeの視聴、中高生ですとSNS、スマホでのオンラインゲームなどを思い浮かべるかもしれませんね。

　令和3年度青少年のインターネット利用環境実態調査[2]によれば、小学生の96.0%、中学生の98.2%、高校生の99.2%と、多くの子どもがインターネットを利用しています。利用する端末はスマートフォンが最も多く（68.8%）、続いてゲーム機（59.8%）、そして自宅用のパソコンやタブレット（45.3%）、学校から配布・指定されたパソコンやタブレット（42.2%）、テレビ（46.7%）がほぼ同数で並んでいます。一昔前はインターネットといえばパソコンという時代も

あったと思いますが、今や多様な機器でインターネットが利用できる時代になったといえるでしょう。では、多くの子どもたちはインターネットの世界で何をしているのでしょう？

インターネットを利用することで、私たちは電子メールの送受信、ホームページやブログ、ソーシャルネットワークサービス（SNS）の閲覧や書き込み、チャットや通話アプリを通じたコミュニケーション、動画投稿・共有サイトの利用、オンラインゲーム、情報検索や商品サービスの購入、eラーニングや商取引などさまざまなことをすることができます。

図3は令和3年度通信利用動向調査における年齢階層別のインターネットの利用目的をまとめたものです。大人と10代の若者の間では、電子メールを送受信することや、ホームページやブログの利用、情報検索や商品・サービスの購入・取引についてはそれほど大きな差は見出せませんが、SNSの利用や動画投稿・共有サイトの利用、オンラインゲームの利用においては10代から20代の若者の利用が50代・60代に比べて多いことがわかります。そして、さらに見逃せないのはeラーニングでしょう。最近の学習アプリの充実には目を見張るものがありますが、10代の半数近くの子どもがeラーニングを導入していることがわかります。学校により導入されているものもありますので、一概にはいえませんが「どうせ、スマホでYouTubeかゲーム」なんてと思っていたら大間

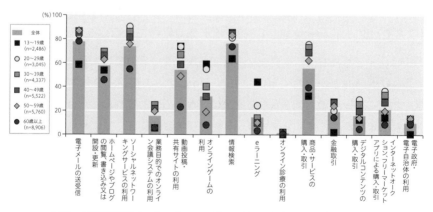

図3　年齢階層別インターネットの利用目的・用途（複数回答）（2020年）
[総務省　通信利用動向調査より]

違いなのかもしれませんね。

　さて、濱田らによる、都内の高校生を対象としたインターネットの利用に関する調査においては、SNSの利用が92.9%と最も多くなっており、次いで画像・動画・音楽の視聴、ホームページの閲覧と続いています。そして、29.5%の高校生がウェブコミックやネット小説を利用し、25.1%はソーシャルゲーム以外のオンラインゲームを利用すると報告しています。そして、SNSを利用する目的としては「友達や知り合いとのコミュニケーションをとるため」（95.3%）が最も多く、「学校・部活動などの事務的な連絡」（78.5%）、「暇つぶしのため」（68.3%）、「情報収集」（61.5%）などが挙げられています[4]。この調査からはスマホでSNSを利用することが多いこともわかっていますので、高校生くらいになってくると、スマホ、そして、LINEをはじめとするSNSは事務的な連絡にも、友達との関係の維持にも必要なものであることがわかります。

　高校生が利用するSNSとしてはLINE（98.3%）、Twitter（79.7%）の順に多く、Instagram（48.5%）がそれに続きます。同じSNSとはいっても、LINE、Twitter、Instagram、FacebookではそれぞれSNSとしての性質が異なりますから、使っているユーザー層やその年齢層、利用の目的も大きく異なるものと思われます。

　つながる友達についてもみてみましょう。この調査ではSNS上だけの友達がいる高校生が35.5%おり、そのようないわゆる「ネッ友」に実際に会ったことがある人は19.1%となっています。多くの高校生は、コミュニケーションや情報収集、暇つぶしのためにLINEやTwitterなどのSNSを利用し、大人が考えているよりもずっとカジュアルに友人関係を構築しており、オフラインでも出会う機会が多いといえそうです。また、これらは高校生に限った話ではなく、小中学生における調査でも小中学生の59%にはネッ友がおり、その知り合うきっかけはゲーム（48%）、LINE（23%）、Twitter（19%）となっていますから、また、実際にこれらのネッ友と会ったことのある小学生は14%、中学生は11%とされています[5]。

　実際に私が診察室で出会うような思春期の子どもたちも、趣味であるカードゲームを通じてTwitterでつながった友だちとリアルでも遊ぶようになり、カラオケボックスなどでカードゲームをしてワイワイ楽しんだり、好きなアイド

ルつながりからTwitterで知り合った友だちと実際にライブに一緒に出かけたりするようなことはよく耳にします。

　多くの大人は、眉をひそめるかもしれませんが、良い、悪いの問題ではなく、これは現代における子どもたちとSNSの関わりの実情ですので、それはそれとして知っておく必要があるでしょう。そして、そのうえで、子どもたちと大人がSNSの利用の仕方やネッ友とリアルで出会うことのリスクのグラデーションなどについてお互いに話し合えるような関係を作っていく必要があるように思います。

（3）子どもたちがいるインターネットやゲームの世界を知るために

　子どもたちがスマホをさわる姿を大人が見れば、何か暇つぶしに遊んでいるだけのように見えることもありますが、eラーニングのアプリを用いて英語の勉強している子どももいれば、ネット小説を読んでいる子どもやYouTubeなどの動画投稿・共有サイトを眺めている子どももいるでしょうし、何らかのゲームを楽しんでいる子どももいるかもしれません。そして、ゲームと一口にいっても、バトルロワイヤルのゲームからパズルアクションゲームまでその内容は多岐にわたります。そして、同じようなコンテンツを利用していたとしても、何を求めて子どもたちがそのコンテンツを利用しているか、その背景はさまざまです。ある子どもはSNSを通じて新たな友達を作ることを求めているかもしれませんし、ある子どもは自分の大好きな車に関する情報収集やディスカッションがしたいのかもしれません。

　これらのインターネットやゲームの世界については、ネット依存やスマホ依存などの（医学的に適切とはいい難い）言葉もメディアなどでよく見かけるようになりましたし、香川県のようにネットやゲームの利用の仕方そのものを規制する条例が可決された地域もあります。アメリカ精神医学会の診断基準であるDSM-5のさらなる研究を要する項目にインターネットゲーム障害（Internet Gaming Disorder）が取り上げられたことや、ICD-11にゲーム行動症が収載されたこともあり、子どもを取り巻くインターネットやゲームの世界について、どちらかといえば厳しい評価が続いているようにみえます。

　こうした状況もあって、多くの大人はインターネットやゲーム、そして、そ

の元凶にも感じるスマートフォンを子どもから遠ざけたいと思っている部分も
あるかもしれません。

　しかし、インターネットで利用できるコンテンツ、サービスは日常のすみず
みまで浸透し、大人にとっても子どもにとっても、なくてはならない存在になっ
ています。そして、現在は子どもであっても、いずれは大人になります。イン
ターネットが当たり前に身近にあることを前提とし、できるだけ安全かつ適切
にコンテンツやサービスを利用できるよう、私たち大人は教育し、見守ってい
く必要があります。

　とはいえ、大人がその中身のすべてを知る必要はありませんし、必ずしも子
どもたちよりもインターネットやSNS、オンラインゲームなどについての知識
がある必要はありません。けれども、何も知らなければ不安のあまり、「危ない
よ」と遠ざけるだけの教育をしてしまいがちです。子どもたちと対話をし、そ
の適切な使い方を一緒に考えられるようになるために、私たち大人は子どもた
ちと対話をするための土俵に立つだけの知識はもたねばならないでしょう。自
分が好きなものを遠ざけようとする大人とは子どもは対話をしたいとは思いま
せんし、まったく知識がない大人には、その煩わしさから子どもは自分の世界
について語ろうとしません。

　例えば、日々利用していると思われるメールの送受信などに関しては、多く
の大人が迷惑メールに関する知識やフィッシング詐欺に関する知識はあるもの
と思われます。また、どのようなホームページを閲覧すると好ましくないか、な
ぜ自分が閲覧したサイトと関連する広告が表示されやすくなるのかなどについ
ては子どもたちと対話することができる知識をもっている大人は多いものと思
われます。それは、私たちが日頃からそのサービスをよく利用しているからで
す。また、情報収集としてのホームページの閲覧などから子どもたちを遠ざけ
ようとする大人や、eラーニングから子どもたちを遠ざけようとする大人も少
ないでしょう。それは、大人からみて情報収集やeラーニングが教育上役に立
つということを知っているからです。

（4）オンラインの世界を「居場所」の視点でみてみよう

　本書においては、児童期や思春期の子どものインターネットの利用、中でも

SNSやYouTubeなどの動画投稿・共有サイトやライブ配信、ネット小説などのネット上での表現活動や創作活動、オンラインゲームなどの現状について概観します。そのうえで「居場所」という視点から子どもたちがなぜそのような「居場所」を必要とするのかについてとらえ直し、インターネットやゲームの世界にいる子どもたちとの向き合い方について考えてみようと思います。

したがって、本書はスマホやネットを遠ざける方法を扱ったハウツー本ではありません。そのような内容を期待して手に取ってくださった方には本当に申し訳ありません。

また、「居場所」という視点からとらえ直す性質上、中立的な立場でもなく、道徳的でもありません。けれども、不登校の子どもたちにとっての溺れそうな現実から逃れるためのオンラインゲームの世界のような、「もう消えてしまいたい」と思っている子どもたちにとってのTwitterのタイムライン上に流れ、消えていく思いのような、ささやかな「居場所」に少しだけポジティブな眼差しを向けていないと消えてしまうかもしれない命があるということを、私たち児童精神科医は少しだけ知っているのです。

0.2 「居場所」ってなんだろう?

SNSやYouTubeなどの動画投稿・共有サイト、ネット小説などの表現活動やオンラインゲームにおける「居場所」について考えるにあたって、そもそも「居場所」とは何かという点について少し整理しておかなければなりません。

(1) 居場所とは

「居場所」という言葉はちょっと不思議な言葉です。例えば「ライブハウスが私の居場所!」と聞けば、「居場所」という言葉には、「安心」や「つながり」などその人の心理的な状態を背景に感じ取ることができますよね。また、反対に、「クラスには私の居場所がない」と聞けば、教室という物理的な場所よりも、クラスの中で打ち解けることができておらず、みんなから疎外されているかもしれないという不安を中心とした心理的な状態を感じ取ることができます。また、「ここには僕の居場所がない」と言えば、文脈によっては、所属している集団に

おいて仕事ややるべきことが与えられていない、そんなつらい状況まで想像されます。

　このようにもともとは物理的な場所を意味していた「居場所」という言葉は、現代の日常的な使用において、家そのものや自分の部屋などの物理的な場所を示すだけでなく、心理的な色彩を帯びているといえます。

（2）子どもの「居場所」の原型となる学校の外の場

　心理的な色彩を帯びた「居場所」という言葉の起源を紐解いていくと、不登校とフリースクールの設立に行き当たります。

　不登校とは、児童生徒が学校を長期に休み、それらをめぐって何らかの悩みや葛藤が生じている状況の総称[6]であり、図4のようにその人数は近年も増加傾向にあるといえます。

　不登校の研究は1932年にBroadwinが「怠学（truancy）」という用語で症例を提示した[8]ことに始まるといわれています。そして、1941年にはJohnsonらによって「学校恐怖症」という概念が提示され[9]、その背景には母子間の分離不安、つまり母親から離れることへの不安があるとされていました。

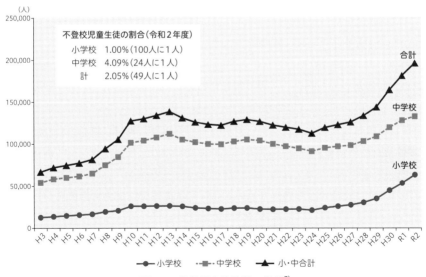

図4　不登校児童生徒数の推移[7]

　その後、その概念は日本にも紹介されましたが、次第に「登校拒否」という言葉が一般的になっていきます。日本でも当初は、母子の分離不安を念頭においた治療がなされていましたが、その後、母子の分離不安では説明されないような年齢のケースも数多くあることから、その背景を分離不安だけはなく、対人恐怖症などの神経症としてとらえるようになっていったといわれています[10), 11), 12)]。

　いい換えれば、この時代は不登校という状態像について、子どもをとりまく学校やそのほかの環境などの要因についてはあまり検討されず、子どもの神経症という個人の病理として扱っていた時代といえます。

　しかし、1970年代に入り、個人病理のみならず、学校側の要因も無視できないという視点がもたらされます。1980年代以降には高度経済成長やそれに伴う産業構造の変化や学校の聖性の低下を背景に、社会現象としてとらえる必要性が認識されました[13)]。そこから現在に至る過程で、次第に「拒否」という強い語調を嫌う向きが強くなり、どの子にも起こり得るという観点から、不登校という言葉が使われるようになってきたといわれています。

　不登校という状態像をめぐるこのような個人病理から社会現象へというシフトの中で、不登校の子どもの支援として1980年代以降フリースクールやフリースペースが設立され始めます。1980年代にはこのようなフリースクールやフリースペースを指して「居場所」と呼んでおり、1985年に設立された東京シューレがそのような子どもの「居場所」の原型とされています。

　社会から「学校は行くべきところ」として認識されている中で、不登校の子どもが、最初から家で安心して過ごすことはとても難しいことです。不登校が始まった当初は、子ども自身も保護者も「学校は行くべきところ」という価値観を少なからずもっているからです。ですので、子どもには「行けない自分はダメ」、「迷惑をかけている」と自分を責める気持ちが少なからずありますし、保護者にも「学校に行ってほしい」といった思いから子どもを責めてしまうことがしばしばあります。そのような背景から、どこにいても自分に批判的な眼差しが向けられているように感じてしまう子どももいます。それは、もちろん学校においても居心地が悪く、家にいても居心地が悪いということにほかなりません。奥地は『「学校の外の子どもの場」をもつことによって、学校しかない状況を変えていきたいと思った』とその設立の経緯について語っています[14)]が、フリース

クールは、このような学校に行きづらい子どもにとって学校のほかに「安心できる」「居心地がよい」「自分らしくいられる」場所を目指したといえます。このような経緯もあって、居場所という言葉には心理的な色彩がもたらされたといえるでしょう。

(3)「居場所」の定義はさまざま

「居場所」という言葉の学術的定義は一様ではありませんが、萩原は、居場所の構成要素として、次の4点を挙げています[15]。

①自分という存在感とともにあること

②自分と他者との相互承認という関わりにおいて生まれること

③生きられた身体としての自分が、他者・事柄・物へ相互浸透的に広がっていくことで生まれること

④世界（他者・事柄・物）の中での自分のポジションの獲得であるとともに、人生の方向性を生むこと

つまり、「居場所」とは自分ではない誰かがそこにいてくれて、そこでお互いに認め、認められることを通じて、お互いに影響しあい、自分という存在が自分らしく広がり、新たな人生の方向性を獲得していく場所といい換えることができそうです。

ですので、誰もいないただの物理的な場所は「居場所」にはなり得ません。相談室であれ、保健室であれ、フリースクールやフリースペースであれ、はたまたオンラインゲームの世界であれ、そこが居場所となり得るには、自分ではない誰かの存在、そして自分を認めてくれる誰かの存在が必要なのです。

不登校の支援の過程で、誰もいない相談室に来させるような支援がなされることもありますが、このような支援は不登校の子どもにとって、学校の魅力を下げることにしかつながらないでしょう。

(4) オンラインでも誰かがいれば、それが「居場所」

本書を読んでくださっている方の中には、SNSの「居場所」、ネットの中の表現活動の場の「居場所」、オンラインゲームの「居場所」なんてと思われる方もおられるかもしれません。けれども、彼らがそこで何を求め、どのように他者

と出会っているのかを知らなければ、その「居場所」を批判して終わってしまい
ますし、そのような批判は子どもにとって世界との接点を断ち切ってしまうこ
とにつながりかねません。そのような現実の人間関係の中での孤立は、「死にた
い」という気持ちにつながったりするなど、もっとずっとまずい結果になるこ
とも多いのです。だからこそ、私たち大人は彼らがそこで何を求め、どのよう
に他者と対話し、感情的な交流をしているかについて知る必要があるのです。

0.3 インターネットやゲームの世界と「居場所」

　インターネットやゲームの世界は、子どもたちにとってどのような「居場所」
になっているのでしょうか。本書では、四つの類型を考えていきます。

（1）「遊び場」としてのインターネットやゲームの「居場所」

　現代は子ども同士が集まって遊ぶことが難しい時代でもあります。リアルの
友達と集う「放課後の公園」に代わるオンラインゲームの世界は、子どもにとっ
てまさに「遊び場」です。また、中高生になれば、日常生活を垣間見るように友
人の配信を視聴したり、SNSで友人と交流したりすることは日常的になります。
このような配信やSNSでの交流も、子どもや青年にとっては日常を共有する
「遊び場」となります。リアルとのつながりはなくても、オンラインゲームの
MMORPG (Massively Multiplayer Online Role-Playing Game) のギルドで
のいつもの仲間との深く長い仲間関係や、FPS (First-Person Shooter) やTPS
(Third-Person Shooter) の中でカジュアルに作られるフランクな仲間関係も
「遊び場」としての居場所になっているといえます。

（2）「学び場」としてのインターネットやゲームの「居場所」

　子どもたちや青年はその中でただ遊ぶだけではありません。インターネット
における対人関係のあり方を、オンラインゲームにおけるギルドと呼ばれるよ
うなコミュニティでの仲間関係を通じて学ぶ子どもや青年は多いですし、SNS
での対人関係のあり方を、SNSでの交流や、そこでのちょっとした失敗から学
ぶ子どもや青年もたくさんいます。このようにインターネットやゲームの世界

は子どもたちにとって「学び場」となっていることがあります。

　また、現代の子どもたちは生まれた時からインターネットやオンラインゲームにおける交流があるため、対人関係における試行錯誤もインターネット上で行い続けていますので、ずっと他者とのコミュニケーションを学び続けているともいえます。そういった背景もあり、学ぶ機会の少なかった大人の方がネットリテラシーなどについては知らないこともしばしばありますし、時には自分の発言がどのような影響を与えるのか気づかずに相手に不快感を与えるような投稿をしてしまうこともあります。SNSなどにおいては、知らず知らずに自分と似た考え方の人をフォローしたり、自分の考えに近いサイトを見たりするようになりますが、そのような過程で自分の思想が社会の中で常識のように思い込んでしまい（エコーチェンバー現象といいます）、自分とは違う考え方や意見をもつ人を攻撃してしまうという過ちに陥りやすいことはよく知られています。意外と子どもたちよりも大人の方がこのような事態に陥ってしまうことがしばしばあるのです。

（3）「浮かぶ場」としてのインターネットやゲームの「居場所」

　子どもたちや青年たちは、いじめや虐待を経験するなど大きな傷つきを経験することもあります。不登校のように学校の中での「居場所」を失いかけてしまうこともあります。このように現実の対人関係のある世界で苦しく、溺れ、沈んでいってしまいそうな時に、インターネットやオンラインゲームの世界は「浮かぶ場」にもなり得ます。

　例えば、不登校の子どもにとっては、オンラインゲームの世界が家でも学校でもないサードプレイスとして、時に命を救ってくれる「居場所」となることもあります。また、小説やイラストの投稿サイトにおける交流やライブ配信での交流、「VTuber」としての活動は、現実の対人関係が苦しくても、自分自身にスポットライトが当たり、「そこにいていいんだ」と思える「浮かぶ場」となり得ます。SNSにおいては自分がすっかり傷ついて消え入ってしまいそうなときに見知らぬ人からのやさしい返信やそっと押される「いいね」に心が救われることもきっとあるでしょう。だからこそ、多くの子どもや青年がこのような「浮かぶ場」に集まるのかもしれません。

（4）「漂う場」としてのインターネットやゲームの「居場所」

　さまざまな「居場所」としての機能を有するインターネットやゲームの世界ですから、「居場所」を求めて漂うこともあります。MMORPGのギルドの運営や人間関係に疲れてしまって、新しいギルドに入り直したり、Twitterでフォロワーとの人間関係に疲れてしまった青年が新しいアカウントを作り直したりすることは、「居場所」を求めて漂うことにほかなりません。インターネットやゲームの世界ではリアルとは違って、アカウントを作り直したり、ユーザー名を変えたり、プレイするゲームを変えたりすることで人間関係のリセットをすることができるのです。

　Twitterで複数のアカウントを切り替えながら使うことも「漂う場」としてのSNSの利用の一つでしょう。あるアカウントでは受験生、あるアカウントでは男の子、あるアカウントでは鉄道好きなど、そのキャラクターの属性を使い分けながら、居心地のよい「居場所」を求めてSNSの世界を漂うのです。

第1部

インターネットの世界と
子どもたち

1. 子どもたちとソーシャルメディア(SNSなど)

　ソーシャルメディアとは、インターネットを利用して誰でも手軽に情報を発信し、相互のやりとりができる双方向コミュニケーションメディアの総称です。電子掲示板もブログもFacebookやTwitterなどのSNS(social networking service)も、YouTubeやニコニコ動画などの動画投稿・共有サイトもLINEなどのメッセージングアプリも広くとればすべてソーシャルメディアに含まれます(図1-1)。

種類	サービス例
ブログ	アメーバブログ、ココログ、Seesaaブログ、ライブドアブログ
SNS	Facebook、Twitter、mixi、Instagram、LinkedIn
動画共有サイト	YouTube、ニコニコ動画、ツイキャス、Vine
メッセージングアプリ	LINE、WhatsApp、Viber、WeChat
情報共有サイト	価格コム、食べログ、クックパッド
ソーシャルブックマーク	はてなブックマーク

図1-1　ソーシャルメディアの種類と代表的なサービス例
[総務省情報通信白書2015年版][1]

　SNSは、web上で社会的ネットワークを構築できるサービスの総称ですが、狭い意味では人と人とのつながりを促進させるコミュニティ型の会員制サービスであり、ソーシャルメディアの一つです。メッセージングアプリのLINEはSNSとの境界線が曖昧な領域ですが、機能の広がりもあってSNSとして扱われることが多くなっています。本書では厳密に区分せずにLINEもSNSとして取り扱います。

1.1 子どもたちはどのようにSNSを利用しているんだろう?

　実際に子どもたちは、どのようにSNSを利用しているのでしょうか。
　ここ数年、スマホを利用する子どもたちが増え、子どもたちにとってネット

環境はより身近なものになってきています。それに伴い、SNSなどのコミュニケーションツールの種類や利用目的、利用方法なども多岐にわたってきています。まずは、データから子どもたちがどのようにSNSと付き合っているのかについて眺めてみましょう。

　令和3年度の通信利用動向調査ではインターネットに占めるSNSの利用者が78.7%となっています。中でも、13〜19歳の年齢層においてはSNSの利用者は90.7%となっており、年々増加していることが示唆されます[2]。前章でも紹介した都内の高校生の調査においては高校生の92.9%がSNSを利用していることが明らかになっています[3]から、高校生以上の年齢層では、ほとんどの子どもがSNSを利用しているといえるでしょう。また、中学生をみてみますと、中学生全体の80.8%がソーシャルメディア（この調査の趣旨を考えると本稿におけるSNSと差がないことを考え、以下はSNSとします）を利用していることがわかっています[4]。ですので、現代の中高生の多くはSNSを何らかの形で利用しているといっていいと思われます。けれども、SNSにもさまざまな種類があります。それぞれのSNSによって使う目的も異なるでしょう。

　実際に利用するSNSの内訳をみてみましょう。令和3年度情報通信メディアの利用時間と情報行動に関する調査によると、10代ではLINEが92.2%、Twitterが67.4%、Instagramが72.3%、TikTokが62.4%となっています[5]。同様の調査では、高校生においてはLINE（98.3%）、Twitter（79.7%）、インスタグラム（48.5%）の順に多く[3]、中学生の調査でも、LINE（88.6%）、Twitter（49.6%）の順に多くなっています[4]。30代、40代の大人もLINEやTwitterはよく利用していますが、TikTokなどの利用は少なく、10代の子どもたちと大

	全年代(N=1,500)	10代(N=141)	20代(N=215)	30代(N=247)	40代(N=324)	50代(N=297)	60代(N=276)	男性(N=759)	女性(N=741)
LINE	92.5%	92.2%	98.1%	96.0%	96.6%	90.2%	82.6%	89.7%	95.3%
Twitter	46.2%	67.4%	78.6%	57.9%	44.8%	34.3%	14.1%	46.5%	45.9%
Facebook	32.6%	13.5%	35.3%	45.7%	41.4%	31.0%	19.9%	34.1%	31.0%
Instagram	48.5%	72.3%	78.6%	57.1%	50.3%	38.7%	13.4%	42.3%	54.8%
mixi	2.1%	1.4%	3.3%	3.6%	1.9%	2.4%	0.4%	3.0%	1.2%
GREE	0.8%	0.7%	1.9%	1.6%	0.6%	0.3%	0.0%	1.3%	0.3%
Mobage	2.7%	4.3%	5.1%	2.8%	3.7%	0.7%	0.7%	3.4%	1.9%
Snapchat	2.2%	4.3%	5.1%	1.6%	1.9%	1.7%	0.4%	1.3%	3.1%
TikTok	25.1%	62.4%	46.5%	23.5%	18.8%	15.2%	8.7%	22.3%	27.9%
YouTube	87.9%	97.2%	97.7%	96.8%	93.2%	82.5%	67.0%	87.9%	87.9%
ニコニコ動画	15.3%	19.1%	28.8%	19.0%	12.7%	10.4%	7.6%	18.1%	12.4%

図1-2　2021（令和3）年度 主なソーシャルメディア系サービス／アプリ等の利用率
[令和3年度情報通信メディアの利用時間と情報行動に関する調査報告書][5]

人といわれる世代が用いるSNSは共通のものもあれば異なるものもあるといえるでしょう。

　私の病院の外来には発達障害の子どもが多く受診していますが、2019年に行った調査では、自閉スペクトラム症の子ども（平均年齢15.9歳）やADHDの子ども（平均年齢13.8歳）においてもLINEをそれぞれ64.0%、47.6%、Twitterをそれぞれ22.7%、31.0%が利用していました[6]。調査対象や方法、調査した年代が少しずつ異なりますので、単純な比較はできませんが、全体的な傾向として、中高生の利用するSNSとしてはLINEやTwitter、Instagramは非常にポピュラーであり、近年になりTikTokも増えてきているということはいえそうです。

SNSが犯罪につながりやすいという意見について

　多くの大人がSNSと聞いて心配するのは、犯罪に巻き込まれることでしょう。2022年の警察庁の発表によれば、SNSを利用して昨年1年間に性犯罪などの被害者となった18歳未満の子どもは1,812人で、前年よりは少ないものの以前多くの子どもが犯罪に巻き込まれているといえます。被害にあった子どもが利用していたSNSはTwitter（668人）、Instagram（350人）の順に多くなっており、Yay!（113人）やKoeTomo（71人）などが続きます[7]。

　これらの被害の大半はスマートフォンを通じたものであり、過去の同様の調査からはフィルタリング機能が使われていないことが多いことがわかっていますから、子どもたちにスマートフォンをもたせる際に、心理教育としてフィルタリングの機能について話し合い、その機能を利用することは必要だといえそうです。また、この調査では最初に投稿したのは子ども（72.6%）であり、その多くは出会いが目的でなかったこともわかっています。最近ではSNSで知り合った友人と現実に会うことも多いかと思いますが、そのリスクの濃淡について大人と子どもが話し合える関係を築けることは大切であるといえるでしょう。

　一方で、フィルタリング機能やリテラシーだけの問題ではなく、現実の人間関係が苦しく、SNSにささやかな「居場所」を求め、もしくは、ささやかな共

感を求め、自分の気持ちをつぶやき、悪い大人と出会い、犯罪に巻き込まれて
しまったような事例も想像されます。ですので、一概にフィルタリング機能を
利用していなかったことが悪いと家族や本人を責めることはできません。

　以上のことから、私たち大人はこのような子どもたちからSNSを遠ざけるこ
とよりも、その現実での苦しさや生きづらさに目を向ける必要があるだろうと
思われます。

1.2　SNSの種類と利用の注意点（LINE、Twitterなど）

　前項では、子どもたちが利用しているSNSはLINE、Twitter、Instagram、
TikTokなどが多そうだという話が出ました。（「小説家になろう」などの小説投
稿サイトや、pixivなどのイラスト投稿系SNSもユーザー間の交流があるため
SNSの一つといえますが、これについては次の章にもう少し詳しく書こうと思
います）。

　少し上の世代の方ですと、ここで挙げた中にFacebookが入っていないこと
に気づかれた方もおられるかもしれませんが、図1-2を見る限りFacebookは
日本においては若い世代にはあまり好まれていないSNSといえそうですね。こ
のようにSNSは、年齢層や利用目的によって使うツールが異なります。ですの
で、少しだけそれぞれのSNSの特徴をつかんでおかないと、子どもとSNSを
めぐる約束事や注意事項について話し合うことはできないかもしれません。

　そもそも、どのようなSNSも、無条件で安全に使うことは難しいものです。
それは、どの自動車も無条件に安全に運転することが難しいことと同じことか
もしれません。ただ、大人は漠然と、自分の知らないSNSや触れたことのない
SNSは「危なそう」「犯罪に巻き込まれるのでは？」「変な人と簡単につながって
しまうのでは？」と敬遠し、よくわからないままに禁止してしまいがちです。け
れども、現代を生きていく子どもたちにとって、SNSは必要なツールの一つで
すし、どんなに遠ざけていてもいつかは必ず出会います。そして、その際には
必要なリテラシーを身に付けている必要もあります。そのためには、大人と子

どもとの間でSNSについて話し合える関係や環境が大切になりますが、適切に話し合うためには私たちのような大人がそのことについて今よりも少しだけ知っている必要があるように思います。ですので、ここからは簡単に、LINE、Twitterなど、SNSごとの特徴を把握しておきましょう。

（1）LINEの特徴と子どもが利用する場合の注意点

LINEの月間アクティブユーザー数は8,600万人と日本で最も多く利用されているコミュニケーションアプリで、ユーザー層は全世代にまたがっています。LINEでは友達や家族と音声（無料通話）や文字でのやりとり（トーク）などができますが、電話番号やIDで友達が登録できることから匿名性が決して高いわけではなく、20代の利用者の約42%が実名利用しています（図1-3）[8]。

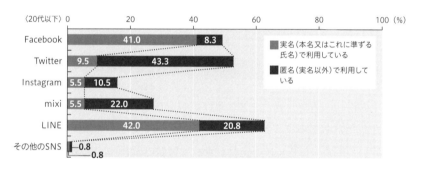

図1-3　実名／匿名別のSNSの利用状況（年代別／20代以下）
［社会課題解決のための新たなICTサービス・技術への人々の意識に関する調査研究報告書］[8]

LINEでは1対1のやりとりだけではなく、グループ単位での利用もできるため、学校や部活、サークルの仲間、PTAの連絡など情報交換ツールとしてよく利用されています。オープンチャットなどもありますので一概には言えませんが、LINEはリアルの人間関係の延長線上で使われやすいアプリといえるかもしれません。LINEでは大人数でわいわい会話をしているようなリアルタイムでのやりとりが可能です。また、さまざまなスタンプを用いてその瞬間の感情表出が視覚的に可能であることも大きな特徴の一つで、自身の気に入ったスタンプをショップで購入したり、ポイントをためて入手したりできます。

　さて、このLINEについては、子どもたちに心理教育するにあたり、いくつか大人が押さえておくべき注意点があります。

　①既読機能など、即時性が高く疲れやすい　LINEのトークでのやりとりは、基本的にリアルタイムで行われます。開封されてトークが読まれたことが相手にわかる既読機能もあり、相手が自身のメッセージを読んでくれたかどうかがすぐにわかるという点には注意が必要です。これによって、手紙が届いたかどうかわからない、メールが開封されたかどうかわからないといった送り手側のじれったさは少なくなった一方で、受け手側からすると、メッセージがあったらすぐ返信することが暗黙のうちに求められがちです。

　離れたところにいる大切な人に思いを返すのに、平安時代であれば和歌を返すまで数か月の猶予があったことでしょう。手紙でもずいぶん余裕がありそうです。メールであっても、返答までに数時間、時には数日の間、適切な文章を推敲することもできました。けれども、LINEにおいては数秒間のうちにその瞬間にあった意見や感情表出をすることが暗に求められています。そのため、意見や感情表出の瞬発性に長けた子どもであればよいのですが、そうでない場合は、このような即時的なコミュニケーションに疲れてしまうことがあるかもしれませんね。

　送り手側も、既読がついて返信されないと気を揉んでしまいがちです。焦って返事を求めるスタンプを連打してしまうとリアルの友人関係に影響が出てしまうこともあります。リアルタイム性が高いとはいえ、相手は自分と物理的な場所を共有しているわけではありません。特に思春期の友達関係に不安を抱える子どもの場合には、既読がつき、すぐに返事が来ないと「自分は嫌われているのではないか…」と不安になってしまうことも多くあります。そのようなお子さんとお会いする時には、LINEの構造上「即座に返事が来るとは限らないこと」「返事が来ないから嫌われているなど自分自身の評価に結び付けなくてもよいこと」「待ちきれずにスタンプ連打をすると、悪いことが起こりやすくなる」などといった心理教育をするとともに、LINEの返信を気にしないで過ごせる行動を一緒に考えることが、日常臨床ではよくあります。

　②友人が増えやすい構造になっている　LINEでは直接面識のない友達の友達などもグループや追加機能でつながることができます。また、友だち追加設

定で「友だち自動追加」しておくと携帯電話に登録している友人や知人が自動で追加され、「友だちへの追加を許可」しておくと、自身の携帯番号を保有しているユーザーが友だちに追加することや検索ができるようになっています。よく知らない宅配便の配達員さんや昔の彼氏／彼女など、会いたくない人ともつながってしまうことがあるかもしれません。また、IDによる友だち追加を許可している場合にはID検索からも友だちの追加が可能になります。

　ですので、LINEを始める際には、これらの設定に注意が必要です。大人としては最初の頃は設定に気を付け、子どもたちが知らない人とつながることを最小限にとどめておきたいものです。知らない人からのメッセージを拒否する機能もありますので、親子でどのような設定にするのがよいか、よく話し合っておく必要があります。

　③**グループトーク機能**　グループトーク機能にも注意が必要です。多数の友人がリアルタイムでメッセージを送り合えることは大変便利なのですが、表情や声などの感情が文字ベースからは読み取りにくいため、いさかいが起きたり、返信が遅いと腹を立てられてグループから外されてしまったり、自分がいないグループの中で悪口をいわれてしまったり、自分を馬鹿にする画像がクラスのグループで回されてしまったりと、いじめが起きる可能性もあるのです。

　これらは確かに、LINEの中で起こっているものですが、実際には現実の人間関係の中で行われているいじめだという点には注意が必要です。

　このようなネットやSNSにおけるいじめに関しては、中高生に多く、中学生の16.2%にネットを通じたいじめの被害の経験があるという報告があります[9]が、これらはネットやSNSという特別な場所で起こっているのではなく、現実の人間関係の問題なのです。実際にネットやSNSにおけるいじめの加害者の多くはクラスメート、部活の友人など被害者と一定の人間関係にあります。そして、「匿名のSNSで悪口を投稿する」ことに関しても、これらの加害者が特定できないということはほとんどありません[10]。そして、事実、SNSでいじめを受けている子どもの多くは、現実にクラスの中でいじめを受けています。このような段階においては、「SNSに悪口を書いてはいけません」などといった教育は控え目に言ってあまり役に立ちません。いじめた側は「SNSに悪口を書いてはいけない」なんてことは知っています。むしろ、いじめを受けた子どもの気持

ちをケアすることの方が大切になります。この点を見誤ると大人は「だからLINE
はだめだ」とか「SNSはダメだ」と言ってしまいがちですが、こう言われてしま
うと、子どもはこの問題を誰に相談していいかわからなくなってしまいます。

　子どもがいじめにあったと訴えているとき、その子は学校やそのグループで
の「居場所」をほぼ失いかけています。先生や家族をはじめ身近な大人が「だか
らSNSなんて…」という態度をとれば現実の中に信頼できる味方が誰もいなく
なり、子どもは一人ぼっちになってしまいます。そのような状況においては、苦
しさから逃れるために「死にたい」と考えてしまう子どももいるでしょう。だか
らこそ、SNSやネットにおけるいじめにおいては学校におけるほかのいじめと
同様に、現実の人間関係に働きかけていく必要があります。そして、何よりも
大切な事はいじめについて相談してくれた子どもの話に真剣に耳を傾け、傷つ
きを受け止め、本人の「居場所」を保証していくことです。

　子どもがLINEでトラブルに巻き込まれたとき「だからLINEなんて」「SNSな
んて」と言ってしまう大人の気持ちはよくわかります。けれども、それを言っ
てしまうことで、子どもはより深く傷ついてしまいます。自分の相談に耳を傾
け、向き合ってくれる大人と出会うことで、少なくとも子どものささやかな「居
場所」は守られます。そのような「居場所」が守られることで、その子の命は救
われるかもしれません。私たち大人は子どもにとって、そのような信頼に足る
存在であらねばならないのです。

　以上をまとめるとLINEについて子どもたちに心理教育するにあたり、伝え
ておきたいことは、①既読がついたとしても、すぐに返信できるとは限らず、相
手には相手の事情があること、②友達が増えやすい構造になっていることとそ
れに関する設定について話し合えるような関係を構築していること、③グルー
プトークや個別トークの中でいじめや嫌なことがあったら、信頼できる大人に
相談してほしいことを伝えておくこと、そして、④自分にとって信頼できる大
人は誰かを考えておいてもらうこと、という4点になるかと思います。

（2）Twitterの特徴と子どもが利用する場合の注意点

　Twitterは今起きていることや感じていることを140文字以内の短い文章に

して投稿し、交流するSNSであり、ユーザー層の中心は10〜30代で、月間アクティブユーザー数は4,500万人を超えると言われています[11]。また、Twitterでは企業や官公庁なども情報発信を行っています。

大人が押さえておきたいTwitterの特徴を一言で表すと、アカウントの匿名性の高さと他者の投稿を転送するリツイート機能の拡散性の高さです。

①**匿名性が高く、キャラを使い分けている**　Twitterの利用者はその多くが匿名アカウントであり、利用者の80%以上が匿名で利用していることがわかります（図1-3）[8]。そして、利用者のうちの何割かはいくつかのアカウントをその利用目的に応じて所有しています。この辺りは実名登録の多いLINEと大きく異なるところといえると思います。若者まるわかり調査2015によると、Twitterに登録していると回答した高校生の62.7%、大学生の50.4%が複数アカウントを所有しており、高校生は平均3.1個のアカウントを使い分けています[12]ので、Twitterアカウントを複数所有し、切り替えることは当たり前になっているといえそうです。

また、アカウントの種類としては、リアルでの知人・友人との交流のための「リア垢」が42.4%で最も多く、情報収集目的のアカウントである「情報垢」、趣味嗜好が似ている人だけをフォローする「趣味垢」、ネット上での交流のみのアカウントである「ネット垢」の順に多くなっており、仕事上のアカウントである「仕事垢」の所有は9.5%にとどまっていることから、オンラインだけでなくオフライン（リアル）にまたがってアカウントを切り替えながら交流することが当たり前になっている様子がうかがえます[13]。Twitterは所有しているアカウントに合わせ、自身のキャラの切り替えが容易なSNSといえるかもしれませんね。

②**拡散性が高く、炎上しやすい**　Twitterはその匿名性と拡散性ゆえに、知らない他者から大量のリツイートで拡散されて「バズる」状況を招くこともありますし、ネガティブなリツイートや批判的な返信（リプライ／リプ）がつき、「炎上」と呼ばれる事態が起こったりすることもあります。

炎上とは「ウェブ上の特定の対象に対して批判が殺到し、収まりがつかなそうな状態」のことをいいます。個人による発言（ツイート）が、Twitter上で瞬く間に大量にリツイートされ、批判が殺到する。一連のツイートをまとめて転記する「まとめサイト」に掲載されてさらに拡散される。そんな「可視化」が進

むことで、さらに追随する他者を生みやすい構造になっていると言われています[14]。

　Twitterでの投稿を自分の周辺のコミュニティに限定した冗談のつもりだったとしても、非公開のアカウントでないかぎり誰でも見ることができ、全世界に向けて発信したことになっているわけです。

　③趣味嗜好や考え方が偏りがち　炎上の背景にはサイバーカスケードの存在も指摘されています[14],[15]。インターネットはデータ解析の精度向上やタグ設定などの機能改良により、利用者の好みを学習し、おすすめの情報を優先表示します。そして、同じ趣味や考え方の人をつなげやすい構造になっており、キャラによってアカウントを使い分けるTwitterは、まさに似たキャラの人をつなげることに適したSNSの一つといえます。

　自分と似た趣味嗜好や考え方というフィルタリングを通じてつながった集団では、個人が出すより先鋭化した意見が表出されやすいといわれています。このようなネット上での集団の極性化を「サイバーカスケード」といいます[16]。

　また、匿名性の高さも関連があるでしょう。現実社会においても個人が集団に埋もれることにより、個々の行動の責任のありかがわからなくなることによって、脱個人化が起こり群集行動を引き起こしやすくなるといわれています[17]。このような匿名性がネット空間における反社会的な行動につながりやすいことは古くから指摘されており、炎上や後に述べる批判的な返信（リプライ）が多くなりやすいことに関与しているものと思われます。

　2008年以降の炎上ではTwitterが急増し、TwitterがFacebookに比べて炎上が起こりやすいことがわかっています[15]が、その背景には、これまでみてきたようなTwitterの拡散力の高さとサイバーカスケードの起こりやすさ、アカウントの匿名性があるといえるでしょう。

　ただし、その炎上に参加している人はネットユーザーの1.1%程度であるといわれています[15]。ですので、炎上を恐れ過ぎて過剰に発信を抑制する必要はありませんし、仮に自分のツイートが意図とは違った形で批判的な引用を伴ったリツイートで広まったとしても、それが世の中の総意ではないことは覚えておいた方がよい事実なのです。

　以上を踏まえ、私たち大人がTwitterに関する心理教育として、子どもたちに対しては、①Twitterはバズりやすいし、バズるとどこまで広がるかさっぱりわからず、コントロールもできないこと、②だから、できれば自分が「クラス便り」などの公の場に書けるような内容の発信にしてほしいこと、③仮に批判的な引用リツイートがたくさん寄せられて炎上したとしても、それが世の中の大半の人が思っているようなことではないこと、④ブロックやミュートの機能など迷惑な絡み方をしてくる人を遠ざけたりすることや、フォロワーにしか投稿を見られない鍵をかけた非公開の状態にすることも可能なことを伝え、うまくつきあう方法を一緒に探していく姿勢が求められます。

事 例 紹 介

※事例の提示にあたっては、書面にて承諾を得ていますが匿名性に配慮し細部を変更しています。

　ゆうとくんは高校2年生です。学校は友人関係がうまくいかず、ほとんど通えていません。家庭ではゲームをしたり、Twitterでゲームの情報検索をしたり、YouTubeでゲーム実況を見たり、アニメを見て過ごすことが多いようです。来院当初は抑うつ的であったため、少量のお薬による治療も行っています。

　ある日、ゆうとくんがいつものようにTwitterでゲームの情報検索をしていると、自身が数年プレイしているゲームのサービスが半年後に終了してしまうことがわかりました。これまでに、お小遣いやお年玉から課金をしてガチャを引いていたこともあり、愛着のあるキャラもたくさんいます。彼らとプレイできなくなると思うと、「僕の注ぎ込んだ時間を返してほしい」とゆうとくんは考えるようになってきました。

　ある日、ゆうとくんは思い立って、運営のサービス終了のお知らせを引用する形で、「唐突にサービスを終わらせるなんてクソゲー」と怒りにまかせてリツイートしてしまいました。その後も何件かTweetを続け、「課金もしていたのに」「唐突に終了なんてクソゲー」とハッシュタグにゲーム名をつけてつぶやきました。ゆうとくんのフォロワーの数は、50名程度

とそれほど多くはなかったのですが、リツイートもされたため、思ったよりも多くの人の目に自分のTweetが触れることとなりました。

　数時間後にいくつかの「いいね」もつきましたが、自身のTweetにぶら下がる形で一つの返信が書き込まれました。返信者はフォローしている人でもフォロワーでもありません。

　そこには、「ソシャゲやってれば、運営が終わることもある」「ネガティブな発言で引用するほうがおかしい」「ここまで続いたんだから感謝していいくらい」と書かれていました。

　そんな返信を見てゆうとくんは「目の前が真っ暗」になり、塞ぎ込んで寝て過ごすようになり、食事もとれなくなりました。心配したご家族が私の外来に電話をし、翌日受診することとなりました。

『ちょっと元気がないね』と声をかけたところ、消え入りそうな小さな声で語り出します
　「実は…やっていたゲームがサービス終了するので…」
　「これまでずっと課金もし続けてきたし」
　「なんかいてもたってもいられなくて、ツイートしたら、つらいコメントがついて」
　「最近はゲームを開くのもいやになってしまい、寝てばっかりいます」
　「どう返信したらいいのかわからない」
　と、ポツリポツリと語りました。

　私は返信の主がフォロワーでも、交流している人でもないことを確認した後、Tweetを見せてもらいながら、どうしたらよいのか、ゆうとくんと一緒に考えました。
　『ゆうとくん、実はネガティブなTweetするとネガティブなコメントが集まりやすいことは知ってる？』
　「…いいえ」
　『ゆうとくんの意見に誰も賛成な人はいないかな？』
　「…いない気がします」
　『（図1-4のような氷山の図を描きながら、）実はTwitterってネガティブ

なコメントの方が目立つんだよ。ネガティブなコメントを書く人の意見って大きく見えるけど、書かない人がとっても少ないんだ。そして、ポジティブな意見って書く人が少なく見えるけど、実は意見を書かない賛成の人がいることも多いんだよ。ちょうど氷山がちょっとしか頭を出していないように、Twitterでは、賛成の人はあまり意見表明しないから、アンチリプする人のほうが数は多く見えやすいんだ。特にネガティブなものやセンシティブなものはなおさらね。賛成で共感する人が大半なのに、そういう人はほとんど意見を書かないし、反対の人は全体としてはとても少ないのに書き込む人の割合がとっても多くて、だから反対のほうがたくさんの数にみえるんだよ』

「(少し声が明るくなり) みんな自分の意見に怒ってると思ってました」

『そりゃ、そう思っちゃうよね、先生もそういうコメントが来ると気にしちゃう時あるもん』

「大人もあるんですね」

『それはあるよ』

『気にしすぎないことが大事だって思っていても、いろいろ言い返したくなると思うんだけど、きっとこういう状態だと、見れば見るほど気になったりしちゃうよね』

「気がつくとリプを見て、なんて返そうって考えてしまいます。でも、相手が言っていることも正しいので返せなくて落ち込みます。見れば見るほど気になるというか「そんなにゲームを悪く言いたいわけじゃなかった」って考えて落ち込みます」

『一度、Twitterしばらくおやすみしてみたらどうかな？』

「それは無理です、毎日の日課になっているところもあるし」

『明日1日だけならどうかな？』

「それなら…」と答えます。

ご家族にも協力をお願いし、翌日はご家族と好きなゲームのサウンドトラックを探して、CD店めぐりをしてもらうこととなりました。

Tweetを削除することに関しては、「自分が言ったことには責任があり

ますから」とそのままにすることとしました。

　翌日は、CDショップでゲームミュージックのサウンドトラックをいくつか買うなどして1日過ごしました。Tweetはその後、それ以上炎上することなく経過し、1週間後には食事もとることができるようになりました。次第に、彼はもとの元気を取り戻すようになり、現在は別のゲームをしながら、小説を書く生活を送っています。

　Twitterなどの SNS にはネガティブなコメントが書き込まれることもあります。そんな時に多くの人は「自分が批判された」ことに戸惑い、みんなが自分のことを批判しているかのような考えをもってしまいます。そして、そこから不安や怒りが湧き上がってきてしまうこともあります。このような際に「Twitterなんてやめなさい」「そんな投稿するから悪い」と批判することにはほとんど意味がありません。批判的なコメントが世間の総意ではないことなど、不安のタネになっている自分の考えや気持ちについて一緒に考えていく必要があります。

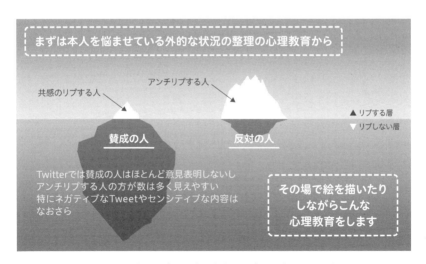

図1-4　ネガティブなリプとポジティブなリプのイメージ図
（実際の診察場面ではフリーハンドで、本人の理解にあわせて絵を描いたりしています。）
https://twitter.com/tsudashin/status/1312676820102246400より、作者の津田晋吾氏より許可を得て作成

　実際の臨床場面では、言葉だけではその場で流れていってしまいやすいため、本人の理解に合わせて絵を描き、一緒に考えたことなどを外に残しておいた方がよいだろうと思われます。ゆうとくんの例では幸い炎上することなどはありませんでしたが、もし炎上した際は、過去の炎上事例の記事などを用いながら、①削除して、弁解せずに素直に謝罪する方が、火が消えるのが早い事例が多いこと、②「あなたも（過去の炎上事例を）忘れていたように」必ず炎上は終わること、③下手な弁解を載せると炎上がより長くなることなどを合わせて一緒に考えることが望ましいと考えます。

（3）Facebookの特徴と子どもが利用する場合の注意点

　Facebookは世界中で最も利用されているSNSアプリで、文章、写真＋文章などを、文字数を気にすることなく投稿できます。その投稿範囲の設定ができることなどから、拡散性はTwitterほど高くないものと考えられます。Facebookのユーザー数は世界で28.8億人[18]、日本のユーザー数は2019年7月現在で2,600万人ですが、10代の利用は少なく、20〜40代が中心でありその年齢層は高めと言えるでしょう。数年前からは「若者のFacebook離れ」が指摘され、なんとなくおじさん・おばさんのSNSツールとして見られているところもあるようです[19]。実際に当院の外来における調査（平均年齢16.2歳）でもFacebook利用者は全体で3.4％しかいませんでした。調査対象には小学生も含まれ、SNSをまだ利用していない層も多数いるため、一概にはいえませんが、それを差し引いても子どもや若者のFacebook利用は少ないといえそうです。

　Facebookの大きな特徴は実名で利用できる点です。実名だからこそ、リアルでのつながりがある友人や仕事や学校の関係者とつながりやすくなります。Facebookの利用者の多くはFacebookを実名で利用しています[8]が、実名での利用によって、仕事で付き合いのある知り合いを探したり、かつての旧友を探したりして、メッセンジャーを通じて連絡することができるというメリットがあります。また、匿名性が低く、脱個人化されていないため、いたずらやウザ絡みされることがTwitterに比べれば少ないという点はメリットといえます。

　実名での登録が多いものの、リアルの知人と必要以上につながりたくない場合、公開する内容は調整可能です。ネット上でプロフィールが表示されないよ

うにする、メールアドレスや電話番号で検索できないようにする、知らない人からの友達リクエストを受けないようにする、自分の友達リストを非表示にするなどのプライバシー設定ができます。

　Facebookを使う上で私たちが注意しなければいけない点は、リアルでの延長線上にあるため、①リアルの知人や仕事関係の友人に自分の動向が見られやすいこと、②また、実名情報とつながっているため、安易なつぶやきにより自分が外出していることがバレてしまいやすいこと、③リアルとつながっているため相手からの自分の投稿の見え方について気疲れしやすいことなどです。

　Facebookは10代の子どもの利用は少ないですし、若者もアカウントは有していてもFacebookでの公的な顔とTwitterやInstagramでのプライベートな顔を使い分けて使用していることが多いこともあって、Facebookについて直接的に心理教育することは、これまでの臨床ではありませんでした。また、拡散力はTwitterほど高くありませんから、炎上の心配もTwitterより少ないといえるでしょう。だからといって何でも投稿してよいわけではありませんし、実名での登録である分、投稿内容がリアルでの友人関係にダイレクトに影響するため気を付ける必要があります。

（4）Instagramの特徴と子どもが利用する場合の注意点

　Instagramは写真や動画を投稿してほかの人と交流を深めることができるSNSです。スマホで撮影した写真をそのまま投稿するのではなく、明るく加工したり、フィルターを用いた加工をしたり、ボケさせたりできるなど写真の見せ方の方が注目されるアプリであるといわれています。国内の月間アクティブユーザー数は3,300万人に及ぶといわれ[20]、特に高校生の48.5%が利用していることからも若い世代がその中心であることがわかります。Instagramには通常の投稿以外にもインスタライブ、ショップ機能やストーリーズ（通称ストーリー）やリール（最大30秒のショートムービーを作る機能）などの機能が多く、ユーザーの多くは通常の投稿以外の機能も活用しているといわれています。また、写真や動画を投稿できることから、企業などのブランドイメージを伝えやすいため、企業が活用していることも多くあります。

　ただし、Instagramには拡散性が低いというTwitterとの違いがあります。自

身の投稿がどこまで及ぶかはフォロワー数とハッシュタグに依存するため、Twitterほどの拡散性はもっていないといえるかもしれません。またある投稿について検索をかけるにしても、キーワードによる検索ができず欲しい情報にたどり着きにくいといった面もあります。

　ただし、ストーリーなどの24時間で消える投稿については、少しだけ注意が必要です。それは、「消えるから安心」と私たちが思ってしまいやすいところです。InstagramはTwitterよりも他愛もない友人たちの様子や、日常のちょっとした愚痴など、仲間内に向けた投稿が多くなりがちです。けれども、「消えるから安心」だからといって、炎上しないわけではありませんし、実際過去の炎上事例でも仲間内の悪ふざけと考えて投稿したInstagramのストーリーに端を発したものも多くあります。ですので、ストーリーだからといって、仲間内しか見ないとは限らないことや、その気になれば誰かが動画として保存し、より拡散性の高いSNSに投稿することも可能だということは覚えておかなければならないでしょう。

　また、Instagramは若い世代の間でポピュラーなSNSであることもあり、犯罪に巻き込まれた子どもが利用していたSNSとして第2位となっています。多くの場合、日常の様子など他愛もない投稿がきっかけになり、SNSを通して相手からの接触がありますし、それは同性のこともあれば異性のこともあります。そして、その中から仲のよいネッ友ができることもありますが、その中にリスクの高い相手が含まれていることもあります。ですので、SNSなどを通じてどんな人と連絡を取り合っているのか、普段から親子で話し合える関係を築いておくのが大切であることはいうまでもありません。

（5）そのほかのSNS

　そのほか、10代、20代に人気の短編の動画用のSNSであるTik Tokなどがあります。Tik Tokは動画をそのまま撮影するだけでなく、音楽に合わせて踊ったり、口パクしたりしながらさまざまな効果をつけてオリジナル動画を作成できます。

　スナップチャットというSNSもあります。最大の特徴は投稿されたスナップやチャットの内容が、たったの数秒程度で消えてしまうことです。消えるから

いいやと思って、うっかり秘密の写真を送ってしまったりすると相手にスクショで保存されるなどの思わぬ被害に巻き込まれることがあるので、その点については使用する上で留意が必要です。

　また、寂しい時や暇な時など気軽にオンラインで誰かと話すことができるKoetomoや年齢認証を通じて同世代とネットでコミュニケーションができるYay!なども子どもたちに人気のあるSNSといえるでしょう。そして、このような気軽につながりができるSNSだからこそ、現実がうまくいかずつらい気持ちを紛らわすように、眠れなくて誰かと話したいという思いから子どもたちが利用することもしばしばあります。そのような子どもたちにとって必要なことは「知らない人とつながるの大丈夫？」という問いかけではありません。ましてや、「Yay!なんてやめなさい」というお説教でもありません。

　その子の現実でのうまくいかなさやつらい気持ちが、誰かに丁寧に受け止められ、自分を大切に思う気持ちが損なわれないことが大切であると言えます。

1.3　子どもたちは何のためにSNSを利用するんだろう？

　ここまで、SNSごとの特徴と押さえておきたいSNSの違いやそこに集う子どもたちの姿について概観してきました。ここからは、子どもたちはなぜSNSを利用するのか、その背景をみていきましょう。

　総務省の通信利用動向調査では、その利用目的として、従来からの知人とのコミュニケーションのため（89.2%）、知りたいことについて情報を探す（62.1%）、暇つぶし（35.3%）の順に多くなっています[21]。高校生においては、「友達や知り合いとのコミュニケーションをとるため」（95.3%）が最も多く、「学校・部活動などの事務的な連絡」（78.5%）、「暇つぶしのため」（68.3%）の順に多くなっていますが、「ストレス解消のため」（19.2%），「現実から逃れるため」（16.4%）という目的も見られます[3]。中学生においても、「友達や知り合いとのコミュニケーションをとるため」（77.1%）、「学校・部活動などの事務的な連絡のため」（68.1%）、「暇つぶしのため」（61.1%）の順に多くなっていますが、高校生と同様に「ストレス解消のため」（16.3%）や「現実から逃れるため」（10.6%）という目的も認められます[4]。

　このことから、子どもたちのSNS利用においては、学校などの友達とコミュニケーションをとったり、学校行事や事務連絡のためといった現実のコミュニティとのつながりをもったりするというSNS本来の人と人をつなぐ目的での使用も認められますが、「暇つぶし」「ストレス解消」「現実から逃れるため」という、必ずしもポジティブであるとはいいがたい利用目的も看過できない数字であることがわかります。

　実際にインターネット依存度との関連をみてみると、高校生の調査からは、SNSの利用時間、SNSの利用目的数、SNSの利用媒体数とネット依存傾向との間に有意な相関が認められています[3]。中学生の調査においてもネット依存傾向が高い群は「新しく友達を作るため」(31.7%)、「ストレス解消のため」(52.7%)、「現実から逃れるため」(47.5%)という目的の割合が、全体に比べてずっと増加しています[4]。

　このことからは、現実の世界で苦しい状況にある子どもほど、その苦しさをどうにかしようと、また、自分という存在を承認してくれる誰かを求めてSNSという「居場所」を求める様子が見てとれます。この子どもたちは、ひょっとするとSNSの中でしか、自分らしさや自分の苦しさを叫べないのかもしれません。私たち大人はこのような子どもたちからSNSを遠ざけることよりも、リアルでの苦しさやそこでしか苦しさを吐露できない状況に目を向ける必要があるだろうと思われます。

1.4　子どもたちにとってのSNSの「居場所」とは？

　小学生から中学生、そして高校生の「居場所」を考えるにあたり、友達関係の発達という視点ははずせません。友達関係の発達については、Sullivanの児童期論、前青年期論に詳しく語られています[22]ので、少しだけ概要をみていきましょう。

（1）友だち関係の発達段階

　就学後の子どもたちは、学校に入学すると同時に、学校という社会に適合することが課題になっていきます。学校では社会的なことに従うことや自己の調

節機能が求められており、先生（社会的な権威のある人）や自分以外の子どもたちとの関係を構築し、維持することが課題になります。子どもたちは子どもたち同士で競い合うこと、自分自身が苦手なことには折り合いをつけることを友達との遊びなどを通じて学んでいきます。一方、このような子どもたちの集団においては、「頭がいい」「面白い」「運動神経がいい」などといった周囲からみてわかりやすい子どもの特性によって、子ども自身に社会的な判定がなされることもよくあります。

　これが、いわゆる思春期に差しかかる直前の時期になると少し様子が変わってきます。Sullivanはpreadolescence（前青年期）という言葉を使って、この時期を説明していますが、一般にはこの時期は8歳ごろから12歳ごろといわれています。この時期には、家族以外の同性の友達との親密な関係に対する強い欲求が現れ、chum（チャム）といわれる同性で同年齢くらいの友達関係が結ばれていくようになります。そして、その中では自分の友だちの満足感や安心感が自分のそれと同等、もしくはそれ以上に重要視されるようになるといった、親密さ（intimacy）が生まれてきます。さらに、この親密さは青年期に至って異性との親密さを作っていく土台にもなるものといわれています。

　このような友人関係の発達は国内においても指摘されており、保坂・岡村は青年期に至るまでの友達関係の発達として、ギャンググループ、チャムグループ、ピアグループへと発達していくことを指摘しています[23]。

　①**ギャンググループ**　ギャンググループは一般に小学生（児童期後半）に現れる仲間関係であり、そこでは同じ行動をすることでの一体感が重要視されます。つまり、同じ遊びをする子どもが自分の仲間であるとみなされるわけです。ですので、同じ遊びを共有できない子どもは彼らの世界では「仲間」ではなくなってしまいます。大人がいくらダメと言っても、一緒に「フォートナイト」や「スプラトゥーン」を楽しむ仲間こそがこの時期の仲間であり、子どもたちの「居場所」となっているのです。親からの禁止から逃れられず、「フォートナイト」や「スプラトゥーン」をプレイすることなど同じ行動ができない子どもたちはなんとかその仲間集団についていくために、親の目を盗んでYouTubeのゲーム実況を見るなど涙ぐましい努力をすることもしばしば目にします。

　②**チャムグループ**　チャムグループは一般的には中学生くらいに現れる仲間

関係で、互いの共通点や類似性、共通のクラブ活動や共通の趣味などが重要視されます。例えば、中学生前後の子どもが、自分たちが好きな流行のタレントやいわゆる「推し」の口癖や仕草を知らない子どもを仲間に入れなかったり、布教活動を熱心に行ったりするのは、このような仲間関係が影響しているものと考えられます。「推し」がいる、もしくは過去にいた女子高校生は93%だといわれています[24]が、自分の好きなVTuberやYouTuber、アニメでつながるグループにおいてもそのような排他的な傾向はあるかもしれませんね。

　ギャンググループでは同じ行動が重要視されるのに対し、チャムグループでは仲間内で通用する「共通言語」が重要視されます。そして、「共通言語」を通した一体感から仲間関係に対しての絶対的な忠誠心や同調圧力も生まれ、それらを背景とした「いじめ」などの問題も起こることもあります。グループからははずされないようにと、多くの子どもたちは、仲間との親密さを確かめるようにSNSでメッセージやスタンプを送り合います。そして、そこではグループの雰囲気を壊さないことが暗に求められます。そして、そのグループの中での空気からはずれた言動をとってしまうと、LINEグループからはずされてしまうような事例も時々みられます。

　③ピアグループ　ギャンググループやチャムグループを経てピアグループが生まれてくると言われています。ピアグループとは、お互いに違う趣味や考えをもっていても、語り合い、認め合うような関係のあり方です。ですので、仲間関係が最も発達した段階がピアグループといえます。

（2）友だち関係における近年の変化

　友だち関係の近年における変化として、ギャンググループの消失、チャムグループの肥大化、ピアグループの遷延化が指摘されています[25]。放課後の塾通いなどによって、高学年の子どもたちが同一の遊びを通じて同じ行動をすることが減少し、ギャンググループが消失するとともに、チャムグループにとどまる期間が長くなっているともいわれています。このように長くなったチャムグループの中で子どもたちは、人間関係で仲間からはずされないよう気を使い、仲間と同じ流行や趣味を経験し、相手の気持ちを探りながら生活することを余儀なくされているのかもしれません。

　さらには、子どもたちが通う学校には「学校内でのカースト制度」と呼ばれるようなクラス内での身分制度があることも指摘されています[26]。例えば、子どもたちが自分たちを「陽キャ」「陰キャ」と自分たちをグループ分けすることからも、このような見えない階級制度があることは容易に想像されますし、グループからこぼれ落ちないことに子どもたちが気を配ったり、苦労したりしていることがよくわかります。このように現代の思春期の子どもたちは、①年齢が上がるにつれての学校の中での対人関係の変化とそこで求められる同調性への適応と、②学校における序列やキャラを超えない振る舞いへの適応の二つの適応を求められているといえます。そういった背景から子ども世界を何事もなく生き抜いていくのは、どんな子どもにとってもものすごく難しいことといえるでしょう。

　子どもたちにとって、自身に求められているキャラクターを変えることは容易ではありません。「いい人」はずっと「いい人」でいなければならないと暗にコミュニティから要請されているといえます。「いい人」キャラである子どもは友達から「ノート貸して」と言われた場合には断ることも難しいことがあります。そのコミュニティでの自身のキャラ（を演じること）に疲れた子どもが学校に行けなくなってしまったり、高まった同調圧力の中でスケープゴートにされた子どもが学校内での「居場所」を失い、学校に行けなくなってしまったりする様子を私たち児童精神科医は目にすることがあります。

　女子高生の67.8%は過去に人間関係をリセットしたくなったことがあるといいます[12] が、リセットしたくても、できない人間関係が学校の中にはあるかもしれません。だからこそ、学校に行けなくなってしまうこともあるのです。当初、学校に行けなくなった子どもたちは、周囲の大人から「なんで学校に行けないの？」「何が理由なの？」と責められてしまうことも少なくありません。そんな時に子どもたちは学校に行けない自分を責め、自分の行動に悩む家族に迷惑をかけていると思い、家庭の中でも「居場所」が見つけにくくなってしまうことがしばしばあります。

（3）Twitterと「居場所」

　思春期から青年期の友だち関係で、同調圧力の高いチャムグループのような

仲間集団でつまずいた時に「居場所」となりやすいSNSの一つがTwitterです。これまで見てきたようにLINEは実名性が高く、現実とのつながりが多いSNSです。そして、LINEグループの中で、自身がそのコミュニティにおけるキャラを超えた振る舞いをしてしまうと、簡単にグループからはずされてしまいます。そういった意味でLINEグループは現実で肥大化したチャムグループの塊のような場所といえるかもしれません。また、Facebookは実名性が高い上、自身も同年代の子どもたちも使っていません。そのようなところに子どもたちが「居場所」を求めるとは考えにくいでしょう。

　Twitterはリアルの人間関係と必ずしも紐づいていません。ですので、ひっそりとアカウントを作っても誰にも気づかれることもありません。したがって、リアルの人間関係とは無関係に、自分と趣味や考え方が似た人物を探しやすい構造になっています。自分と同じように学校に行けない子どもたち同士でつながることもできますし、自分がなりたいキャラになることもできるのです。

　最初はひっそりと趣味のアカウント（趣味垢）でフォローするアカウントを増やし、タイムラインにあふれるつぶやきを眺め、時にはリプライで反応し、リツイートで拡散していくうち、その世界に主体的に関与できるようになっていき、それとともに、少しずつ自分をフォローしてくれる人も増えていきます。これまでの傷つきを振り払うようにポジティブに好きな趣味について発信し、それがまた「いいね」されたり、リツイートされたりして広まり、さらにフォロワーが増えていきます。フォロワーの数や「いいね」の数は、傷ついた自分という存在や自分の発信をこの広い世界の中でどこかの誰かが認め、同調してくれた証になり、カジュアルに承認が得られます。このようにTwitterは現実で傷ついた「居場所のなさ」をそっと埋めてくれます。学校などのコミュニティにおけるチャムシップに傷ついた子どもたちの新たなチャムシップの場であるといえるかもしれません。

　他方、このようなポジティブなツイートだけでなく、つらい思いを誰かに伝えたい、伝わってほしいと思うときもあります。そんな時には趣味垢は利用できません。せっかくポジティブなキャラで得た、趣味について交流できる友人を失ってしまいかねないからです。そのような子どもたちは、新たにアカウントを作り、同じようにつらい気持ちを抱えている誰かを見つけ、「消えたい」「死

にたい」と消え入りそうなつぶやきをすることもあります。そこで得た「いいね」やフォロワーも、自身の居場所のなさをそっと埋めてくれます。けれどもここでポジティブなトークをするわけにはいきません。だからまたアカウントを切り替え、そっと趣味垢に戻っていくのです。ポジティブなキャラに疲れてしまった時には、アカウントを消すことも簡単にできます。

　そのような子どもたちにとって、SNSは自分らしく振る舞うことができるキャラを求めて漂うことができる「居場所」となっているのかもしれません。そして、このような「居場所」としての性質はYay!などのほかのSNSにも見てとれます。Twitterは140文字の投稿でしたが、Yay!では自分の声を直接通話という形で届けることができます。誰かが自分の話を聞いてくれた、うなずいてくれた、「わかる」と言ってくれた、そのような体験を求めてYay!などのSNSに「居場所」を求める子どもも多いものと思われます。

事例紹介

※事例については書面にて承諾を得ていますが匿名性に配慮し細部を変更しています。

　まいさんは14歳の時に私の外来を受診しました。小学校時代から成績もよく、「いい子」でいることに疑問をもたずに生活をしていたといいます。小学校時代は成績がよかったことから学級委員などに推されることもあったといいますが、自身は「地味めな自分が目立つことで、誰かに何か言われるかもしれない」「それが心配だった」と言います。当時は、控えめな性格ながら、昔から近所に住んでいる友人も数人もいたといいます。

　中学校にあがり、近所の友人たちは運動部に入部したのですが、「運動が苦手だったから」吹奏楽部に入部することにしました。吹奏楽部では「先輩たちがとてもうまくて、一生懸命練習したけど、初心者の自分では馴染めなかった」と言います。そして、勉強も頑張っていましたが、だんだん中学2年に上がる頃から「勉強ではがんばっても一番にはなれないことがわかってきた」と言います。

　クラスの中では「明るいキャラの子たちが強くて、自分のような地味な

キャラが学校で発言すると目立つ」ので、あまり目立たないように過ごしていました。何人か趣味のアニメなどの話でつながっている友だちはいたものの、だんだんクラスの中にいること、学校に行くことに「息苦しさ」を感じるようになり、学校に行こうと思うと、足が重く、起き上がれなくなり、3か月ほど学校を休んだ後、心配した両親とともに私の外来を受診しました。

　診察では、それほど力のある声ではありませんが、淡々と淀みなく自分のことを話します。特記すべき身体所見もなく、採血上のデータも問題はありません。

　『自分のキャラでいることに疲れてしまったのかな』と問うと、まいさんは静かに泣いていました。

　両親とまいさんには『疲れた時には身体の場合でも、心の場合でも、キャラの場合でも休むことが必要だと思うよ』『今は学校に行くことを考えると疲れてしまうから、少し休んでほしい』ということを伝え、まいさんもうなづき、学校は休むことになりました。

　最初のうちは、両親も「生活リズムくらいは」「休むと勉強が遅れるのでは？」と気にしていましたが、『家で勉強することは、いい子であることや勉強ができる子であることに疲れた子どもにとって、休むことにつながらない』ことを何度か伝え、次第に両親もまいさんの様子を見守るような姿勢になっていきました。

　話は前後しますが、まいさんは学校に行かなくなった頃から、Twitterをするようになりました。自分の好きな劇団やその中でも「推し」の俳優のアカウントをフォローし、その劇団に関するつぶやきや俳優に関するつぶやきを多くするようになりました。「□（劇団の名前）の次の公演楽しみ」などとツイートすると、「いいね」がついたり、「推し」の俳優（以下、「推し」）の名前をいれてつぶやくと本人が「いいね」をくれたりすることがうれしくなっていきました。一方でつらい時には、そのアカウントではつぶやかずに、誰もフォローしていない別のアカウントでつぶやいていたといいます。

　趣味の劇団や「推し」のことをつぶやき、ポジティブに応援するアカウントには、少しずつフォロワーが増え、そのうちの何人かとはDM（ダイレクトメッセージ）でもやりとりするようになりました。まいさんは比較的両親とも仲が良く、公演も母親と出かけていたことから、公演を見に行った先でフォロワーの△さんとも会話もするようになり、母はそんな様子を傍からあたたかく見守っていたそうです。

　診察室では、母が「△さんと会った時は本当に元気で楽しそうでした。思春期の女の子なんだなって思いました」と話すのを、まいさんは少しだけ笑って眺めていました。

　診察でまいさんが主に話してくれるのは上記の趣味のアカウントのことや、時々つらいことをつぶやくアカウントのことでしたが、そのほかにも、リアルのつながりのある友人数人とつながるアカウントももっていたといいます。このアカウントは見るだけ（いわゆるROM垢）で何もつぶやかないということでした。

　趣味の交流が深まっていくにつれて、まいさんは家庭でも明るくなっていきました。中3になり、高校進学を決める際には、家庭でも「高校に行くのが怖いこと」などをよく話しており、診察でもそのことがよく話題になりました。そんな中、勇気をもって高校受験し、合格した後の診察室での会話は以下のようなものでした。

　「小学校も、中学校も、田舎だからみんな同じ学校に行くし、地味めなわたしが目立つのは怖かった」

　でも、「趣味のアカウントで、おんなじ劇団が好きな△さんと知り合って、割とこういうポジティブなキャラでもいいんだなって思った」

　「（今は）もう病み垢は使ってない」

　「高校に行ったら、ちょうどいいくらいのキャラで過ごしたい」とまいさんは話します。

　『ちょうどいいキャラって？』と私が問うと「Twitterとリアルの真ん中くらい」とちょっと明るく笑顔で答えます。

　高校進学後は、リアルでの友人も見つかり、「最初は隠していたけど、☆☆（友人の名前）もオタクっぽいし、今は少しずつ劇団の布教活動をして

いる」と言います。

　まいさんは、Twitterの中で、これまでのリアルでの「地味め」で「成績がい
い」というキャラではなく、「推し」の俳優をポジティブに応援するキャラになっ
ています。そこで「いいね」やフォロワーが少しずつ増え、自身の「居場所」を
確認し、傷つきを癒すとともに、同じ趣味の仲間を見つけます。高校というリ
アルに戻っていく際に彼女が「リアルとTwitterの真ん中くらい」と語る様子か
らは、「地味め」な私がポジティブに振る舞うことへのためらいがまだ少しある
ように感じられます。けれども、リアルと地続きの「地味め」というキャラを捨
てて、これまでよりもポジティブに振る舞う勇気を彼女はTwitterという「居場
所」での△さんとの交流の中で得たのでしょう。

　また、両親が見守る姿勢となり、家庭での「居場所」ができ、リアルでもつら
い気持ちなどを吐露できるようになっていったことで、彼女の「病み垢」はその
役割を終えたのかもしれません。

1.5 SNSとの関わりで、大人にできること

　子どもたちを巻き込む犯罪の一部は子どもたちの傷つきの発露である「消え
たい」や「死にたい」といったツイートを狙った悪い大人によるものであること
が知られています。令和3年のSNSに起因する事犯の被害にあった子どもは
1,812人であり、その多くは中高生です。実際に犯罪に利用されたSNSとして
はTwitterが36.9%と最も多く、KoetomoやYay!などを通じて犯罪被害にあ
う子どもも増えてきています。また、統計を見ていると「その他」として括られ
るSNSもTwitterに匹敵するほど多いことが目につきます[7]。この「その他」の
中には私たちが知らないSNSもたくさんあるのでしょう。

　これまで見てきたようにLINEは、リアルとのつながりもあり、既存のコミュ
ニティの関係の維持に利用されやすいSNSであるといえます。一方で、Twitter
やYay!など比較的匿名性も高く、現実の人間関係と離れたところで自分の傷つ
いた気持ちを出しやすく、新たなつながりや「居場所」を求めて利用されやすい

SNSであるといえます。

　SNSで「死にたい」と吐露することのリスクを教えることは大切かもしれません し、よくSNSに関するリテラシーとして語られるところです。けれども、 それだけではまったく子どもたちの気持ちは救われないでしょう。実際に「生 きているのがつらい」「死にたい」とSNSにつぶやく子どもたちが、そのリスク を知らないということは控えめにいってあまりありません。むしろ、そのよう なリスクを知りながらも、「誰かに自分のことをわかってほしい」という気持ち や、「自分のことを気にかけてくれる人がいるかもしれない」というささやかな 願いを込めてSNSにつぶやいているのです。

　子どもたちにとって「死にたい」と考えていることを誰かに伝えることは本当 に勇気がいることです。そういってしまうことで、誰かに迷惑をかけてしまう と思ってしまう子どももいるかもしれません。中には「自分のキャラと違うか ら絶対言えない」と思っている子どももいます。そう考えると、SNSでつぶや かれる「生きるのがつらい」という言葉は、さまざまな事情から、現実の中で生 きるのがつらい」と言えない子どもが、何とか自分の気持ちを誰かに伝えよう と発しているSOSであるともいえます。そして、そのようなつぶやきに「いい ねが来るとうれしい」「誰かに伝わったかもしれないから」と語る子どももいま す。このような子どもたちにとっては、SNSにつぶやくことが生きづらい現実 の中での自分を支えるための対処行動でもあるといえます。

　このような「死にたい」という気持ちやつらさは、外からは本来なかなか見え にくいものです。それに対してSNS上で「死にたい」とつぶやく子どもの気持ち は可視化されています。「死にたい」とつぶやいたり、自殺について検索したり する子どもは自殺のハイリスクグループでもあり、事故や犯罪に巻き込まれや すいグループでもあるといえます。そのような子どもたちに、検索連動広告を 利用して、犯罪などに巻き込まれる前にメールやチャット（SNS）などの相談窓 口に誘導できるようなインターネットゲートキーパー活動も行われているよう です[27]。また、リアルでは相談がしにくいことも、SNSでは相談できることが あるかもしれません。このようなSNSでの相談活動としては、チャイルドライ ン支援センターによる「チャイルドライン チャット相談」や、あなたのいばしょ による「あなたのいばしょチャット相談」、自殺対策センターライフリンクによ

る「生きづらびっと」などの取り組みが行われています。このようなSNSでの相談先を子どもたちが知っていることは、現実での生きづらさを抱える子どもにとって、つらいときに役に立つかもしれません[27]。

　SNSで子どもが「死にたい」とつぶやいていることを知ると、「相談してくれれば」と語る大人もいるかもしれません。けれども、「生きるのがつらい」「死にたい」と子どもたちが語る時、大人である私たちはどんな態度をとっているでしょう。私たちは、子どもたちが語るつらさや苦しさを「そんなこと言わないで」と否定してしまったり、「そんなことしたら周りが悲しむ」と自分の意見を押し付けたり、聴くことが苦しくなって「○○と考えられるといいね」「○○してみたら？」と安易なアドバイス（のようなもの）を伝えたりしていないでしょうか？ましてや、「だからTwitterなんてダメだって言ったのに」と子どもを責めてしまっていないでしょうか？ そのような大人に子どもは「生きるのがつらい」と語ることにさえ、見切りをつけてしまうかもしれません。

　目の前の子どものリアルでの苦しさや「居場所のなさ」に寄り添い、その思いを共有でき、時には苦しいあまり語る言葉が出ないような沈黙も共有でき、Twitterなどの世界に「居場所」を求める姿に、ささやかであってもポジティブな眼差しを向けられる人の方が子どもたちにとって信頼できる誰かになり得るのではないでしょうか？

　リアルで信頼できる誰かとなり、つらい気持ちを抱えた子どもにつながり、孤立させないこと。それこそが、子どもたちのそばにいる大人である私たちにでき得ることなのです。そして、現実に信頼できる誰かや相談できる誰かがいたならば、子どもたちがSNSに「死にたい」とつぶやく必要は今よりずっと少なくなるだろうと思われます。

　また、子どもたちがSNSで知り合った誰かと友達になったり、恋人になったりすることもしばしばあります。ある一定以上の世代の方には信じられないかもしれませんが、一度も会ったこともなく、話をし、声だけを聞いて「付き合う」といった恋人関係に発展することも時々みられます。これらのリスクの濃淡についても、大人と子どもがオープンに話し合うことができる関係を築いている（恋人のことは家族も知っている、家族とも話ができる、家族のいる場でも会うことができるなど）ことが大切であることはいうまでもありません。

2. 子どもたちと動画共有サイト、ライブ配信

2.1 インターネットの歴史と動画投稿・サイト、ライブ配信

　1990年代の黎明期のインターネットはダイヤルアップ接続でつながっており、情報通信量は今と比べたらずっと少ないものでした。個人のインターネット利用はテキスト（文章）が中心で画像も少なく、ホームページなども雑誌をパラパラと読むような感覚で閲覧していました。この時代のインターネットの世界は、現代のように情報の双方向性が保たれておらず、かろうじて双方向性が保たれているのは掲示板などでした。ネットに接続する時には、「ピポパ」とダイヤルをつなぐ音や「ピーヒョロロ、ガー、ザー」と独特の音が聞こえていた時代です。たまに、うっかり画像の重いページを開くと、画像が上半分だけ見えて固まることもしばしばありました。今の若い人にはそんなネットは想像もつかないかもしれませんね。

　日本では2000年代にブロードバンド接続が普及し始め、定額で大容量の情報がやりとりできるようになったことで、動画もインターネット上で楽しむことが容易な環境が整いました。そんな背景もあり、2005年にはアメリカでYouTubeが登場し、動画共有サイトは一気に世界中に広がります。日本でも2000年代後半にかけて有名なYouTube、ニコニコ動画などの動画共有サイトが登場しました。ここから動画を視聴する文化が加速していきます。

2.2 子どもたちはどれくらいYouTubeやニコニコ動画を見ているんだろう？

　現在では、高校生の91.2%は画像・動画・音楽の視聴をしており[1]、そのうちの何割かはYouTubeやニコニコ動画などの動画共有サイトが占めるだろうと思われます。例えば、YouTubeは10代、20代の90%以上の人が利用していますし、50代、60代でも比較的多くの方が利用していますから、もはや子どもや若者だけでなく全年齢を対象としたメディアであるといえます[2]。一昔前は、

YouTubeといえば子どもや若者が見ているとされていましたが、もうそんな時代ではありませんね。一方で、ニコニコ動画は10代から20代の利用者が多く、その中心は20代であるといえます（図2-1）[2]。

	全年代(N=1,500)	10代(N=141)	20代(N=215)	30代(N=247)	40代(N=324)	50代(N=297)	60代(N=276)	男性(N=759)	女性(N=741)
LINE	92.5%	92.2%	98.1%	96.0%	96.6%	90.2%	82.6%	89.7%	95.3%
Twitter	46.2%	67.4%	78.6%	57.9%	44.8%	34.3%	14.1%	46.5%	45.9%
Facebook	32.6%	13.5%	35.3%	45.7%	41.4%	31.0%	19.9%	34.1%	31.0%
Instagram	48.5%	72.3%	78.6%	57.1%	50.3%	38.7%	13.4%	42.3%	54.8%
mixi	2.1%	1.4%	3.3%	3.6%	1.9%	2.4%	0.4%	3.0%	1.2%
GREE	0.8%	0.7%	1.9%	1.6%	0.6%	0.3%	0.0%	1.3%	0.3%
Mobage	2.7%	4.3%	5.1%	2.8%	3.7%	0.7%	0.7%	3.4%	1.9%
Snapchat	2.2%	4.3%	5.1%	1.6%	1.9%	1.7%	0.4%	3.1%	1.3%
TikTok	25.1%	62.4%	46.5%	23.5%	18.8%	15.2%	8.7%	22.3%	27.9%
YouTube	87.9%	97.2%	97.7%	96.8%	93.2%	82.5%	67.0%	87.9%	87.9%
ニコニコ動画	15.3%	19.1%	28.8%	19.0%	12.7%	10.4%	7.6%	18.1%	12.4%

図2-1　2021（令和3）年度 主なソーシャルメディア系サービス／アプリ等の利用率
［令和3年度情報通信メディアの利用時間と情報行動に関する調査報告書］[2]

　では、子どもたちはこのような動画共有サービスを通じて何を見ているんでしょうか。
　図2-2は当院でASDやADHDのお子さんを対象に行った、視聴している動画の内容を尋ねた調査です[3]。対象がASDのお子さんやADHDのお子さんが中心ですので、偏りがあるデータではありますが、①ゲーム実況（66.9%）、②アニメ（57.4%）、③チャレンジ系の動画（37.8%）、④音楽やMV（33.1%）、⑤映画（26.4%）の順に多く、この年代の子どもの多くがゲーム実況と呼ばれる

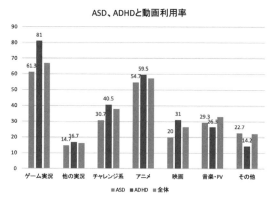

図2-2　ASD／ADHDと動画利用率［関　2018］[3]

ジャンルの動画を好んで視聴していることがうかがえます。

　ゲーム実況の中にはゲームをしながらプレイヤーが感想や解説を語るスタイルのものがありますが、このようなスタイルの実況は、なんとなく友達の家で遊んで雑談をしているような身近さを感じさせてくれます。大人からみればゲームのプレイをしながら感想や解説、雑談を語る動画の何が面白いんだと思うかもしれませんが、それはそのゲームの内容をあまり知らないからかもしれません。野球やサッカーをよく知っていて好きな方の中には、野球やサッカーの中継や解説が好きな方は多いかと思いますが、全く知らない方にとってはちんぷんかんぷんであることもしばしばあります。

　また、ここでのチャレンジ系の動画とは、○○をやってみたなどと、ちょっとした日常にあふれた面白いチャレンジをするジャンルの動画のことを指しています。

2.3 ニコニコ動画と視聴者の一体感

　YouTubeの話をする前に日本発の動画共有サービスであるニコニコ動画についても少し触れておきましょう。ニコニコ動画は2006年のサービス開始当初は、いわゆる「歌ってみた」などを投稿する動画のプラットフォームとして人気があり、ネット上での（二次創作を中心とするややサブカル的な）自作文化を牽引してきたといわれています。そして、次第にボカロ動画（ボカロ曲のMVのようなもの）やMAD動画といわれるつぎはぎのパロディ動画、ゲーム実況などが投稿されるようになります。やがて、匿名の自作文化から、名前を前面に出した「歌い手」やボカロPが現れてきます。米津玄師さんがニコニコ動画でボカロPとして活躍していたことやAdoさんが歌い手として活動されていたこともよく知られている話ですね。また、ライブ配信の先駆的存在だったニコニコ生放送においては、人気がある一般の配信者（ニコ生主）が登場し、雑談したり、ゲーム実況をしたりするようになっていきます。ニコニコ動画はニンテンドー3 DSで視聴できるアプリもありましたから、当時の小学生や中学生にも身近だったかもしれません。そして、当時歌い手やボカロP、ニコ生主に憧れた小中学生だった子どもたちの中には今10代後半から20代なっている方も多いと

思いますが、ニコニコ動画の視聴者のボリュームゾーンはその世代に重なっているのかもしれませんね。

　ニコニコ動画の最も大きな特徴は、動画の画面上に流されるコメント機能にあります。情報社会学者の濱野智史さんはその性質を「擬似同期」と表現しています[4]。少し説明を加えますと、ニコニコ動画のコメントは、書き込み時刻に関係なく動画内の時間軸で画面上に表示されます。動画コンテンツの流れの中で自分自身が面白かったり、反応したくなったりしたタイミングで投稿されたコメントは、投稿日時に関係なく、同じ画面の上に並びます。動画の中に面白いタイミングがあれば、動画を再生したそのタイミングにたくさんの感想やコメントが並ぶことになります。そうなることで、視聴者はまったく別の時間や空間にいて視聴しているにもかかわらず、同じ時間に同じ体験をどこかの誰かと一緒に楽しんでいるような、擬似的なリアルタイム性のある一体感を得ることができるとされており、このような特徴から「擬似同期」と表現されているのです。

　このような視聴者参加型のニコニコ動画に対して、YouTubeにおける投稿動画は、擬似的なリアルタイム性のある視聴者間の一体感を得ることは難しい構造になっています。YouTubeは自分一人で楽しむために視聴する。ニコニコ動画ではボカロ曲やアニメを視聴し、同じ趣味の「知らない仲間」と「ちょっと内輪」で盛り上がる。そんな使い分けをしている人もいるかもしれません。ニコニコ動画は、そのちょっと内輪な文化を知らない人にはとっつきにくいところがあるかもしれませんが、そのようなちょっと内輪な文化は、どこかチャムシップを感じさせますし、だからこそ、小学生などの低年齢層よりも10代後半から20代、30代に好まれているのかもしれませんね。

2.4 なぜ子どもたちはYouTuberになりたがる？ ──YouTubeと「居場所」

　2010年代に入り、動画を視聴する端末はこれまでのPCからだんだんとスマホに移行していきます。当時のニコニコ動画やニコニコ生放送がスマホで視聴しにくかった背景などもあり、視聴者はスマホで視聴しやすいYouTubeで動画を視聴するようになっていきました。

　スマホの普及に合わせ、配信主やアーティストのコンテンツの発信の場も YouTube やそのほかの発信の場へと移行していきました。そして、YouTube を視聴できるデバイスは PC に限らず、多様になっており、現代では、多くの小学生がスマホや Switch、テレビなどの画面でお気に入りの YouTuber のコンテンツを楽しんでいます。

　ニコニコ生放送以降のライブ配信の文化に関しては、スマホの普及に伴って「ツイキャス」がインスタント配信文化のハードルを一気に下げ、「17LIVE」、「SHOWROOM」、「ふわっち」などさまざまな配信サービスが現在も提供されています。また、顔出しをしないで、VTuber 気分でバーチャルライブ配信ができる「IRIAM」や「REALITY」といったアプリもありますし、スマホだけでゲーム実況が簡単にライブ配信できる（ライブゲーミング）ような「Mirrativ」のようなアプリもあります。多くの中高生はこれらのライブ配信サービスでその日常やゲーム生活を発信し、リアル／リアルでないを問わず誰かとつながっています。

（1）あこがれの職業が YouTuber になる理由

　2021年の小学生がなりたい職業や中学生男子のなりたい職業では YouTuber が第1位となっており、中学生の女子においても第2位は YouTuber となっています[5), 6)]。ここからは、子どもたちの世界に、幼い頃から身近に YouTube があること、そこには動画を投稿したり配信したりする YouTuber がいて憧れの存在であることが示唆されます。これは現代の大人が子どもの頃なりたかった職業とは大きく異なっているかもしれません。

　子どもたちが見ている YouTube 動画の多くは「○○やってみた」などの自分にもチャレンジできそうな動画やゲーム実況（動画）などです。ゲーム実況とは簡単にいえば、ゲームのプレイ画面を見せながら、おしゃべりする動画です。もともとは著作権的な問題もあり、なんとなく人目を忍んで動画を上げ、こっそり楽しむアングラな文化だったそうですので、初期のゲーム実況者はマスクをするなど何らかの方法で顔を隠していたといいます。

　ある年齢層以上の大人からみれば、「こんな素人の作ったホームビデオなんて」とか「ただただゲームをして、笑ったり、ぶつぶつ言ったりしているだけの

動画なんて。テレビの方が役に立つし面白い」と思われるかもしれません。けれども、自分が楽しいと思っているコンテンツを否定する大人に、子どもは自分の世界を語りたがりません。そこで、ここでは子どもたちがどうしてゲーム実況などの動画にひかれるのか、その面白さについて考えてみようと思います。

（2）スキマ時間に楽しむ身近な面白さ

　YouTube動画の大きな魅力は、手軽にスマホなどでアクセスでき、隙間時間でもアクティブに視聴できるところにあります。また、視聴結果をもとに興味がありそうな内容をおすすめ動画として次々に表示してくれます。

　YouTube上で人気のある動画は、テレビに比べるとずっと短く、コンパクトでスピード感がありますので、視聴者は手軽に隙間時間を埋めることができます。身近にいそうなお兄さんやお姉さんが「○○をやってみた」など、面白そうなチャレンジをしている動画は小中学生に「自分にもできそう」「自分もやってみよう」と思わせてくれる手軽さやハードルの越えやすさがあります。少し前に流行した「メントスコーラ」のドッキリや、スライム風呂に入るような企画を撮影し、編集した動画がこのような動画にあたりますが、このようなチャレンジ系の動画の中には、小学生でもできそうなチャレンジもあります。それに加えて結末が気になるものですから、子どもたちは、ついつい最後まで見てしまいますよね。これは、友達と行うようなちょっとした悪戯（いたずら）の結末を見る気分に似ているかもしれません。

　さて、男子高校生四人がYouTuberとして活動を始め、次第に人気が出る中、喜んだり、ざわついたりする感情を軽やかに描いた『どうぞ愛をお叫びください』という青春小説があります[7]。小説としてとても面白く、爽快感があることに加えて、「YouTuberってこんなことしてるんだ」「こんな苦労もあるんだ」など、大人も知っておきたいことや気を付けておきたいことが詰まっています。その中にこんなセリフが出てきます。

　　「短い動画の方が伸びやすい傾向はある気がする。（略）ぶっちゃけ、ユーチューブ見た後テレビ見たらイラつくよな。こんだけやって情報量少なすぎね？ってなる。あと、CM前にすげー引っ張るのがマジでムカつく」

　「続きはCMの後で」というフレーズに馴染みがある方には少し耳が痛い話かもしれませんが、このような面白いところで視聴者を引っ張ったりしても視聴者が我慢できるという感覚それ自体が、テレビやラジオなどのメディアから情報が一方通行に送られ、それを享受していた昭和的な感覚であるといえるかもしれません。YouTubeには視聴者がアクティブに選択できるチャンネルがたくさんあります。CM前に気をもたせたところで、視聴者にすぐに次の動画へと関心を移されてしまい、あっというまにコンテンツはネットの海の中に沈んでしまうでしょう。だからこそ、人気があるチャンネルの動画はテレビと比較してスピード感があるものが多いのかもしれません。

　また、ライフスタイルの観点からみれば、最近では大人も子どもも忙しく、なかなかテレビをまとまって視聴する時間は取りにくいかもしれません。大人の中で、仕事を終えて、帰宅してから1時間のドラマ番組をずっとテレビの前で見ながら過ごすことができる人はどれくらいいるでしょう？子どもでも、習い事や宿題などで忙しくなかなかまとまった時間をとることは難しいかもしれませんね。そう考えると、隙間の時間で手軽に視聴できる短時間のYouTube動画は現代のライフスタイルに合っているといえます。むしろ、YouTuberが視聴者から飽きられることのないように、短時間で視聴でき、スピード感のあるコンテンツを押し出しているのは、現代の視聴者のライフスタイルに合わせた結果ともいえそうです。そして、そのようなスピード感をさらにおしすすめたものが、TikTokやリール動画と言えるかもしれません。

（3）ゲーム実況も身近なお手本に

　ゲーム実況とは、ただ雑談しながらゲームをしたり（垂れ流し型）、設定されたキャラを維持しながらかっこよくプレイし解説したり（ステージ型）、視聴者目線でテキストを読み上げたり、全部の状況がわかるように言葉で解説を入れてくれたり（ナレーター型）しながら、ゲームをプレイする様子を撮影した動画[8]のことをいいます。小学生の間では「まいぜんシスターズ」や「Hikakin Games」などのYouTubeチャンネルはとても人気があります。

　もともとの「実況」はプレイヤー側ではなく、PCゲームなどのプレイをネット上で配信されたものを視聴する人たちが別の掲示板で感想を書き込んで盛り

上がる、その書き込みを「実況」と呼んでいたそうです。今ではプレイヤーが直接話しながらプレイするスタイルを実況と呼びますが、この実況スタイルの原型はよゐこの有野さんが出演する「ゲームセンターCX」だともいわれています。この動画の中でゲームの実況者は、一切の情報なしでいきなりゲームする「初見プレイ」をしてみたり、自身の「超絶プレイ」を見せたり、禁止事項をつけて難易度を上げる「縛りプレイ」をしてみたり（例：ホイミスライムを倒さずにクリアーなど）、「解説プレイ」をしたりしています[9]。

　ステージ型の実況は、いわずもがなゲームプレイが非常に上手ですし、子どもたちは視聴しているうちにものすごく速いスピードでゲームが上達します。ナレーター型の実況は、何らかの事情でゲームができない子どもにとって、学校での話題についていく貴重な情報源となります。また、人気がある実況者の中にはゲームがそれほど上手でない人もたくさんいます。この点はゲーム実況がeスポーツと大きく異なるところです。eスポーツはゲームを用いた競技ですので、練習やトレーニング、自己管理などとともに、そのゲームが上手であることが求められます。

　ステージ型のゲーム実況をニコニコ動画で視聴すると、コメントの弾幕はフェスに参加しているような一体感を伴った「居場所」となります。最近流行のジャンルの一つであるRTA（Real Time Attack）などではどのようなゲームジャンルにおいても素晴らしいプレイが連続しますが、その都度コメントの弾幕を通してフェスのような一体感を得ることができます。また、ゲームが上手でない実況者の実況では、視聴者はコメントで「なぜそこ！」「えっ！」など、次々とコメント欄でツッコミが重なり、擬似的なリアルタイム性のある一体感を得ることができます。そこには、慣れ親しんだ友達の家のような、くつろげる「居場所」のような感じがあり、あまりゲームが上手でない友達が一生懸命プレイしているゲーム画面を、おやつを食べながら隣から見ているようなくつろぎや親近感があるのかもしれません。

　また、最近の子どもはテレビなどを視聴する時間よりもインターネットの利用時間の方がずっと長いことがわかっています[2]。かつての子どもの憧れの職業といえば、テレビで見ることができるスポーツ選手などでしたが、子どもたちの世界においてはスポーツ選手よりもYouTuberの方がずっと身近になって

きているといえます。この親近感の演出の背景にはYouTubeの更新頻度もあるでしょう。人気のあるYouTuberの中には毎日短い動画を更新する方もいます。私たちは何気なく毎日目にするものに親近感を覚えるものですから、その更新頻度が高ければ高いほど、毎日見るYouTuberに親近感を覚えるという部分もあるでしょう。ましてや、最近のYouTuberはコメントやSNSをきちんとチェックしています。自身について書かれたSNSがあれば、「いいね」を押したり、短い返信を書いたりすることもあります。また、時には自分がコメントやSNSで書いたことがYouTuberの動画に反映されることもあります。そのような双方向性を思わせるやりとりはテレビなどの既存のテレビなどのメディアにおいては難しく、このこともYouTuberへの親近感に影響を与えていることでしょう。

　だからこそ、実況主やYouTuberは、テレビの中でしか見られないスポーツ選手やタレントではなく、身近に感じられる（ちょっと素人みのある）お兄さんやお姉さんであることが大切なのでしょう。そう考えると、動画コンテンツに対する「素人の作ったホームビデオ」だという批判は相当に的外れであるといえるでしょう。ゲーム実況の動画やチャレンジ系の動画は素人だからこそ面白いのですし、そんなお兄さんやお姉さんがYouTuberとして社会的に認知されているからこそ憧れも抱くのです。

（4）視聴者がYouTuberにもなる

　これまで見てきたように、YouTubeなどの動画の内容について見てみると、ゲームをプレイしながら雑談をするようなゲーム実況や雑談を交えた日常的な料理の風景、チャレンジ系の動画など、視聴者にも「自分にもできそう」「やってみよう」と親近感を感じさせるコンテンツも多く、実際に同じような動画をスマホで作成して投稿する子どもと児童精神科の外来で出会うこともしばしばあります。例えば、YouTubeで「マイクラ」「実況」「ゆっくり」と検索すると本当にたくさんの動画が表示されます。中には数百万回再生されているような動画もありますが、数十回しか再生されていない他の実況動画と内容が似通ったものもたくさんあります。このようにYouTubeにおいてはクリエイターと視聴者の境界が曖昧な構造になっており、視聴者が似たような動画のクリエイターとなり、自身で撮影、編集して投稿することを通じてコンテンツがさらに広が

りやすい構造になっています。例えば、誰かが自分のプレイする「スプラトゥーン」のキル集を編集して、かっこいい音楽をつけて投稿したとしましょう。それを見た子どもが「僕のも見てよ」という思いから、自分のキル集を作成するかもしれません。それを見た友だちの誰かがまた「僕にもできそう」とかっこいい動画を投稿します。このように似たような動画がたくさん作成され、広がれば広がるほど最初に誰が投稿したかということへの関心は薄くなっていきます。中には、最初に投稿されたオリジナルよりもたくさん再生されるコンテンツも当然ながら出てきます。かつて、ボードリヤールは、ポストモダン社会を作品やコンテンツのオリジナルとコピーの区別のないシミュラークル化した社会と予測しました。そういった意味で、YouTubeにおける動画の作成のされ方はきわめてシミュラークル的なものの一つであるといえるかもしれません[10]。

このようにYouTubeにおいては、視聴者が手軽に模倣などを通じてクリエイティブな活動に関与しやすい構造になっていますので、多くの子どもたちがYouTuberになりたいと思うのかもしれません。

2.5 YouTubeとの関わりで大人にできること

ここまでYouTubeの動画は現代のライフスタイルに合った（合わせた）形で、子どもたちを惹きつける魅力にあふれたコンテンツであることをみてきました。それだけの魅力があるのですから、子どもたちが「ハマる」のも無理はなく、責められるべきことでもないでしょう。それはある一定以上の世代の方が、かつてテレビアニメにハマったり、小説にハマったりした感覚とほとんど同じものかもしれません。けれども、このような新しいメディアの登場は、必ず大人をざわざわさせます。それは自分がそのコンテンツについてあまり多くのことを知らず、子どもの方がよく知っているということに対する不安からくるものかもしれません。

多くの大人は、子どもが小学生くらいになるとYouTubeなどの動画の視聴に関して約束事を作ります。「YouTubeは30分まで」などがその代表で、「そろそろ30分だよ」と大人に促されると「もうちょっと」と子どもが言う「もうちょっと問題」は全国で多発しているものと思われます。また、「いろいろ約束事を決

めてみたけどうまくいかなかった」こんな相談も診察室ではよく聞かれます。

　では、どうしてこのような約束はうまくいかないのでしょうか？大人と子どもが約束事を作っていく時には、注意する点がいくつかあります。

　（1）子どもにわかりやすく、子どもが守りたいと思う約束になっているか。

　（2）子どもも守ることができ、大人も守らせることができる約束になっているか。

　（3）子どもが約束を守れたことに気づいているか。

　この3点です。

（1）子どもに分かりやすく、守りたいと思う約束になっていますか？

　約束の内容が、非常に難しく子どもに理解できない場合、約束を守ることはできません。例えば、「YouTubeは30分まで」と約束したとしましょう。けれども、30分という時間の概念がまだ育っていない幼い子どもの場合「はぁい」とよい返事をしたとしても、その約束が適切に伝わっておらず、この約束は守られない可能性の方が高くなります。けれども、子どもは「はぁい」と返事した分、大人から余分に怒られることもあるかもしれませんし、いいところなしです。

　過度に複雑な約束もこの部類に入ります。「YouTubeは1日30分まで。ただし宿題が終わっていなかったら10分だけ。ただし、朝YouTubeを20分以上見て、学校の準備が遅れたら夕方のYouTubeはなしにする」などの約束がこれにあたります。これだけ複雑ですと、さすがに子どももすぐに「はぁい」とは言いません。けれども、最初に作った約束が守られず、それをそのままにして、ペナルティだけが付け加えられていった場合にはこのような複雑な約束事になりがちです。こんなに複雑ではとても大人も子どもも約束を覚えきれません。

　また、「そもそもYouTubeは時間で区切ることに向いているか？」という問題もあります。私たち大人は簡単にメディアの視聴時間を時間で区切ってしまいがちですが、テレビのようにYouTubeのコンテンツは時間通りに始まって時間通りに終わるようなものではありません。一つの動画を見終えたときが最も適切な区切りであるはずです。私たちも1時間ドラマを中途半端な40分くらいの時点で「そろそろテレビ切って、お風呂入って」と言われても「これを見てか

ら」となかなかお風呂に入れないのではないでしょうか？ですので、YouTube
に関する約束を作る際には、そもそも時間で区切ることが向いていないという
ことは少しだけ覚えておいた方がよいように思います。

　最後にもう一つだけ大切なポイントがあります。子どもは、自分を自分の大
好きなものから遠ざけようとする大人との約束を守りたがりません。つまり、大
人の遠ざけようと思う気持ちが強ければ強いほど、子どもは大人との約束を嫌
うようになっていきます。ですので、もし可能であれば、自分の子どもが好ん
でいるYouTubeチャンネルを視聴してみてください。「うちの子はこんなもの
が好きなんだ」「好きなYouTuberのことは楽しそうに話すのね」「まだ歌詞もわ
からないのに、一生懸命歌って可愛いわ」など、子どもが好きなことを純粋に
楽しむ姿を知ることで、子どもの行動を少し温かい気持ちで見られるかもしれ
ません。そういった気持ちで一緒に考えた「YouTubeを楽しく視聴し続けるた
めの」約束であれば、子どもにとっても、守りたいものになっているはずです。

　それに、意外とYouTubeは子どもの人生の役に立っています。他愛もない友
達との会話のきっかけだったり、ゲームが上手になることであったりと、大人
にとっては役に立たないように見えるかもしれませんが、それらは子どもの世
界を生き抜くためにはとても大切なものであったりするのです。

（2）子どもが自分で考え、守ることができ、大人も守らせることができ
　　る約束ですか？

　どんな約束も、実際にその約束が果たされなければ意味がありません。そし
て、果たされない約束がそのままであることはもっともまずい結果につながりま
す。これは吉川徹先生が著書[11]で指摘されているとおりです。ですので、子ど
もが自分の力で守ることができそうな約束事を考え、大人も自分の力で守らせ
ることができる約束事を考えていく必要があります。

　子どもがYouTube見たさに勢い余って、「僕、1日10分でいいから、毎日見
たい」と言いだしたときに、大人は子どもの守る力を考え（そして、10分では
終わらないコンテンツが多いということも考え）、『それは守ることが難しいと
思うから、やめておこう』と提案できたほうがよいかもしれませんね。

　「帰ったらおやつを食べて、17時にYouTube見終わって、宿題する」という

約束についても考えてみましょう。子どもが自分一人で、大好きなYouTubeを17時に見終えて、あまり好きではない宿題に切り替えるのは至難の業です。これは大人でもそうですよね？好きなことを途中で切り上げて、それほど好きではないことをするのはとても難しいのです。また、この約束に関しては、その時刻に大人がいる家庭といない家庭では約束が果たされる／果たされないという結果が大きく異なるだろうとも思われます。

　ですので、YouTubeをめぐる約束事を作っていく際には、自分たちのライフスタイルに合った約束事を親子で一緒に考えていくことが望ましいですし、守ることができなかった場合、より子どもが守ることができそうで、大人も守らせることができそうな形にその都度作り替えていく必要があります。そのためにも大人と子どもはYouTubeのことなどを話し合えるような関係を築いている必要があります。約束は約束を作ることができる親子の信頼関係の上に成り立っています。親子が対立し、約束が果たされないまま放置されることが一番まずいのです。

（3）子どもが約束を守ったことに気づいていますか？

　そして、子どもと約束を作った際にもう一つ注意しておかなければならないことがあります。それは、子どもが約束を守った場合に、大人は気づいているだろうかという話です。周囲からの注目と行動の間には肯定的な注目の多い行動は増えやすく、肯定的な注目の少ない行動は減りやすいという法則性があることが知られています。

　子どもが約束を守れたとき、往々にして大人は「今日は約束を守れてよかった」と胸をなでおろしそのままにしてしまいます。この場合、「約束を守れたこと」には肯定的な注目がなされていないので、その後「約束を守ってYouTubeをおしまいにする」という行動は減ってしまうかもしれません。ひょっとすると、「いつもそんな風にやめてくれたらもっと成績も上がるのに」と嫌味を言ってしまうこともあるかもしれません。何気ない言葉ですが、子どもが「約束を守れたこと」に否定的な注目がなされているわけですから、子どもは約束を守りたくなくなってしまうかもしれません。そう考えると、大人である私たちは、自分自身の言葉が、子どものモチベーションを上げているのか、下げているの

かという点にも、注意を払う必要があるといえるでしょう。

　さらに、別の視点も必要です。多くの子どもにとってYouTubeを見終わることは、大好きなことをおしまいにする行動です。「もうちょっと見たいのになー」と思いながら子どもたちはおしまいにするですが、このおしまいには子どものちょっとした我慢が隠れています。このちょっとした我慢の気持ちに、大人が気づいてくれることが、子どもを我慢嫌いにさせない一番のポイントです。「もうちょっと見たかっただろうに、よく我慢できたね」と伝えるだけでも子どもはその約束を守りたいと思ってくれるかもしれません。

2.6　子どもが実況や配信をやりたいと言ったら？

　毎日「自分もできそう」なチャレンジ系の動画やゲーム実況を見ているのですから、子どもが「ゲーム実況をやりたい！」と言い出すこともあるかもしれません。思春期の子どもであればライブ配信などで雑談をして、誰かとつながりたいという子どももいるかもしれません。この際、録画編集した実況動画などのコンテンツを投稿する場合と、より自分自身をコンテンツとするような、いわば「自分性の高い」ライブ配信では注意することが少し異なります。

（1）子どもがゲーム実況をしたいと言ったら？

　「僕もYouTuberになりたい」と思った小学生が、「実況動画を作りたい」と保護者に言うこともあるでしょう。この場合には、大人と一緒に話し合いながら、一つのゲーム実況の動画を作り上げる作業をしていくことが望ましいと思われます。夏休みの自由研究にしてもよいかもしれません。往々にして、素人が初めて作る実況動画の多くは特徴のない「垂れ流し型」か、それほど見せ方が上手でない「ステージ型」になるものと思われます。これだけ多くのゲーム実況動画がある中で、特徴のないゲーム実況を行っている動画チャンネルでは、大人が心配するほど大きなムーブメントはまず起きません。しかし、自分の名前や住んでいる場所、通っている学校についての発言などには大人と一緒に考えながら気をつけて制作したいところです。

　実際に診察室で子どもたちの話を聞いていると、多くの小学生が作りたい最

初の実況動画は、「FPSやバトロワでのキルシーンを集めたキル集」や「マイクラでの建造物や装置の解説」などです。（診察室で聞いてみるとそのほかに作りたい動画としては、「おもちゃのレビュー」や「自身の部屋の解説」「ひたすらスライムをこねる」などもありました）。特にキル集においては、現実に対戦相手がいますし、実況することに興奮して少々とんがった言葉が出てしまうことも大いに考えられます。とんがった言葉を使ったり、相手を「ザコい」などと煽ったり、馬鹿にしたりする行動をとってしまうと、コメント欄が荒れたり、相手から攻撃的な発言を向けられることもありますので注意が必要です。

　また、コメント欄が開放されている場合には「つまんな」「下手くそ」「お前がザコ」など荒れた言葉が動画のプレイの上手い下手に関わらず並ぶこともあります。そして、顔出しをしていれば、容姿をネガティブに指摘されることもあります。動画を投稿するにあたっては、そのようなネガティブな発言に対して冷静にスルーする、いわば「煽り耐性」が重要になりますので、動画を投稿する前に子どもと確認しておいたほうがよいでしょう。顔出ししない場合には、音声合成ソフトなどを用いた「ゆっくり実況」にしたり、ネガティブな発言でコメント欄が荒れないようにコメントをオフにしたりできますから、そのようなことを大人と話し合いながら作り上げていくことが大切になります。

　けれども、このようなやり方は本当に時間がかかります。そのような時間がとれない場合には、お金はかかってしまいますが動画制作を学ぶことができる習い事などもあるようですので、体験などをしてみるのもよいかもしれません。

（2）ライブ配信の場合の留意点

　思春期が近づいた子どもの場合、自分の日常を切り取るように、より「自分性の高い」ライブ配信をすることも考えられます。中には「本当の自分」として「VTuber」としての配信活動をしたいという子どももいます。

　多くのライブ配信では、中学生、高校生などがクラスで誰かと雑談するように日常の様子を配信していますし、ライブ配信は誰かとつながるという意味でSNSであるといえます。その場合も顔出ししていれば、自身の顔のことや、スタイルのことなどについてコメントがその場で書かれる可能性はあり、煽り耐性については実況動画同様に事前に考えておく必要があります。また、このよ

うな「自分性」の高いライブ配信はTwitterなどのSNSと同様、つながりを求めてなされることも多くありますから、

　①個人情報につながる配信をしない

　②自分以外の映り込みに注意する

　③Twitter同様に炎上の可能性を考えておく

という3点も重要になってきます。けれども、これらの注意点は信頼できる大人に相談ができている場合に限って有効かもしれません。

　また、配信では「投げ銭」という収益化機能を備えている場合もあります。「投げ銭」とは視聴者が有料のアイテムなどを配信者に送ることによって、その一部の利益が配信者に還元される仕組みです。15 〜 19歳の13.7%が「投げ銭」をするといわれていますから、大人が思っているよりもずっとカジュアルに「投げ銭」はなされています。「投げ銭」と聞くと、大金を使うイメージをおもちの方もおられるかもしれませんが、1か月に使う「投げ銭」は500円以下のものが最も多いとされています[12]から、大金を使う層は一部であるものと思われます。無料で配信がなされているのにどうしてわざわざ「投げ銭」をするのだろうと思う方もおられるかもしれません。実際に視聴者に「投げ銭」の理由を聞いたアンケート調査からは「配信内容に満足したから」（50.0%）、「配信者に喜んでもらいたいから」（34.2%）、「配信を盛り上げたいから」（31.6%）、「配信者が継続的に活動できるように支援したい」（31.6%）といったどちらかといえばポジティブな「推したい」気持ちや配信への「感謝」の気持ちでなされることが多いようです[12]。一方で、配信では誰が有料アイテムで「投げ銭」をしているのかわかることも多く、周囲が「投げ銭」をしている雰囲気に煽られてしまうこともあるので注意が必要です。そのほかにも「○○さんありがとうと言われたい」「配信者からの反応がほしい」などと配信者との「つながり」を求めてなされることもあるようです。

　子どもが「投げ銭」をしたいと言う時や何らかのきっかけで「投げ銭」をしているとわかった時、周囲の大人は困惑をするだろうと思います。「どうしてそんなものにお金を」と言いたくなる場面もあるかもしれません。けれども、それぞれの「投げ銭」には、これまでみてきたようなさまざまな背景があります。周囲から煽られることで「投げ銭」をしてしまいがちな子どもとは、事前にランキ

ングなどに煽られやすい構造になっていることや、ほかの人のコメントにつられやすい構造になっていることなどについて話し合っておくことも大切になるかもしれません。けれども、これは話し合いのできる関係が前提になっています。中には、学校などの現実における「居場所のなさ」や寂しさから「つながり」を求めてなされていることもあるかもしれません。そのような場合においては「投げ銭」の善悪を話し合うことの意味は少なくなります。むしろ、周囲の大人が本人の現実の苦しさに共感しつつ、どこが本人の「居場所」となり得るのか、一緒に考えていくことが大切になるでしょう。

また、配信者の側からみれば「投げ銭」は一部の視聴者から過激な要求をされる場合がありますので、この点にも注意が必要です。最初は「かわいい」「ありがとう」と有料アイテムを送ってくれていた人が徐々に「○○してくれたらもっと送る」など要求のハードルが高くなっていき、性的な要求をされることもあります。そして、それをスクショされるなどして、犯罪に巻き込まれることもあります。

また、ライブ配信でそのほかにリスクが高いと思われる行動は「助けて」「消えたい」「お金がない」など、つらい気持ちを語ってしまうケースです。このようなケースでは悪い大人と出会う可能性がずっと高くなってしまうのはSNSと同様でしょう。一方で、『「消えたい」と言わないようにしましょう』と言うことは簡単ですが、それではなんの意味もありません。そう語ってしまう背景にはSNSと同様にリアルに「居場所」がなく、そこにしか消え入りそうな気持ちを語ることができないという事情があるからかもしれないのです。

一方で身近な大人である私たちにでき得ることも考える必要があります。もし、信頼できる誰かがそばにいたなら、そこに「居場所」があったなら、子どもたちはライブ配信でそのような内容を語る必要はなくなるかもしれません。私たち大人は、そう語る子どもを責めることよりも、そこでしか語ることができなかった思いを丁寧に受け止める大人である必要があります。そのためには、子どもたちの思いや考えに、遮らずに、自分の考えや結論を押し付けずに、真摯に耳を傾ける必要があります。リアルにおける信頼できる誰かとなり、つらい気持ちを抱えた子どもを孤立させないこと。それこそが、私たちのようなそばにいる大人ができ得ることなのだろうと思います。

3. 子どもたちと小説投稿サイト

3.1 小説投稿サイトってなんだろう？

　学校に行きづらい子どもたちがイラストを描くことに没頭したり、小説を書き始めたりと、何らかの創作活動に没頭することはしばしばあります。中にはただ創作するだけでなく「先生、ネット小説書いたから読んでほしい」と小説投稿サイトに投稿した自作の小説を読ませてくれる子どもやイラスト投稿サイトに投稿したイラストを見せてくれる子どももいます。そして、子どもたちの中にはSNSでそれらの小説やイラストを宣伝する子どももいます。

　このような小説やイラストの投稿サイトでは、読者である一般ユーザーが作者にもなります。生産消費者たちにより提供されるコンテンツはUser Generated Content（UGC）もしくは消費者生成メディア（CGM：Consumer Generated Media）とも呼ばれるそうです。UGCサイトは、小説やイラストだけでなく、動画、マンガ、写真など多くのクリエイティブ作品を対象とし、多数のコンテンツが投稿され、膨大な数の利用者が楽しんでいます。前章で紹介したニコニコ動画やYouTubeも、情報が集まるYahoo!知恵袋やWikipediaもこの範疇に入るものといえます。

　「小説家になろう」というサイトの名前を聞いたことがある方もおられるかもしれませんが、「小説家になろう」は日本で最大級の小説投稿サイトで、この文章を書いている時点での小説掲載数は約98万作品、登録ユーザー数220万人といわれています。これだけでも十分大きな規模ですが、実際はユーザー登録しなくても読むことができるため、その利用者はもっと多いといわれています。小説投稿サイトとして有名なサイトはそのほかにも「ハーメルン」「アルファポリス」「エブリスタ」などがありますし、以前はイラスト投稿が中心であった「pixiv」も2010年より小説投稿機能が実装されており、とても人気があります。そして、小説投稿サイトは個人が運営するサイトを含めればもっとずっとたくさんあります。つまり、誰かが小説を書きたいと思ったら、それを読んでもらえる

ウェブ上のプラットフォームがたくさんあり、多くの書き手が毎日多数の小説を投稿し、多くの読み手が毎日多数の小説を読んでいるわけです。

　基本的にこれらの小説（などの作品）は非商業的に展開され、無料で作品が読めるのですが、人気が出た作品は、出版社から書籍化され、さらに人気が出てアニメ化されることもあります。「小説家になろう」からアニメ化された作品もすでに40本を超えているそうです[1]。『魔法科高校の劣等生』『この素晴らしい世界に祝福を！』『Re:ゼロから始める異世界生活』『転生したらスライムだった件』『無職転生 〜異世界行ったら本気だす〜』『盾の勇者の成り上がり』『本好きの下剋上〜司書になるためには手段を選んでいられません〜』などの作品はアニメ化された有名な作品の一部ですが、読者の方の中にも「アニメで見た」とか「タイトルを聞いたことがある」と思われる方がおられるかもしれませんね。余談になりますが、住野よるさんの『君の膵臓をたべたい』ももともとは「小説家になろう」に投稿された作品だそうです（ただし『魔法科高校の劣等生』、『この素晴らしい世界に祝福を！』『君の膵臓をたべたい』はすでにサイトから削除されています）。また『幼女戦記』や『オーバーロード』は「Arcadia」という投稿サイトから商業展開され、アニメ化された作品です。このようにウェブ小説の中には書籍化されたり、メディアミックスされたりしてアニメ化に至る作品がみられます。例えば、2021年秋にアニメ化された「小説家になろう」発の作品を取り上げてみますと、「異世界食堂」、「最果てのパラディン」、「真の仲間じゃないと勇者のパーティーを追い出されたので、辺境でスローライフすることにしました」、「世界最高の暗殺者、異世界貴族に転生する」、「無職転生」など数多くみられます。秋アニメだけでこんなにたくさんアニメ化されているのであれば、書籍化、アニメ化も夢じゃないと思われる方もおられるかもしれませんが、もちろん書籍化される道のりは簡単ではありません。「小説家になろう」のサイトだけでも90万以上の作品があり、その中で自分の作品が多くの読者に読まれるというのはかなり難しいものです。また、各小説投稿サイトには、それぞれのジャンルの特性があります。一昔前は「小説家になろう」であれば異世界転生ものに、pixivは二次創作に強いなどの特性はありましたが、現在ではpixivでも男女を問わず二次創作もオリジナルも盛んに投稿されています。ただし、「小説家になろう」には「小説家になろう」の読者に好まれやすい作品が集まり、

「pixiv」には「pixiv」の読者に好まれやすい作品が集まりやすい傾向はあるといえるかもしれません。新規の作者は、まず読者に自身の作品を読んでもらう必要がありますから、必然的に、読者がタグで検索しやすい人気のジャンルの小説を書くことが多くなることもあるかもしれません。

　例えば、「小説家になろう」の累積ランキング上位にくる異世界転生小説では、①主人公が死亡して生まれ変わる、②異世界で元の世界の知識やモノ（スマホ）などを引き継ぐ、もしくは新しい特殊能力を得る、③その知識やモノによって異世界の中で活躍し、認められる、④その結果、異世界で主人公がモテる、といった形のものが多くなりやすくなっています（このような作品群は俗に「なろう系」とも呼ばれることがありますが、この言葉には定型的ともいえる様式を揶揄する意味合いを含むため、本書では使用しません[2]）。そして、この中でも異世界に転生した主人公が冷遇されたり、追放されたりするところから成り上がるものや、乙女ゲームなどの悪役令嬢に転生してバッドエンドを避けるために悪戦苦闘するもの、スローライフを楽しむものなど、それらから派生したジャンルのものも多くなっています。一方で、「小説家になろう」のサイト上で異世界転生もの小説ばかりが人気を得ているわけではもちろんありません。王道なファンタジー作品やVTuberなど現実世界を扱った作品の人気作品もたくさんあります。

3.2 子どもたちはどれくらい小説投稿サイトを見ているんだろう？

　このようなネット小説やウェブコミックは、高校生の3割が利用しているといわれています。このため10代向けのコンテンツのようにみえるかもしれませんが、ユーザーの年齢層は10代が14%、20代が44%、30代が24%であり、20代から30代が3分の2を占めているといわれています[3]。

　私たちの調査でも、「小説家になろう」をはじめとするネット小説は、高校生以上の若者の85.3%が利用していましたが、中学生以下の利用はそれほど多くありませんでした。また、この調査では、IAT（Internet Addiction Test）という尺度を用いてネット小説の利用の有無とインターネット依存度との関係もみていますが、ネット小説を利用する群は利用しない群に比較してIATのスコア

が高くなりました[4]。この調査データは群間の年齢などの統制を行っていないため、結果の読み取りには留意が必要ですし、あまり学術的な考察ではありませんが、ネット小説を読む子どもたちの中には、ネット小説が面白いあまり時間も忘れてネット小説を読む子どもや若者がいるかもしれませんし、不登校などで家にいる時間が長く、学校のことを考えてしまうなど嫌な気持ちを紛らわすためにネット小説を読んでいる子どもや若者もいるかもしれません。

3.3 子どもたちにとっての小説投稿サイトの「居場所」

（1）書き手と読者の境界線が曖昧

　UGCの中でも小説は作者と読者の境界線が曖昧なコンテンツであるといわれています[5]。つまり、ネット小説の読者の中には、小説投稿サイトでネット小説を書いている、もしくは書いた経験がある人が多くいます。その背景としては、表現方法が文章という普段から使っているものであることやイラストほど技術を要さない（ように思われやすい）ことなどから、消費者である読者から表現者である作者への参入のハードルが比較的低いことが指摘されています。

　一方で作者の多くは読者でもあります。多くの小説投稿サイトでは、読者は作品に直接感想のコメントを残すことができ、読者に評価されることが作品のランキングにつながってきます。読者から作品を見つけてもらい、評価を得ることがとても重要視されやすい構造になっているのです。

　『転生したらスライムだった件』や『乙女ゲームの破滅フラグしかない悪役令嬢に転生してしまった…』のようなヒット作の影には、膨大な数の作品が埋もれています。多くの作品は、最初からゴールがあって書き始められるわけではなく、短文で連載され、読者からのコメントなどによって整合の取れない部分が修正されたり、展開が軌道修正されたりしながら完結に向かっていきます。そういった意味では小説投稿サイトは「素人であった書き手が多数の読者に指摘を受けることで、編集者なしでも作家として鍛錬できてしまう場」であるともいえます[6]。

（2）交流によりスポットライトがあたる

　小説投稿サイトの作品は、一話が短い文章であることがポイントです。ほとんどの読者は隙間時間にスマホで読むことが多いこともあり、短文かつ更新頻度が高いことが読者に読んでもらうためには大切になるといわれています。そういった点では、YouTubeがテレビに比べてスピード感を求められるように、ウェブ小説も紙媒体に比べ、読者からスピード感を求められているといえるでしょう。更新頻度が少ない作品は必然的に読まれにくくなっていきますし、それは数字になって可視化されるため、作者は読者が離れていくのを肌身に感じるのです。

　作者側からみれば、読者数が少ない作品を完結させるモチベーションを保ち続けることには大きな困難を伴いますので、未完に終わる作品も少なくありません。そんな孤独な作者を励ましてくれるのが読者の感想コメントです。一人でも読み続けてくれる読者がいて、作品を評価し、感想を綴り、そこへ作者がコメントを返すことにより、小説投稿サイトは作者にとっても読者にとっても「居場所」になり得ます。いい換えれば、これらの「居場所」における作者と読者の親近感や交流がウェブ小説というコンテンツをリアルタイムに作り上げていくのです。ランキング上位に限らず、読者が一人でもいて、継続的な交流ができていれば、そこは作者にとってのスポットライトが当たる「居場所」になっているといえるでしょう。

　これは、イラストの描き手の世界も同様かもしれません（サブカルチャーの世界では「絵師」という呼称が俗語的な敬称として用いられることもありますが、「絵師」という呼称には賛否両論ありますので本書では用いず「描き手」に統一します）。描き手が自身のイラストを投稿する場としては、イラスト投稿系のSNSがあります。

　代表的なイラスト投稿系のSNSとしては、pixiv、TINAMI、GALLERIAなどがあります。中でもpixivは、登録者数が8,000万人以上、1か月の作品閲覧数が48億を超える規模で、日本に限らず海外からの投稿も多くあります。投稿の多くはイラストが占めていますが、漫画や小説の投稿も可能です[7]。ユーザーの年齢構成は10代が18%、20代が59%で、ユーザーの40%は学生であると

いわれています[8]。

　イラスト投稿サイトもそれぞれに特徴があり、例えばTINAMIはコスプレ写真も投稿できるなど、投稿できるコンテンツの範囲が異なります。R-18の作品が多いサイトや男性向け、女性向けなどジャンルに偏りがあるサイトも多く、投稿、閲覧する際には注意が必要となります。

　Pixivは「作品を介したコミュニケーションにフォーカスしているクリエイターのためのSNS」「お絵かき（創作）がもっと楽しくなる場所」[8]とうたっていますが、イラスト投稿サイトにおいても閲覧者が評価し、コメントや感想を書き込むことでユーザー間の交流が生まれます。つまり、閲覧者との交流やほかの描き手との交流がそれぞれにとっての「居場所」を作っていくともいえます。そして、フォロワー数が多い描き手は商業作品である書籍やゲームなどの声がかかることもあるようです。

事 例 紹 介

※事例は書面にて承諾を得ていますが匿名性に配慮し細部を変更しています。

　ゆきとくんは両親との三人暮らしです、小さい頃は明るく、友達も多かったといいます。

　そんなゆきとくんは、中学校時代は、母によれば「男らしい硬派な子どもだった」そうです。

　高校に進学したのですが、進学後しばらくしてから「イラストレーターになりたい」と考えるようになりました。イラストレーターになるために、高校を卒業したら、「美術系の専門学校に行きたい」と考え、独学でイラストやアニメーションの勉強を始めました。

　ちょうどその頃、学校で三者懇談がありましたが、その場で両親が「美術系の専門学校でなく、大学への進学を希望している」ことがわかりました。ゆきとくんは、思い悩んで次第に学校に行きたくないと思うようになりました。

　両親は、「変なイラストばっかり描いている」「専門学校に行くのならば

学費は出さない」とゆきとくんに伝えましたが、両親の思いとは裏腹に、ゆきとくんは専門学校の入学資金のため、両親に内緒でアルバイトを始めました。けれども、次第に表情も乏しくなり、朝も起きられなくなりました。しばらくすると、まったく学校にも行けなくなり、家族ともほとんど話をしなくなったため、心配した母とともに当院を訪れました。

　初診では、ゆきとくんはうつむきがちにぽつりぽつりと小声でこれまでの思いや病院を訪れた経緯について語るとともに、

「今までイラストとか描いていたけど、それもやる気が出なくって…」

「気分があがらない」と語りました。

　『自分のやりたいことと、お父さんやお母さんがやってほしいと思っていることが違うから、つらいんだね』と伝えると、ゆきとくんは涙を流していました。

　ご家族には、「家族の思い描く将来像と自身の将来像のずれに思い悩んでいること」「このずれは大人が思うよりもずっとゆきとくんにとって大きな問題であること」を伝え、まずは考えを整理する時間と休養が大切であることをお伝えした。

　その後、しばらくの間、実はゆきとくんは学校に通っていました。

　『どうして学校に行き始めたの？大丈夫かい？』と診察室で声をかけるとゆきとくんは「早く専門学校に行くために、早く卒業したいから、この2週間学校に行きました」と語りました。頑張って学校に行く姿を両親は喜んでいましたが、彼の表情は疲れていました。しばらくすると、学校に「行かなきゃと思っても起きることができない」日が増えてきました。

　ゆきとくんには「ゆっくり家で休むことの方が今は大切だよ。「行かなきゃ」と思って学校に行くとどんどん疲れてしまうんだよ」と伝えました。

　両親は学校から「学校に来ないと大学への進学も危うくなる」と言われており、どうすべきか悩んでいたため

　『彼が怠けているわけではなく、将来像を巡る思いのずれがあって学校に行けない』こと『少しだけ彼の好きなことに歩み寄って欲しい』ことをお伝えしました。

　次第に、母は「元気のない姿を見ていると、学校に行ってなくていいから、元気になってほしい」と彼の前でも語るようになりました。
　また、将来についても
　「お金の心配はしなくていい。ゆきとの行きたい学校に行ければそれでいいと思う」
　と話すようになっていきました。

　それに歩調を合わせるように、ゆきとくんは面接では、描いているイラストや好きなキャラクターについて診察で元気に語るようになっていきました。
　「描いて、描いて、描きまくることを繰り返しています」
　「同じような趣味のやつに見てもらって、批評してもらうためにTwitterとPixivにイラストをアップしています」
　「知らないアカウントから結構厳しいことも言われますけど…」
　「それが悪くないなって思います」
　「僕もコメントをしたり、されたり、ネットの中に友達も結構います」と語りました。
　そして、「先生がこないだ眼鏡のキャラの話をしてたから」と眼鏡の女子のオリジナルのキャラの絵をプレゼントしてくれました。
　「あまりうまくないですけど」と、少し恥ずかしそうに付け加えますが、もちろん、その出来栄えはすばらしいものでした。
　『キリッとした感じがとってもいい』と感想を伝えると、
　「僕は耳系のキャラが好きですね」と言いつつ、「推し」のキャラの話を始めました。

　そんな元気な診察がしばらく続いた高校2年生の12月頃、
　「先生、実は高校を通信制に変わろうと思っているんです。その方が留年するよりも早く卒業できるんです」と語りました。
　『ゆきとくんにとって大事なのは卒業だもんね。ナイスチャレンジだよ』
　と伝え、その後、彼は通信制高校へ編入することとなりました。

　編入後の面接では、
「Twitterの友人も行っているので、すぐ慣れました」
「学校帰りにアニメのお店にも寄れるんです」
「僕のオタク度は飽和しているので、それが楽しみなんです」と語りました。
　『アニメのお店に寄るために学校があるんだよ』と伝えると、ゆきとくんは
「そうです！」と元気に答えてくれました。

　その後、ゆきとくんは無事高校を卒業し、イラストの勉強のために専門学校に通い、卒業しました。
　彼は、その後、車やバイクが好きになったこともあって、就職はイラストではなく、地元のガソリンスタンドに就職することとなりました。そして、現在も、趣味のイラストを描きながら元気に働いています。

　ゆきとくんは「両親と自分の思い描く未来のずれ」から、両親の思い描く未来へと直線的につながっている学校に行きづらくなったということもできます。彼のなりたかったものはイラストレーターですが、もちろん商業的にイラストレーターとして成功することはすごく難しいことはゆきとくんにもわかっていたでしょう。
　リアルでの学校に「居場所」を見出せなくなり、家庭の中にも「居場所」を見出しにくくなったゆきとくんをつなぎとめたのは、好きだったイラストやアニメと、TwitterやPixivを通じた同じような趣味の友人との交流であることはいうまでもありません。
　そこで「描いて、描いて、描きまくる」ことと「同じような趣味のやつに見てもらって、批評してもらう」というチャレンジを繰り返した結果、彼は未来への道筋を見出していったのでしょう。そして、母親が自分たちの思い描く将来像よりも「元気になってほしい」ことを彼自身に伝え、彼の好きなイラストにもポジティブな眼差しを向けてくれたことにより、家庭が「居場所」となり、通信

制高校やその後の専門学校という未来へのチャレンジの道筋につながったもの
と考えられます。

事例紹介

※事例については書面にて承諾を得ていますが匿名性に配慮し細部を変更しています。

　そうやくんは17歳の頃に私の外来を受診した自閉スペクトラム症の青
年です。もともと一人でいることが多かったのですが、中学生になった頃
から「こうあるべき」と自分が思うと、それを他人に指摘せずにいられな
くなりました。友人関係がうまくいかないことを自覚するようになるとと
もに、家庭内で暴れることも多くなり、次第に学校に行けなくなりました。
　両親と近くの小児科を受診したそうやくんはADHDの診断を受け、薬
物治療が開始されましたが、学校には行かず、彼は自室で小説を書いて過
ごしていました。
　高校に進学した後も、友人関係を維持することは難しく、クラスメート
との口論からクラス内で暴れたため、当院に紹介受診となりました。行動
観察や発達歴などからそうやくんの背景には自閉スペクトラム症、ADHD
があると診断されました。
　そうやくんは「学校に行きたい」と考えていましたが、先生や両親から
は止められていました。学校以外に行ける場所があった方がいいとの考え
から、病院に通っていただくことを提案し、あわせて彼の書いている小説
も読ませてほしいという話をしました。そうやくんは「無理やり来させら
れるのなら拒否をするけど、そうではないならいい」「小説の話は誰かに聞
いてほしいと思っていた」と話しましたので、私はその後、治療者、そし
て、読者としてそうやくんに関わり、診察室は家族との葛藤や友達関係の
苦しさなどを語るとともに、小説の感想を話したり、構想やキャラクター
の設定を話したりする場となっていきました。
　両親と本人の了承を得て、学校とも連絡を取り、彼にとって卒業までの
残りの期間の学校における環境調整のお願いをしました。学校は当初は退

学の方向で考えていた様子でしたが、その後、診察室の中でそうやくんが反省の弁を述べ、診察室で「学校に戻りたい」「友人と会えなくなるのは寂しい」「感情に流されてしまった」という手紙を書き、その後無事に学校には通い、卒業できることとなりました。

　さて、彼の小説の主人公は「完全に世界から死んだことにされて、忘れられている」「光を嫌う」一方で、「誰かをやさしく包み込むような闇をもっている」と言うそうやくん自身を投影したような英雄でした。彼は学校での友達関係という「光を嫌う」一方で、誰かとつながりたい気持ちをもっていたのかもしれません。

　その頃の彼は「小説では食べていけない」と語っていましたが、
　「知らない人が見てくれて、楽しかったって言ってくれるとうれしい」
　「誰も意見をもらえないのは、見てもらっていないのと一緒だし、作品がないのと一緒だと思うし、そもそもモチベーションが続かない」
　「自分がよく読むサイトの人が、紹介してくれたから、これからはサイトに投稿しようと思う」と話しました。これが、彼と友人であるれおさんとの出会いでした。

　その後、そうやくんは現在に至るまで、3,000から5,000文字くらいの作品を1か月に数話書くとともに、近況や文章の進捗などをSNSで読者に向けて報告し続けています。
　当初は「いつもれおさんが感想をくれる」「ほかの固定の人も感想をくれる」「ほぼ毎日メッセージのやりとりがあったり、感想のやりとりがあったりしてうれしい」「僕もれおさんの作品に感想を書く」とれおさんほか、複数の読者との交流を継続している様子でした。
　彼が書くオリジナルのファンタジー小説は「家族と友情と絆の物語」であり、「誰かをやさしく包み込むような闇をもっている」英雄である主人公は傷を抱えながらも、強い絆や友情、本当の家族を求め、絆を奪い去ろうとする敵と戦っていました。主人公と絆を紡ぐキャラクターたちは彼の理想とする友人や家族像であり、お互いに理解をし、お互いを尊重し合い

ながら絆を育んでいました。そのようなキャラクターを彼自身も彼の作品の読者も好んでいました。これらの群像はれおさんを始めとした交流のある読者に投影したものだったのかもしれません。

　高校卒業後のことです。彼は、家族の勧めもありコンビニのアルバイトを始めました。真面目に働き、頼まれたら「断るのは悪い。誰かが僕のために、シフト入らないといけなくなる」と断らずにシフトを入れるようにしていましたが、本当は疲れていたのでしょう。診察室では
　「書くのがスランプになった」
　「書けなくなると感想で早く書いてほしいと言われる」
　と興奮しながら語りました。

　『「書かなきゃ」になると、楽しくなくなっちゃう』ことや
　『「書きたい」になるまで書くのをやめてみる』ことなどを一緒に確認をしたり、焦る気持ちにブレーキをかけたりするとともに

　「家族はこんな時でも働くのが大事って言う」
　「仕事もしなきゃなんだよな」と語るそうやくんと、
　「せめてアルバイトくらい」と話す両親の間の家族調整をするのも私の役割でした。

　その間も、そうやくんとれおさんとの交流は続いていました。オフ会が年に1回あるようで、
　「この間は東京行ってきた」
　「れおさんと会ったよ、一緒にデュエマ（デュエル・マスターズの略称）とかやって楽しかったよ」
　「よく考えたら、普段Skypeでやってることと一緒だけど」
　などと笑顔で語る診察もありました。
　れおさん以外の読者兼作者とも交流があり、二次創作のリレー小説（何人かでリレーして1作品を作り上げる小説）を書いたりして過ごすこともありました。それは、コンビニをやめた後、家族の勧めもあり内職を始め

た頃でした。

　「家でできる仕事だからやっているけど、どんどん仕事が来るし、断れない」

　「リレーもバトンが来ないから、続かなくなっちゃったし、交流もあんまりなくなった」

　「その人たちも自分の作品を読まなくなっちゃったから」

　と相手がバトンを止めたことを責める気持ちと寂しさが入り混じった気持ちを語りました。

　彼は、これまで仕事を始め、頼まれたことを断ることができず、忙しくなると、小説を「書かなきゃ」と思い、書けなくなり、落ち込んで「仕事を辞める」というサイクルを繰り返していました。

　相談がしやすい環境で細く、長く働くことができることの方が大切であることを一緒に確認し、本人のペースや特性に合わせた就労継続支援事業所の利用を本人、両親と話し合いました。事業所に通うようになり、困ったことは日常的に支援者に話ができるようになっていくとともに、両親も「本人が元気に過ごせれば」と語るようになっていきました。

　その後も、そうやくんの「家族と友情と絆の物語」の投稿は続き、この本を執筆している現在はその物語は最終章に入っています。読者でもあるれおさんとは、Skypeで一緒にカードゲームをしたり、同じソシャゲを楽しんだりしています。

　れおさんが仕事に余裕ができ、作品を書く余裕ができたこともあって、最近では、数年越しの念願かなって、れおさんとコラボレーションをしてデュエル・マスターズ作品の二次創作を描いています。コラボレーションに関しては

　「数年前と比べたらネットでの交流もわかるようになってきた」

　「僕だけが興奮して先走ってもよくない」

　「そんなことしたら、れおさんが楽しくないでしょ？」

　「二人でゆっくり作るから、れおさんのペースに合わせながら書いている。すごく楽しいよ」と笑顔で語っています。

　そうやくんの事例からは、小説投稿サイトに投稿した作品と、それを作り上げていく過程での読者との交流が「居場所」となり得ること、コメントを気にしすぎてしまうと読者との関係がうまくいかなくなりしんどくなってしまうこともあること、現実である仕事と小説のバランスが崩れ、楽しむことを忘れてしまう時に気持ちが崩れてしまいやすいことなどがよくわかります。

　彼がこの「居場所」で、れおさんと出会えたのは、まったくの偶然です。けれども、そのような出会いと交流が彼の「家族と友情と絆の物語」を形成し、今最終章に結実しようとしていることも確かなのです。れおさんと彼の交流そのものが、相互作用的に物語という形式で語られる「家族と友情と絆」を作り出しているのかもしれません。

　そういった意味ではこの物語を作るプロセスそのものが、そうやくんにとっての「居場所」であるといえるでしょう。そして、「居場所」がその人にとっての「居場所」であるためには、いい換えればそうやくんが「作者」という「書き手」であるためには、彼がれおさんと出会ったように、「誰と出会うか」が大切であるように思います。

（3）書（描）き手と読み手のつながりによる「居場所」

　エリクソンは、各個人が自由な役割実験を通じて、社会の中で自分の適所を発見する期間を「心理社会的モラトリアム」と呼び、若者は社会の中で適所を見つけ、自身を定義することにより「アイデンティティ」を獲得するといいました。そして、この「アイデンティティ」の獲得には三つの要素が必要といわれています。第一に、自分がほかの誰でもない自分であるという自己同一性、第二に、過去も現在も未来も自分であり続けるという連続性、第三に、帰属する社会からの承認です[9]。現代は、エリクソンのいうような単線的な大人のなり方ができる時代ではありませんが、これをそうやくんの「書き手」としてのアイデンティティとして考えてみると、帰属する社会からの承認は読者からの肯定的なコメントや交流そのものであろうと考えられます。そういった意味では、彼はアマチュアではありますが、立派な「書き手」です。

　また、青年が「アイデンティティ」を得る過程ではさまざまな形での役割実験が必要です。現実の「居場所」やスペースであれば、うまくいかなくなったとき

に相談できる支援者がそこにいますが、小説投稿サイトのような「居場所」には、そのような支援者はいません。治療者であり、読者でもある私の役割は、読者として関わり、感想を話し合う関係を診察室の中で続けることにより、「居場所」においての適切なコミュニケーションを彼ととともに考え、帰属する社会である読者との交流の場での承認を得ることを応援していくことであったように思います。

　臨床においては、子どもたちが自身の書いた作品のことを語る場合があります。その際に大切なことは大人が「読ませて」「見せて」と言ったら、その言葉には責任をもたねばならないということです。せっかく書いて見せたのに読んでくれなかったという状態が続けば、投稿サイトでのコミュニケーションについて一緒に考えることなど到底できないでしょう。むしろ、大人は信用できないと落胆させてしまいかねません。私たち支援者が子どもの世界に興味をもって近づくことはとても大切なことです。けれども、その行為は軽々なものではなく、謙虚さと丁寧さと責任をもって行わなければならないのです。

　ときどき、不登校の子どもや学校でうまくいかない子どもと接する支援者が「子どもの好きなことで関係を作る」といわれることがありますが、「登校させること」などを目的に「好きなことの話題で関係作りをすること」は支援者が最も慎むべきことでしょう。その人が、自分や自分の好きなことにあまり興味もないのに、関係作りのために話を聴いてくれたからといって、その体験が子どもにとって楽しいものになることはありません。そして、そのような大人たちの目的は子どもたちから意外と透けて見えていますし、その結果、人と接することが大嫌いになってしまう子どもたちもいます。ですので、子どもの「大好きなもの」を扱う際には、その話題を大切に扱う「丁寧さ」とその話題について教わる「謙虚さ」と同時に、大人自身もその話題を通じた目の前の子どもとの感情的交流やその場所での体験を楽しめることが必要になるだろうと思います。

3.4　小説やイラストを投稿したいと言ったら？

　小説やイラストをコンテンツ投稿系サイトに投稿したいと言ったとき、私たちはどんなことを子どもに伝えたらよいのでしょう？一番大切なことは小説で

あれ、イラストであれ、そこには読者や閲覧者がいること、つまり他者がいるということです。そうやくんが「誰も意見をもらえないのは、見てもらっていないのと一緒だし、作品がないのと一緒」と語るように、これらの作品は他人が読んでくれたり、見てくれたりすることで初めて作品として世界に存在することができます。

　多くの小説投稿サイトをはじめ、コンテンツ投稿系のサイトでは読者や閲覧者との交流、作者や描き手同士の交流が生まれやすい構造になっています。そして、これらの交流からその場所が「居場所」になり、子どもにとってスポットライトが当たり、ポジティブな方向に浮かぶ力となることもあります。一方でコンテンツ投稿系サイトは他者の評価がランキングにつながるため、「あの人気作品より僕の作品の方が面白いのに」など嫉妬や羨望の渦巻く場所にもなりやすくなっています。

　これらの前提を踏まえて、私が外来でよく子どもたちと話し合うのは以下の4点です。

（1）ほかの作品、ほかの作者や描き手の悪口や批判は書かない

　どれだけ正しくても、ネガティブなコメントにはTwitterの項目で書いたのと同様の理由でネガティブなコメントがつきやすく、自分が傷つくことにつながってしまいます。また、他者を攻撃する作者は率直にいってあまり好かれないことについても話し合っておく必要があるでしょう。

（2）煽りへの耐性が必要

　ネガティブなコメントがつくことは、コンテンツを投稿する以上、必ずあります。特に人気が出れば出るほど、ある一定の割合でネガティブなコメントがつきます。それに対していちいち怒ってしまうと、相手が喜んでしまい、最終的にコメント欄が荒れ、大切な読者や閲覧者が去ってしまいやすくなります。そして、すぐに返信してしまうと感情が乗ってしまいやすくなりますから、対応するのは、「お風呂に入ってからにする」など時間を空けてからの方が望ましいことも話し合っておく必要があるでしょう。

（3）「書（描）かなきゃ」にしない

　サイトのランキングなどの性質上、作者や描き手として、読者や閲覧者からのコメントが気になるのは当たり前のことだと思います。そして、それを受けて、ちょっと厳しいコメントでもコメントに感謝しつつ、自分の考えや作品の方向性を変えられることは作者の柔軟さともいえます。ただし、「こういう作品にして」「こういうイラストを描いて」と言われて、書く（描く）ことを続けていると、次第に「書（描）きたい」気持ちが少なくなるとともに、「書（描）かなきゃ」という気持ちが大きくなってきてしまい、書（描）いても書（描）いても楽しくないばかりか、疲れてしまう状態になることがしばしばあります。ですので、心の中で「書（描）かなきゃ」が大きくなってしまった時には、少しお休みをしたり、自分がリラックスできる好きな活動をしたりするなどのコーピングについても事前に話し合っておく必要があります。

（4）好きな気持ちを忘れない

　コンテンツ投稿系サイトではスピード感が求められていますから、短文でも更新頻度が高い方が読者受けはよいものと思われます。けれども、これまで見てきたように「毎日書（描）かなきゃ」となってしまい、仕事のようになってしまうと楽しみを忘れがちです。「物語シリーズ」で有名な西尾維新は「100％趣味で書かれた小説です」という言葉とともに「化物語」を世に送り出しています。そして、『多分「労働」だったらこんなに働かない』と「恋物語」発売記念のメッセージに書いているそうです[10]。

　ですから、これらから作品を書（描）き始めたり、投稿を始めたりする子どもたちには、どうか初めて作品を書（描）き、投稿した時のピュアな気持ちを忘れないでほしいと思います。そして、書（描）くことを好きであってほしいと思います。好きなことは嫌いになってしまったら、なかなか好きだった気持ちを取り戻しにくいものです。だからこそ、それを見守る大人は、子どもが小説やイラストを書（描）く中で「楽しみや好きな気持ちを失いかけていないか」という点を気にかけてほしいと思います。

　小説であれ、イラストであれ、コンテンツ投稿系サイトは「居場所」となり得ます。匿名アカウントであったとしても、これまでにコンテンツを発表し続け、読者や閲覧者などのフォロワーがいるアカウントの場合には、Twitterのように簡単にアカウントを消して、新たな自分を作ることはできません。なぜなら、アカウントを消すことは、それまでに作り上げた自分の作品を消す行為と同様でからです。だからこそ、スポットライトを当てて、コンテンツを世界に存在させてくれる「居場所」を細く、長く大切にする姿勢が作者にも読者にも求められているといえるでしょう。そして、私自身も子どもたちのそのような「居場所」をあたたかく見守ることができる存在でありたいと思います。

第 2 部

ゲームの世界と
子どもたち

4. ゲームやオンラインゲームの世界

　米国精神医学会の診断基準であるDiagnostic and Statistical Manual of Mental Disorders, Fifth Edition (DSM-5) [1] にインターネットゲーム障害が「今後の研究のための病態」の中に行動の嗜癖として記載され、インターネットゲーム障害 (internet gaming disorder ; IGD) に関する研究が進み、蓄積されつつあります。また、国際疾病分類の第11回改訂版であるInternational Classification of Diseases (以下、ICD-11と省略) [2] にもゲーム行動症 (gaming disorder ; GD) が行動の嗜癖として収載されました。現在のところ、この領域にはさらなる研究が期待されているといえますし、まだまだエビデンスの蓄積が不十分な分野でもありますが、ICD-11にゲーム行動症が収載されたことで「ゲームへの依存」についてメディア等で大きく報道されたこともあり、多くの保護者は「うちの子もゲーム依存かもしれない」と心配されたかもしれませんし、実際にそのような心配から児童精神科を受診される方もおられます。また、児童精神科の外来では日常的にゲームやオンラインゲームについて話題になることも多くあります。しかし、私たち大人は子どもの世界で今どのようなゲームが流行していて、どうして子どもたちはそこに夢中になるのかについてあまり多くのことを知らないかもしれません。そこで本章では「ゲーム」というものや、その魅力について考えていこうと思います。

　まず最初に「ゲーム」という言葉が指し示す範囲について考えてみましょう。一般的にゲームといえば、ルールや勝敗のあるカードゲームやボードゲームなども含めた総称です。一つ読者のみなさんに質問をしてみようと思います。みなさんは、次の七つのコンテンツのうち、ゲームとゲームでないものの境界線をどこに引きますか。

サッカー、将棋、囲碁、トランプ、人生ゲーム、桃太郎電鉄、スプラトゥーン

　ひょっとすると、囲碁とトランプの間に線を引こうとする方もおられるかもしれません。その背景には、もしかすると「ゲーム＝遊び、娯楽」「ゲーム＝役

に立たないもの」や「ゲーム＝教育的でないもの」という「役に立つ／役に立たない」「教育的／教育的でない」などの判断基準があるのかもしれません。一方で、子どものうちの何割かは「全部ゲームだよ」と答えるかもしれませんね。子どもの世界の中ではどれもルールがあり、ルールに則って楽しく遊べるものだからです。

　日本では、1970年代以降、ゲームの市場が拡大するにつれ、各家庭にテレビゲームが普及しました。一家に一台のテレビゲーム機の時代から一人に一台の携帯ゲーム機の普及の時代を経て、今では多くのゲームがインターネットにつないでプレイできるようになってきており、スマホなど様々なデバイスで楽しめるようになってきています。

4.1 子どもたちはどれくらいオンラインゲームをしているんだろう？

　令和2年度の通信利用動向調査[3]によれば、全年齢層の30.5%がオンラインゲームを利用しており、6〜12歳の小学生年代においては、53.4%がオンラインゲームを利用していると報告されています。また、東京都の高校生の調査[4]では、ソーシャルゲーム以外のオンラインゲームの利用は25.1%となっていますが、この調査はソーシャルゲームを抜いたものとなっておりますので、ソーシャルゲームを含めればもっと多くの子どもがオンラインゲームをしていることが予想されます。令和3年度の青少年のインターネット利用環境調査報告書[5]によれば、10代の青少年の82.0%が何らかの形でオンラインゲームを利用していることも明らかになっています。また、当院の外来における自閉スペクトラム症（ASD）や注意欠如・多動症（ADHD）の子どもを対象にした調査では、ASDの子どもの小学校高学年の77.5%、中学生の76.0%が、ADHDの小学校高学年の83.3%、中学生の77.8%がオンラインゲームをプレイしており、高校生年代ではそれ以上の割合になっています（図4-1）[6]。

　この調査では、あわせてオンラインゲームにおけるコミュニケーションについてもたずねています。その結果、ASDの小学校高学年の35.0%、中学生の26.1%、ADHDの小学校高学年の43.3%、中学生の40.7%がボイスチャットやテキストチャットなどのコミュニケーションを利用していました。対象が外来

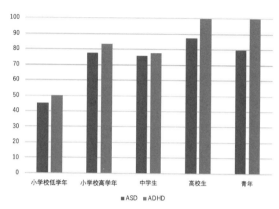

図4-1　ASD、ADHDにおけるオンラインゲームの学年群別利用率［関ほか, 2021］[6]

を受診しているASDやADHDの子どもたちであるため、サンプルに偏りはありますが、これらの調査からは小学校高学年くらいになると、多くの子どもはオンラインゲームを始めており、そのうちの3から4割くらいの子どもはボイスチャットなどを通じて仲間とリアルタイムで交流しながらゲームを楽しんでいるという実像が見えてきます。つまり、現代におけるゲームは、昭和の時代のようにテレビの前で、ぽつんと一人で遊ぶようなものではなく、オンラインで遠く離れた誰かとおしゃべりし、交流しながらプレイするものであるともいえます。

　そこで、本章の前半は、ゲームのジャンルについて少しだけ解説するとともに、大まかにゲームの歴史をふり返りながら、ユーザーがゲームとどのように関わり、ゲームの中でどのように仲間関係を築いてきたのかについて少し考えたいと思います。

4.2　ゲームのジャンルを把握しておこう

　毎年数多くのゲームが世の中に出ていますが、ゲームには本当にたくさんのジャンルがあります。そして、歴史的にはそれらがくっついたり離れたりしながら、新しいジャンルのゲームができていきます。表4-1は、学術的なものではありませんが、これまで筆者が目にした代表的なゲームを簡単にジャンル別

表4-1　オンラインゲームのジャンル別概要と主なゲームタイトル

ジャンル名	内　容	主なゲームタイトル
アクション	キャラクターの行動をボタンで操作するゲーム ハンティングアクションなど様々な派生ジャンルがある。	スーパーマリオブラザーズ、 ソニック・ザ・ヘッジホッグ
シューティング	銃などを用いて宇宙船や飛行機、敵を倒す	グラディウス、東方 Project シリーズ
FPS	一人称視点のシューティングゲーム	Call of Duty、Battlefield、 レインボーシックス シージ
TPS	三人称視点のシューティングゲーム	スプラトゥーン、フォートナイト
対戦型格闘 ゲーム	対戦アクションゲームのうち、プレイヤー VS コンピューター、もしくはプレイヤー VS プレイヤーで主に格闘技で戦うゲーム。通称、格ゲー	ストリートファイター、バーチャファイター
コンピューター RPG	ファンタジー世界をベースにキャラクターを操作し、課題を達成し、報酬を得ることでキャラクターを成長させエンディングを目指すゲーム	ポケットモンスター、ファイナルファンタジー、ドラゴンクエスト
MMORPG	多人数が同時に参加するコンピューター RPG をモチーフにしたゲーム	ラグナロクオンライン、Soul of the Ultimate Nation、ファンタシースターオンライン
スポーツ	スポーツを題材にし、選手を操作するアクションゲーム	FIFA、ウイニングイレブン、パワフルプロ野球
RTS	戦略を立て兵士やキャラクターを操作するゲームのうち時間がリアルタイムで進行するもの	Warcraft、クラッシュ・ロワイヤル、 StarCraft
サンドボックス	ゲームの進行に関わるタスクやクエスト類が存在せずプレイヤーが自分で目標を決めるゲーム	マインクラフト、ドラゴンクエストビルダーズ
位置情報ゲーム	携帯電話の位置情報を利用するゲーム	Pokémon GO、ドラゴンクエストウォーク
コミュニケーション	仮想世界の住人や友だち、キャラクターとのコミュニケーション自体が目的	どうぶつの森、トモダチコレクション、 どこでもいっしょシリーズ
スマホアプリ ゲーム	スマホをタップすることにより操作をすることで、ゲームコントローラーに慣れない層も楽しむことができる。ルートボックス（ガチャガチャ）が用意されており、キャラを育成していくものが多い	モンスターストライク、Fate/Grand Order、Puzzle & Dragons、グランブルーファンタジーなど

にまとめたものです。

　とはいえ、本書は詳細なゲームの産業史やゲーム業界の歴史を扱った書籍ではありませんので、取り上げたゲームタイトルやゲームジャンルには偏りがあることを付け加えておきます[注)]。

　なぜこのような表を挙げるのかといえば、ゲームには、ジャンルごとに異なっ

注)　詳細にゲームの歴史について知りたい方には、中川大地さんの「現代ゲーム全史 文明の遊戯史観から」[15)]や小山友介さんの「日本デジタルゲーム産業史：ファミコン以前からスマホゲームまで」イェスパー・ユールさんの「ハーフリアル」[33)]、さやわかさんの「僕たちのゲーム史」[30)]などがおすすめです。

た面白さがあるからです。そしてタイトルごとでも面白さの違いがあります。例えば、アクションゲームの「パックマン」とロールプレイングゲームの「ドラゴンクエスト」では、楽しむポイントは大きく違うことは多くの方にわかることだと思います。同じ対戦要素があるゲームでも、格闘ゲームの「ストリートファイターⅡ」とオンラインTPSの「スプラトゥーン」では楽しみ方が違うかもしれませんね。

　ゲームをプレイする機器の発達によっても楽しめるポイントは異なってきそうです。「スペースインベーダー」も、弾幕系シューティングともいわれる「東方Project」シリーズも、どちらもシューティングゲームですが、楽しむポイントは違うかもしれません。

　アクションゲーム（ACT）　ボタンを操作してキャラクターを動かすゲームの総称です。有名な「スーパーマリオブラザーズ」もこのジャンルに含まれます。アクションは、どのゲームにもつきものですから、派生ジャンルが非常に多く、「○○アクションゲーム」と名づけて区別されることもあります。２Dだけでなく３Dのものも多くみられます。後述するハンティングアクションは３Dアクションゲームの派生ジャンルです。

　ハンティングアクション　３Dアクションゲームの一種で、「敵を狩り、素材を集めて武具などを強化」していきます。このジャンルを確立したのは「モンスターハンター」シリーズで、シリーズ最新作である「モンスターハンターライズ」の販売は全世界ですでに1,100万本を達成しているようです。

　対戦型格闘ゲーム（格ゲー）　対戦型アクションゲームの派生ジャンルで、プレイヤー同士、もしくはコンピューターと格闘技などで対戦します。「ストリートファイターⅡ」をはじめ、たくさんの人気ソフトがあります。操作や技を覚える苦労はありますが、相手との駆け引きがあり、勝敗がわかりやすいことから、eスポーツの大会なども開催されることが多いジャンルです。

　対戦型アクションゲーム　アクションゲームの一種で、対戦に重きを置いていますが、操作が格闘ゲームほど難しくなく、アイテムや飛び道具などもうまく用いて勝利することを目指します。代表作は「大乱闘スマッシュブラザーズ」シリーズなどです。

　シューティングゲーム（STG）　敵を撃つことがメインとなるゲームで、「ス

ペースインベーダー」を皮切りに、たくさんのヒット作があります。画面の表現方法から２Ｄシューティング（画面が２次元）と３Ｄシューティング（画面が３次元）に分類することができます。ただし、アクションとの境目が曖昧なので、アクションシューティングやシューティングアクションと呼ばれる中間的なジャンルもあります。３Ｄシューティングゲームについては、視点の取り方により、次のFPS（First-Person Shooter）、TPS（Third-Person Shooter）に分類するのが一般的です。

　FPS　キャラクター本人の視点でゲーム世界を移動するシューティングゲームの一種です。臨場感やグラフィックの美しさが特徴的な作品が多くあります。有名な「Call of Duty」シリーズや「VALORANT」「Apex-Legends-」などもこのジャンルに含まれます。

　TPS　キャラクターを通常は後方から追う第三者視点でゲーム世界を移動するシューティングゲームの一種です。視野が広く、３Ｄアクションっぽい動きもしやすいジャンルです。「スプラトゥーン」シリーズや「フォートナイト」などがこのジャンルに含まれます。

　バトルロイヤルゲーム（バトロワ）　最小限の装備をもって多人数でスタートし、武器やアイテムを探しながら、徐々に狭まる安全地帯の外に出ないように戦い、最後の一人になることを目指すゲームです。「PUBG」と「フォートナイト　バトルロイヤル」によってジャンルが確立されたともいわれています。

　ロールプレイングゲーム（RPG）　もともとはテーブルトークRPGをコンピューターで再現したもので、プレイヤーがキャラクターを冒険や戦闘を通して成長させていくことやその物語性を特徴とします。日本では「ドラゴンクエスト」シリーズや「ファイナルファンタジー」シリーズなどが有名です。

　MMORPG（Massively Multiplayer Online Role-Playing Game）　大規模多人数同時参加型のオンラインRPGのこと。ゲーム内時間が常に流れていることから、コンピューターRPGで一般的なセーブという概念がないことや、ゲーム内で多様な人間関係が成立しやすいことが特徴です。代表的な作品には「ウルティマオンライン」やドラゴンクエストシリーズでは「ドラゴンクエストX」、ファイナルファンタジーシリーズでは「ファイナルファンタジーXI」や「ファイナルファンタジーXIV」などがあります。また、他ジャンルでも大人数が同時

に同じサーバーにログインして遊ぶ場合は「MMO」と呼ばれることが多いようです。

MORPG（Multiplayer Online Role-Playing Game） ざっくりいえば、同じサーバーに MMO ほど大人数でない人数が集まって遊ぶRPGです。

サンドボックス 舞台となる世界を自由に動き回って探索や攻略ができるもの（オープンワールド）のうち、決まった目的や攻略手順などがないもののことをいいます。小学生を中心に人気のある「Minecraft」などがこのジャンルに含まれます。

位置情報ゲーム（位置ゲー） 携帯電話やスマホなどの位置登録情報を利用したゲームです。携帯ゲームとしてたくさんのスタンプラリー的なゲームが作られました。スマホ時代になってからの「Ingress」「Pokémon GO」「ドラゴンクエストウォーク」などが代表的なタイトルです。

そのほか、本書ではあまり登場しませんが、知っていた方がいいかもしれないジャンルには以下の二つがあります。

MOBA（Multiplayer online battle arena） 複数のプレイヤーが二つのチームに分かれ、各プレイヤーは1キャラクターを操作し、味方と協力しながら敵チームの本拠地などを破壊して勝利を目指すスタイルのゲームです。代表的なタイトルとして「League of Legends」やスマホで手軽にプレイできる「#コンパス【戦闘摂理解析システム】」「ポケモンユナイト」などがあります。

ソーシャルディダクションゲーム コンピューターゲームであるかを問わず、いわゆる人狼ゲームのように、プレイヤーが互いの隠された役割を推論するゲームを指します。派生ゲームもたくさんあり、2017年に登場した「Deceit」はFPSと融合したソーシャルディダクションとしてとても有名です。また、2018年に登場した「Among Us」も宇宙人狼として、ゲーム実況などから有名になりました。CERO B（12歳以上対象）に区分されていますが、小学生などもよく楽しんでいたように思います。

4.3 ゲームの歴史からたどる「居場所」の変遷

　家庭用ゲーム機が普及した当初、ゲームは一人でするものであり、二人でするプレイはおまけのようなものでした[注]。しかし、携帯ゲーム機の登場によって、近くの友達とケーブルや無線などを用いて近くの友達と通信しながら遊べるようになりました。さらにネット環境が整備されるとともにオンラインゲームが登場してくると、MMORPGなどにおいてはゲームの世界の中で実際には遠くに住んでいる人たちとも仲間関係が形成されるようになりました。一方でMMORPGにおける人付き合いに疲れた人たちの受け皿も生まれ、カジュアルに仲間関係を築けるFPSやTPSなどにおいても新たな仲間関係が形成されていきました。そして、最近では、ARとスマホの位置情報などを用いて、リアルの世界で自分が移動することにより仮想空間と現実空間がリンクするゲームが登場し、再び近くに住んでいる人同士が仲間関係を形成するようにもなってきています。

　また、それぞれのタイトルによっても、形成される仲間関係や「居場所」に違いが出てきます。「ポケモン」や「モンスターハンター 2nd G」にみられる放課後の公園のような「居場所」もあれば、MMORPGのような、いつもいる仲間との深く長い仲間関係を求める「居場所」もあります。「マインクラフト」に代表される自由な遊び場としての「居場所」もあれば、「Pokémon GO」のようなご近所の交流となる「居場所」もあります。

　大人たちからはどれも同じに見えるゲームでも、ジャンルやタイトルにより、どのような仲間関係が形成されやすいのかが異なります。

（1）キャラクターも設定もない時代

　世界初のコンピューターゲームの一つとして「Tennis for Two」が開発され

注）　もちろんファミリーコンピューターもコントローラーが2つついていますので、当初から2人でのプレイも想定されています。この時代背景としてはアーケードゲームで協力プレイができるゲーム（マリオブラザーズ）などが既に稼働していたことも挙げられます。ベースボールの2人プレイも楽しかったですね。

ました。これは1958年のことです。ゲーム市場の商業化はそれより後、1970年代から始まるといわれています。1970年代前半から中盤にかけて、シンプルなアーケードゲーム（商業用ゲーム機）がアメリカから日本に輸入されてきました。当初のアーケードゲームは「PONG」（1972年11月にアタリ社から発売された卓球ゲーム）や「BREAKOUT」（1976年にアタリ社から発売された最古のブロック崩し）など、記号化されたものを動かして操作するもので、グラフィック的な表現から背後にある設定や物語を読み取ることは困難でした。（余談ですがこの当時のアーケードゲームはCPUを使わずに電子回路だけでゲームを作っていました。ソフトのプログラムというものがない時代でもあります。）

（2）「キャラクター」と簡単な設定の登場

1978年にはタイトーから「スペースインベーダー」が登場しました。「スペースインベーダー」では、グラフィック上のドット絵で「キャラクター」が表現されるようになっています。図4-2はスペースインベーダーのキャラクターですが、それぞれがタコ、カニ、イカ、UFOを表しているのが、何となくわかりますよね。タイトルにインベーダーとついているところから察するに、プレイ画面からは一番下の段にある自分の砲台から弾を撃つことで、襲ってくるインベーダーから何かを守ろうとしていることが推測されます。1979年にはポストスペースインベーダーを目指してナムコから「ギャラクシアン」が発売されます。ここでも「ギャラクシップ」や「エイリアン」は登場しますがそれ以上の背景はゲーム画面からは分かりません。

 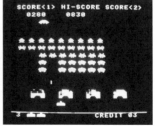

図4-2　スペースインベーダーのキャラクター（左）[7]と初期のプレイ画面（右）[8]
©TAITO CORPORATION

　「キャラクター」で成功した例をもう一つ挙げるとすれば、1980年にナムコから登場した「パックマン」でしょう（図4-3）。パックマンは食べかけのピザから着想された「ドットイートタイプ」というアクションゲームです。敵から逃げつつ、迷路内の目標を取るという「ドットイートタイプ」には先行作品がありますが、パックマンとゴーストたちのかわいらしさ、そして4体のゴーストそれぞれの動きやそこから読み取られる「キャラクター」の違い（「青いオイカケはしつこい」など）や、パワークッキーを食べたら大逆転という要素から、大ヒットとなりました。

　スペースインベーダーで誰がインベーダーと戦い、何を救おうとしているのかが明確でないのと同様ですが、パックマンもなぜゴーストに追い回されているのかなどといった背景にある物語はゲーム内では解明されません。

図4-3　パックマン。青：オイカケ　ピンク：マチブセ　水色：キマグレ　オレンジ：オトボケと、ゴーストには名前が付与され、各キャラクターに応じた行動がプログラムされる。パックマンは最も成功したアーケードゲームで、ギネス世界記録の認定を受けている[9]。
©Bandai Namco Entertainment Inc.

（3）大きな「物語」を楽しむ時代

　技術の進歩で表現できる技術が広がるにつれて、次第にゲームには「キャラクター」だけでなく「物語」（いわゆる世界観や詳細な設定）が与えられていきます。1983年にはナムコから「ゼビウス」が発売されました。ゼビウスの発売時のキャッチコピーは「プレイするたびに謎が深まる！—ゼビウスの全容が明ら

かになるのはいつか―」とされており、その背景には何らかの物語があることが示唆されています。（実際に、「ゼビウス」には「ファードラウト・サーガ」という世界観や詳細な設定が用意されており、後に小説化もされています。）

「ゼビウス」では、自機「ソルバルウ」を操り、敵組織である「ガンプ」が操るゼビウス軍の敵機や地上兵器を破壊し侵攻していきます。隠されたエネルギータワー「ソル」をはじめとするさまざまな建造物、「ゼビ語」という言語体系など、その物語を補完するように詳細な設定があり、背景には大きな物語が隠されていることがわかります。「ゼビウス」と出会った子どもや若者はゲームに没入するとともに、大いにこの物語を楽しんだことでしょう。さて、このようなゲームとその物語の関係性はその後のゲームに大きな影響を与えていったといわれています。例えば、1984年に登場した「ドルアーガの塔」というアクションRPGでは主人公ギルがドルアーガの住む60階建ての塔を攻略し、クリスタルロッドを奪い返し、ドルアーガを倒し、囚われの巫女であるカイを救出するという物語がゲームの背景にあります。

有名な「マリオ」シリーズの「マリオ」が初めてゲームに登場するのは、1981年のアクションゲーム「ドンキーコング」ですが、当初は「マリオ」という名前もありませんでした。まだ詳細な設定が必要でなかった時代であり、純粋にアクションの面白さが求められた時代なのかもしれません。しかし、その後の「ドンキーコングJr」で、この髭とオーバーオールのキャラクターに「マリオ」という名前がつけられます。「ドンキーコングJr」の「マリオ」は檻に捕らえられたドンキーコングを助けようとするジュニアの邪魔をする鞭をもったキャラクターとして登場しますが、なぜドンキーは檻に捕われているのかなど物語の詳細はゲームの画面からは分かりません。そこには断片的な簡単な設定があるだけなのです。これが、1985年になるとアクションゲーム「スーパーマリオ」が発売されます。私も夢中になって遊びましたが、このゲームには配管工のマリオとルイージが、クッパ大王にさらわれたキノコ王国の王女ピーチ姫を助けるために冒険するという「物語」があります。確かに、このゲームを遊んだ小学生の私も、「クッパをやっつけてピーチ姫を助ける」という物語を強く意識していたことが思い出されます。このような、ゲームを通じてアクセスする、隠された「物語」は、その後広く受け入れられ、物語そのものを楽しむRPGをはじめとする

さまざまなゲームに発展していきます。

①一人の「居場所」としてのRPG

　いわゆるテレビゲームなどのRPGの源流はテーブルトークRPG（TRPG）にあります。有名なE.T.の冒頭場面では、主人公エリオット少年の兄たちがテーブルを囲んでTRPGを楽しむシーンがあります。ここでは、ゲームマスター役の友人の進行に従って、「矢が胸にあたった」、「僕（のキャラクター）が助けるよ」などといった会話が交わされ、少年たちがテーブルを囲み、会話をしながら、自分達が作り上げる「物語」を楽しむ様子が伝わってきます。これは「ダンジョンズ＆ドラゴンズ（D&D）」（図4-4）というTRPGですが[10]、TRPGにおいては、「物語」を楽しむだけでなく、体験に基づいて、役割分担し「僕が助けるよ」と相互作用や協力関係が生まれやすいといえるでしょう。そして、そこから生まれる「物語」は当然ですがプレイヤーの数だけあります。

図4-4　ダンジョンズ＆ドラゴンズ（D&D）プレイヤーズ・ハンドブック[10]
© Wizards of the Coast LLC, a subsidiary of Hasbro, Inc.

　このような「D&D」の迷宮探索部分や戦闘の部分のシミュレーターとして登場してくるのが「ウィザードリィ」というコンピューターロールプレイングゲームです。このゲームは敵を倒してレベルを上げることや対面型のターン制の戦闘システム、戦闘画面の表示などで後のRPGに大きな影響を与えます。もう1つ大きな影響を与えたタイトルとしては「ウルティマ」がよく知られています。

特にウルティマIVでは世界（マップ）の様々な場所をめぐってヒントのかけらを集めて、物語を紡いでいくという現在も使われているシステムが構築されています。

　このような海外のRPGの影響を受けて日本でもRPGが登場してきます。1986年にエニックスから発売された「ドラゴンクエスト」（図4-5）は、主人公が『伝説の勇者「ロト」の血を引く勇者として、「竜王」を倒し、姫を救う』というファンタジックな「物語」の中でキャラクターを操作し自分自身が主人公として世界を救うゲームでした。このロト三部作は1988年のドラゴンクエスト3をもって完結しますが、同じ1988年には有名な小説「ロードス島戦記」が出版されています。これも源流をたどれば「D&D」のリプレイの紹介記事につながりますから、この時代はゲームの背景にある大きな物語が好まれる時代だったのかもしれません。

　以上のように日本ではTRPGから「物語」が切り離され、それを家庭用ゲーム機で一人でも楽しむことができるようにゲームが進化していきました。ただし、もちろん一人でゲームは楽しむのですが、裏技をはじめ、攻略情報などは子ども同士のコミュニティで共有されていました。そういった意味では、「ドラゴンクエスト」の攻略を早く進めた子どもやゲームの裏技を知っている子どもは、この時代の勇者でした。

図4-5　ドラゴンクエスト3：ロト三部作の完結であり、始まりの物語
（画像はニンテンドー3DS版）[11]
©ARMOR PROJECT／BIRD STUDIO／SPIKE CHUNSOFT／SQUARE ENIX

　一方で、「ファイナルファンタジー」というシリーズも、「ドラゴンクエスト」

とは異なったアプローチで物語をどんどん深めていきます。そのうちの一つが映像です。「ファイナルファンタジー」では初期作から魔法や武器の効果が映像化されています。また、「ドラゴンクエスト」が、自分自身が勇者になって（時には勇者の父親になって）物語に自分を重ねるという形をとっていたのとは対照的に、「ファイナルファンタジー」は王道のファンタジーをベースにシリーズを重ねるごとに、映像も音楽もより壮大になり、映画のような世界観となっていきます。主人公に関しては、操作はもちろんするのですが、主人公がゲームの中で自律的にほかのキャラクターと会話することも多く、主人公＝プレイヤーではない構図となっています。ですので「ファイナルファンタジー」は、「ドラゴンクエスト」に比べ、より映画のような壮大な物語を鑑賞するという側面が強いRPGといえるかもしれません。

　「自分を重ねる」ことと「鑑賞」することとどちらが優れているという話ではなく、日本の代表的なRPGは「主人公として」、あるいは「読者」「視聴者」として、その物語に関与することに特化してきました。いわば、TRPGの、実際の仲間と協力しながら作り上げていく無数の物語の中から、一つの物語だけを取り出し、プレイヤーが没入できる自分だけの「居場所」を作り出していったということもできるでしょう。

　さて、このような日本のRPGは、やがて少しずつ先細りしてしまいました。そもそもRPGの開発には莫大な開発資金がかかるといわれています。リリースの延期がなされることもありましたし、次作が数年後ということもありました。また、リリースされても価格が高くなってしまうという要素もあったかもしれません。このように日本のRPGが先細ってしまった背景にはたくさんの要因が関わっているといわれています。また、一つのボタンで話したり、アクションできたりすることでゲームに関与できるシステムを作ったのも「ファイナルファンタジー」だと言われていますが、一部には、「ボタンを押して、映画を一人で観ることに飽きてしまった」という人も出てきました。

　RPGがゲームであるための大切な要件の一つは、ボタンを押すことで「世界」に関与できるところにあります（そもそもボタンを押さなくなったら、いよいよ「ゲーム」という要素がなくなります）が、壮大な「物語」の行き着いた先はボタンを押したら自動的に会話が進み（時には会話をスキップし）、受身的にそ

れを眺める「映画鑑賞」のような世界で、プレイヤーの自分自身が世界にインタラクティブに関与している気持ちが損なわれてしまったのかもしれません。そして、「物語」に関与できなくなったプレイヤーは、用意された一人のための「居場所」に飽きてしまったのかもしれません。

②「放課後の公園」のような交流とRPG

　ここまで日本の代表的な二つのRPGである「ドラゴンクエスト」と「ファイナルファンタジー」を「物語」と自分自身のための「居場所」という軸から概観してきました。さて、日本が誇るRPGにはもう一つ、「ポケモン」があります。この原稿を書き始めた2021年2月27日は、「ポケモン」の最初の作品である「ポケットモンスター 赤」「ポケットモンスター 緑」が発売されてちょうど25周年にあたります（そして2022年11月18日にはポケモン　スカーレット・バイオレットが発売されました）。

　「ポケモン」は、ポケットモンスターを集めて図鑑を完成させるというゲームですが、その過程で、悪の組織と戦い、ライバルと競い合い、ポケモンジムに挑戦し、ポケモンリーグで四天王と戦うというシナリオがくっついています。1996年に発売された「ポケットモンスター 赤」「ポケットモンスター 緑」は、ゲームボーイで発売されたこともあり、そのスペックの制約から映画さながらのグラフィックや音楽などを用いた「物語」への没入は困難でした。一方で、「ポケモン」では、ゲームボーイ同士をつなぐ通信ケーブルを用いて通信することで、ポケモンを交換したり、ポケモンを進化させたりするといった友達とのコミュニケーションが可能になりました[注]。赤もしくは緑のどちらかにしかいないポケモンや、通信しないと進化しないポケモンもいたため、必然的に「ポケモン」の通信による友達同士のコミュニケーションは活発になりました。また、このケーブルを用いて、友達と自分が育てたポケモンで対戦するという交流も可能になりました。対戦で勝つためには、ポケモンを集めるだけでなく、育成

注）　通信ケーブルを用いて対戦できる落ち物ゲームとしては「テトリス」が有名です。これ以降、落ち物といえば対戦というイメージにつながるため、テトリスも重要なのですが、ここでは通信によるコミュニケーションを軸においているため言及していません。

していく必要があります。手塩にかけた分、負ければ悔しく、勝つとものすごくうれしいものです。この頃の公園や子ども部屋では、友達同士のポケモンの交換や対戦、それを観戦する友達という「ポケモン」を通じてコミュニケーションをとる子どもの「居場所」が形成されていきました。

　もちろん、「ポケモン」の登場以前にも、友達とプレイできるモードのあるゲームはたくさんありました。例えば、「マリオブラザーズ」も「ツインビー」というシューティングゲームも協力プレイができます。けれども、それらはオマケのようなもので、「ポケモン」以上にコミュニケーションを前面に押し出した作品はなかったものと思われます。オンラインでプレイできるようになった現代でも「ポケモン」は多くの人にとって、わくわくしながらポケモンを交換し、自らが時間とエネルギーをかけて育成した大切なポケモンで世界中のプレイヤーと対戦をすることで一喜一憂するという、「放課後の公園」のような交流を大切にしているゲームであるといえます。

　オンラインが若年層に普及する以前に、友達同士で協力プレイすることで「放課後の公園」のような役割をもたらしたソフトを主観でもう一つ挙げるとすれば、「モンスターハンター 2nd G」があります。「モンスターハンターシリーズ」は、巨大なモンスターに立ち向かうハンティングアクションゲームです。「モンスターハンター 2nd G」にはPSP（SONYから発売されていた携帯ゲーム機）のアドホックモードを利用して、最大四人が同時にプレイし、協力して強大なモンスターに挑むことができるようになりました。放課後の公園、高校生くらいの年齢であればファストフード店など人の集まるところでPSPを持ち寄り、モンハンをプレイする姿が見られたものでした。このようにゲームボーイやDS、PSPといった「携帯ゲーム機」は「放課後の公園」のような「居場所」という文化を牽引し、その後のオンラインの世界の「居場所」にもこの文化は受け継がれていくのです。

（4）終わらない「物語」と終わらない「友情」：MMORPG

　さて、RPGを通じた「物語」という映画を観ることに飽きてしまった人の受け皿はどこにあったのでしょう。

　①拡大するオンライン環境　1990年代中盤以降、ゲーム環境は大きく様変

わりします。インターネットの普及に伴い、MORPGやMMORPG（MORPGより多数の人が同時参加し、複数のパーティーが同時に一つのクエストをこなすことができるジャンル）などが少しずつ普及していきました。当初のMORPGやMMORPGには、「DIABLO」や「Ultima Online」といったアメリカ発のものが多く、中でも「Ultima Online」は、ゲームシステムの完成度が高く、広いマップ、スキル制の成長システム、ギルドなど、現在でもさまざまなオンラインゲームに含まれている要素が備えられているといわれています。その後、日本では2000年代のブロードバンド環境の普及に伴い、オンラインゲーム人口が増加していき、2001年には「Linage（リネージュ）」、2002年の「RAGNAROK（ラグナロクオンライン）」など韓国発のMMORPGも登場してきます。

　②**終わらない「物語」**　MMORPGの世界では、多人数が同時に「物語」を共有します。そして、MMORPGの「物語」には終わりがありません。これまでのRPGで当たり前であった、ラスボスを倒してクリアーをするという単線の物語の概念がないのです。MMORPGの世界では、一人では倒すことができないモンスターを味方と協力して倒すために、「ギルド」と呼ばれるようなコミュニティを作り、仲間と作戦を練り、装備やアイテムなど十分に準備をしてからモンスターに挑みます。したがって初期のMMORPGの世界ではプレイにかけた時間＝強さとなっていますし、そのようなゲームデザインが志向されているのではないかと思います。プレイヤーは時間をかけてコツコツと強くなる必要がありますから、仲間と協力しながら経験値を得て、少しずつ自分のキャラを育成していくことで「ギルド」の仲間との友情も深まっていきます。そして、役割分担をしながら、「ギルド」の仲間とともに強いモンスターを倒すことで友情はより深まり、爽快感や達成感も生まれますし、これによって、ますます長時間ログインすることになります。このように現代のMMORPGには、かつてちょっと背伸びをした子どもたちが仲間とテーブルを囲んでプレイするTRPGにあった、仲間との「協力」とその結果の無数の「物語」という要素が含まれています。ゲーム環境の進化に伴い、TRPGから「物語」のみを抽出しなくてはならなかった制約が取り除かれ、元来のTRPGに回帰することができるようになったといえるかもしれませんね。

　③**深くて長い仲間関係**　人が集まればコミュニティができます。作品にもよ

りますがそのコミュニティはMMORPGでは「ギルド」などと呼ばれます。「ギルド」に集う人を眺めてみると、「ギルド」内で強くて頼りになる人、あまり会話に加わらないけど戦闘は頑張る人、チャットで雑談ばかりしている人や人生相談をする人など、本当にいろいろな人と出会います。当然ながら現実の世界でも、何らかのコミュニティに参加すればいろいろな人と出会いますから、MMORPGの「ギルド」というコミュニティは現実の世界の縮図ともいえます。そして、オンラインということもあり、気が合わない仲間とは長々と一緒にいる必要はなく、「ギルド」を去ることもできます。このような出会いと別れを繰り返しながら、プレイヤーは自分がしっくりくる「ギルド」を探すことになります。そして、しっくりくる「ギルド」には長くとどまり、数か月どころか、数年間、時には10年以上一緒にプレイし、生涯の友達になることもしばしばあります。実際、私自身にもゲームを離れてもいまだに連絡を取り合う大切な友達が何人かいます。MMORPGの世界の中では、冒険をする、つまりゲームの目的である育成やクエストなどをこなす日もあれば、まったくプレイしないでその世界にログインだけしている日もあります。けれども、ログインすればいつでも「ギルド」があり、そこにはいつもの仲間がいて、雑談をしたり、ちょっと現実の人生相談をしたり、されたりするといったこともあります。このような交流を通じてMMORPGの世界は「深く」「長い」付き合いの仲間がいる「居場所」となり得るのです。

　余談ですが、初期のオンラインゲームは、「リネージュ」などのように毎月定額を支払う月額課金制のものが多くありました。この月額課金制の登場の背景には違法ダウンロードなどの問題があるともいわれています。ゲーム会社からしてみれば、せっかく時間とお金をかけて製作したコンテンツが違法にダウンロードされるのでは、収益があがりません。そのような背景をもとにプレイヤーにこつこつキャラクターを育成し、長くプレイしてもらうために登場してきたのが月額課金制のオンラインゲームです。このシステムは大手のビッグタイトルには都合がよかったのですが、やがてゲームにお金を使ってくれる層は飽和してしまいました。そこで、2000年代に入ってからは、もともとはあまりゲームをしないようなカジュアルプレイヤーもゲームに取り込みたいという思惑も

あり、基本プレイが無料となるシステムが拡大していきました。特に、2003年にリリースされた「メイプルストーリー」で実装された「ガシャポン」は現代にもつながる「ガチャ」の先駆けともいわれています[注]。

　その後、MMORPGはこのようなアイテム課金制の登場に伴い、RMT（ゲーム内の通貨を実際のお金でやり取りすること）やBOT（自動操作でゲーム内通貨を稼ぐこと）、チートツールの使用（不正プログラムを使用してゲームを有利にするなど）などの問題などが認められるようになりました。また、「時間をかけて強くなる」＝「かけた時間が長いほど強くなる」から「お金をかけたら強くなる」＝「かけたお金が大きいほど強くなる」方向に進むMMORPGも出てきました。実際には、多くのオンラインゲームが収益を維持するために、次から次へと強いキャラクターやスキルを登場させるため、強い状態を維持するためには、次から次へと出てくるキャラクターやスキルを手に入れなければなりませんから、リリースから時間が経てば経つほど、「お金をかけたら強くなる」というゲームになってしまう傾向があるのかもしれません。そして、MMORPGの界隈では、このような現状に嫌気が差してしまったカジュアルプレイヤーや、ギルドの「深く」「長く」関わる人間関係に疲れてしまうような人々も出てくるよ

注）　基本プレイ無料の拡大の背景を、本文では随分短縮して書きましたが、少し補足をしておきます。この話は、岩崎 啓眞さんによる記事[62], [63]に詳しく書かれています。興味がある方はぜひ読んでみてください。さて、この記事を要約すると、基本プレイ無料発祥の地は韓国であると言われています。韓国にはPC房と呼ばれるインターネットカフェが多数あり、そこを中心に「ディアブロ」や「スタークラフト」などのオンラインゲームがヒットし、オンラインゲームに目を向けた韓国ゲームメーカーも多数参入していきました。このような背景のもとに1998年に月額課金モデルである「リネージュ」が登場します。「リネージュ」は「ギルド」を組むことができ、「ギルド」同士の対戦（城の奪い合い）もできることから、多くのプレイヤーが夢中になり大ヒットしました。この大ヒットの後を追うようにたくさんの月額課金モデルのMMORPGがリリースされますが、その多くは無料期間の間だけ遊ばれ、商用になると次のMMORPGに乗り換えられ、なかなか採算がとれなかった（ベータフライヤー問題）そうです。そのような月額課金の試行錯誤の中で当初登場したのは「月額課金＋アイテム課金」というモデルだったそうです。その後のさまざまな試行錯誤から次第に月額課金の部分を無くして基本プレイを無料にしても、ゲームへのアクセス（ユーザー）は増えるし、アイテム課金で運営が成り立つことが、いくつかのMMOではないゲームでの実装からわかってきました。そのような時代背景のもと、2003年には基本プレイ無料である「メイプルストーリー」が登場します。そして、2005年にはネクソンが「テールズウィーバー」など有名タイトルの月額課金の定額制を廃して、基本プレイ無料＋アイテム課金にすることを宣言しました。これ以降、一気に基本プレイ無料というモデルは韓国内で拡大していったといいます。

うになりました。

(5)「見せる」、「魅せる」――「対戦」の場としての格闘ゲーム

RPGは「物語」に没入すると非常に面白いのですが、一方で非常に時間を要するゲームです。シナリオを読み解き、クリアーするだけで数十時間かかってしまうゲームもたくさんあります。もちろん、小さな物語や小ボスの設定など、途中で小さな爽快感を得るような工夫はあるのですが、RPGで大きなカタルシスを得るためには長時間を必要とします。

「短時間でカタルシスを得られるようなゲームはないだろうか？」と誰かが求めたのかどうかまで私にはわかりませんが、そのような時代背景の中で対戦型格闘ゲームは流行したのかもしれません。

1991年にアーケードゲームでカプコンから対戦型アクションゲームの派生である格闘ゲーム「ストリートファイターⅡ」（以下、ストⅡ）が登場しました。「ストⅡ」には、パンチ、キックそれぞれの強、中、弱を振り分けたボタンと8方向レバーを用いて戦うのですが、特定のコマンドを入力することで必殺技が出せるなど、後の格闘ゲームにも継承されていく基本システムが実装されていました。選択するキャラクターの個性、いわゆるキャラ差（キャラ性能の差）が色濃く、敵キャラクターの個性を考えながら、自分の選んだキャラクターでどのような勝ち筋を描くかなど、戦闘技術もさることながら駆け引きなどの心理戦も要求されましたし、戦いは数分で終わって勝ち負けが決まるため、短時間でカタルシスが得やすい構造になっていました。

中でも、キャラ差は対戦型格闘ゲームの面白さを決める重要な要素となっています。このキャラ差のルーツは1985年に発売された「キン肉マン　マッスルタッグマッチ」までさかのぼることができるといわれています。このゲームのキャラの中で、唯一毒ガスという飛び道具を出せるブロッケンJrはなかなかの強キャラといえます。また、「ストⅡ」では飛び道具を出せるガイルというキャラクターや飛び道具を出せないザンギエフというキャラクターがおり、この組み合わせはザンギエフが負けることが多かったようです。そうわかっていてもザンギエフを使いたいというプレイヤーもおり、必死の駆け引きでなんとかガイルを倒せると、喜びもひとしおです。

　そして、ゲームセンターでは「スト II」の上手なプレイヤーの後ろにギャラリーができました。当時の私もしばしばゲームセンターへ行って、Mくんという上手な友達のプレイを見ていました。この頃の対戦場所となっていたゲームセンターは、うまいプレイヤーやうまくなりたいプレイヤーにとっての「居場所」でもあり、見物に行くギャラリーの「居場所」でもありました。

　1992年には、「スト II」（図4-6）はアーケードからスーパーファミコンなどのゲーム機に移植され、アーケード版の「スト II」に魅了されていた子どもや若者のハートをガッチリと掴みました。この頃は、現代のようにオンラインでの対戦はできませんでしたから、友人宅に集まって、対戦を楽しんだり、それを見物したりすることが多かったように思います。

図4-6　ストリートファイター II：個性あるキャラクターとキャラ差が魅力の格闘ゲーム。アーケード一時代を築いた。現在もeスポーツなどに取り入れられている。（『ストリートファイター30thアニバーサリーコレクションインターナショナル』メインアートより[12]）
©CAPCOM CO., LTD

　一方で、対戦型格闘ゲームで強くなるにはコマンド入力を覚え、実際にできるようにするなど熟練を要しますので、なかなかやってみたいけど手が出ないプレイヤーも多かったと思います。そこで、どんなプレイヤーも楽しめるようにコマンド入力の操作を簡略化し、アイテムなどもうまく用いながら対戦する対戦型アクションゲームなども登場してきます。その代表作の一つが1999年に発売された「大乱闘スマッシュブラザーズ」です。最近のスマブラでは馴染み

のある任天堂の人気キャラクターがたくさん登場しますし、オンライン対戦もできますので、気軽に雑談しながら友達と「対戦」するといった、「放課後の公園」のような「居場所」としての機能を今でも有しているといえます。

（6）「フランク」に「カジュアル」に仲間が作れるFPSやTPS

　MMORPGなどの「物語」に少し疲れてしまったプレイヤーのもう一つの受け皿になったのがFPSやTPSのネットワークプレイです。（FPSは一人称視点（自分が見ているかのような視点）、TPSは三人称視点（通常自分の斜め後方からの視点）のシューティングゲームですが、FPSにおいては自分の目線が主人公となるため、ほかのジャンルと比べて臨場感が高くなりやすいところが特徴といわれています。）

　FPSの原型は「Catacomb 3-D」という1991年に発表された魔導士ものの FPSまでさかのぼることができるそうです（1992年にリリースされたウルフェンシュタイン3Dとするものもあります）。1993年にリリースされた「Doom」は初期のFPSの代表作であり、その暴力的な表現などからさまざまな議論が巻き起こりました。「Doom」はネットワークを利用したマルチプレイが想定された仕様となっていましたが、このようなネットワークを介した「対戦」はその後、1996年に発表された「QUAKE」シリーズでより一般的なものとなっていったそうです。また、1999年に登場した「Unreal」のシリーズからは、オンラインマルチプレイに特化した、「Unreal Tournament」が登場します。これ以降、FPSやTPSといえばマルチプレイを指す時代になっていき、シングルプレイに特化したFPSは時代が下るごとに少なくなっていったといわれています。

①背景にある家庭用ゲーム機の性能向上

　当初、FPSをプレイするためにはハイスペックなPCを必要としました。1990年代は家庭でプレイされるゲーム機とゲーミングパソコンの間に大きな性能差があり、PCの性能の向上に家庭用ゲーム機はまったく追いつけませんでした。しかし、2005年にはXbox360、2006年にはPlayStation3が発売されるなど、より高性能なゲーム機が登場するようになり、家庭用ゲーム機においてもネットに接続しマルチプレイのFPSを楽しむことができる環境が整うようになりました。PCでは機器の環境による性能差が出やすく、不正な改造を施したアン

フェアなプレイヤー（いわゆるチーター）と出会って不快な思いをすることが少なからずありましたが、家庭用ゲーム機にはそのようなことが少ないことも、ユーザーにとっての大きなメリットでした。また、高性能な家庭用ゲーム機の登場により、PCとゲーム機におけるマルチプレイ時の有利／不利の問題も少なくなり、「コールオブデューティー」シリーズは家庭用ゲーム機におけるFPSの市場を牽引する存在となったといわれています。また、TPSにおいても、家庭用ゲーム機でオンラインへのアクセスが簡単になったことから、マルチプレイは多くのゲームでできるようになっています。その代表は2015年の「Splatoon」（図4-7）や2017年の「フォートナイト」でしょう。

　このように、今や多くの子どもたちが家庭用ゲーム機で、オンラインを通じ、世界中の友達とつながり、「協力」してミッションをこなしたり、チーム同士のバトルを行ったり、ちょっとした雑談をしたりしています。

図4-7　Splatoon3：スプラトゥーンシリーズ3作目。インクを撃ち合うTPS。
ポップなキャラクターと世界観が人気。スプラトゥーンの企画当初はイカモチーフでなく
うさぎモチーフだったとか…　©Nintendo [13]

②フランクでカジュアルな「居場所」

　では、なぜFPSやTPSのマルチプレイは現代において人気があるのでしょうか。MMORPGと比較しながら考えてみましょう。

　一つには、1回のプレイで勝負がつくまでの時間がほかのゲームジャンルと比べて圧倒的に短いことです。例えば、「Splatoon3」の「ナワバリバトル」だと3分で1マッチですので、短い時間で勝敗がつき、カタルシスが得られやす

い構造になっているといえます。

　また、MMORPGと違って、コツコツレベルを上げたり、アイテムを集めたりする作業は必要がなく、腕前があればすぐに爽快感が得られます。かけたお金や時間より自分の腕がモノをいうというわかりやすさもあります。

　さらには、仲間とのコミュニケーションにおいても、カジュアルに集まって仲間関係を築くことができます。実はMMORPGの「ギルド」内には、人間関係が濃密になることから、暗黙のルールがいくつかあることがあります。例えば「戦闘中はまじめに、雑談禁止」などがそれにあたります。このようなコミュニティマナーはどこにも明記していないことも多く、「ギルド」のメンバーはこれらの暗黙のルールやその時の「ギルド」内の空気を忖度することが暗に求められます。そして、当然ながらこのようなコミュニティの空気を読むことが苦手である人や、それを好まない人も出てきます。これに対して、FPSやTPSではあまり面倒なコミュニケーションや自身のギルド内での立場や役割を考えた発言は必要ありません。MMORPGというジャンルのゲームは何か月、何年という長い単位の時間をかけて行うものだったのに対し、FPSやTPSは1秒どころか0.1秒未満の反応速度を争う戦いでもあるからです。

　読者の皆さんにわかりやすいように、それぞれのゲームにおける会話を例にとってみましょう。MMORPGのギルド内のチャットには、こんなゆったりとしたものもみられます。「おなかすいたねー。静岡さんはもう朝ご飯食べた？あ、まだかー。お腹空いてたら、無理しないで、昼からまたやればいいしさ、何とか自分一人でもやれるかもだし…リアルに迷惑はかけられないからねー」などです。このような相手に気遣いしたり、空気を読んだりする会話は、FPSやTPSには向きません。ゆっくりと言葉を考えている間に敵チームに襲われて、仲間から「おいおい、そらりろ、何やってるんだよ。無駄なおしゃべりしてる前に真面目にやってくれ」と言われかねません。FPSやTPSのマルチプレイにおけるボイスチャットで必要な会話は「よろしく」「あ、右くるよ」「オッケー」「そこいける？」「あ、僕カバー入る」「ナイス」「ドンマイ」「ありがとう」など、寄せ集めでプレイするサッカーチームで交わされる会話のような短い会話ばかりです。なんとなくチームの雰囲気が合わなければ解散して、次のチームに参加します。つまり、「初めまして」の人でも比較的気楽に参加し、合わなければ比較

的気楽に抜けることができる構造になっています。このように、オンラインで初めて出会う仲間とのFPSやTPSのマルチプレイは、MMORPGに比べてずっととっつきやすく「フランク」で「カジュアル」です。

　そして、現実空間でいつも一緒にいる友達、例えば学校の友達とプレイすれば、いつものサッカーチームでプレイするような安心感や、勝ったときの高揚感や爽快感などを味わうこともできます。今はそれぞれの習い事の忙しさや感染症の流行の影響もあり、現実に放課後の公園や運動場ではなかなか遊べませんが、オンラインゲームであれば、現実には場所が離れていても、時間を合わせて一緒に遊ぶことができます。つまり、ある種、「放課後の公園」や、日曜日のいつもの草サッカーチームのような「居場所」という機能がそこにはあるといえます。

（7）ゲームをしない人もゲームユーザーに取り込んだ「ソシャゲ」

　これまで話題にしてきたゲームの多くは、ソフトを購入して遊ぶタイプのゲームです。つまり、最初からゲームをプレイしようというモチベーションが高い層のプレイヤーが楽しむゲームの話です。ここからは、もともとゲームにあまり興味や関心がないユーザー向けのゲームがどのように人をゲームへ向かわせてきたのかという話になります。

　ソーシャルゲーム（略してソシャゲ）は2000年代中盤からメジャーになった「SNS上で提供されるゲーム」[14]の総称です。2007年からサービス開始されたGREEの「釣り★スタ」は餌を投げて、引きに合わせてボタンを押して釣りをして、魚を図鑑に集めていくというゲームで、1プレイが数分間で終わってしまうゲームです。ゲームとしてはどう考えてもシンプルで、ただ話を聞くだけではなぜそんなゲームに「ハマる」のか見当がつかないかもしれません。

　ソシャゲは、FPSの項目で述べたハードの高性能化から逆行するかのようなシンプルな設計になっており、その特徴は、SNSと紐づいている点にあります。つまり、SNSでつながりのある①ほかのプレイヤーとランキングを競う、②チーム同士で競う定期イベント、③SNSのユーザーコミュニティを生かしたゆるやかなコミュニケーションなどを生かし、もともとゲーマーではない多くのユーザーを取り込んでいったといわれています[15]。いい換えれば、ソシャゲは

もともとゲーマーでないユーザーにも届き、プレイできるように、誰にでも基本的にはお金を払わなくても簡単にアクセスができ、簡単に操作ができ、初めてのプレイヤーにも何をすればよいのかわかりやすいゲームデザインになっています。この「お金を払わなくても」というところがソシャゲについて言及する上での大きなポイントになります。例えば、先ほどの「釣り★スタ」は基本プレイ無料ですが、競争などでゲームを有利にするため、釣竿などのアイテムを購入する際にお金がかかります。ゲーム会社はこのようなアイテムを売ることで収益を得ているのです。

　その後、2009年には当時の国産 SNS の最大手であった mixi において、「サンシャイン牧場」というゲームのサービスが開始されました。このゲームは「マイミク」(mixi 内の友達) 同士がお互いの牧場を行き来し、収穫量を増やしていきます。「マイミク」同士の日記などにコメントするのはちょっと煩わしくても、挨拶程度のちょっとした交流ができる場として人気を博しました。

　また、モバゲーでは 2009 年に「怪盗ロワイヤル」というマルチプレイヤーゲームが広まりました。このゲームでは、怪盗さながらほかのプレイヤーからお宝を盗むことで、お宝を集め、コンプリートするという対人戦をします。「盗み」というマイルドな対人戦要素と、「スタミナ」という概念 (スタミナが回復するまでは待たされてしまうので、プレイヤーは回復した頃にゲームを訪れなければならない) が導入されたことにより、多くの人に波及し総プレイヤー数 1,450 万人と多くの人が夢中になったといわれています [16), 17), 18)]。

　その後、この対人戦の要素はトレーディングカードゲームの要素を取り入れたものに進化していきます。そのうちの一つが、2010 年に GREE でサービスが開始された「ドラゴンコレクション」(ドラコレ) です。ゲーム進行は一本道のシンプルな物語を順にこなしていくものですが、ゲームの進行や、期間限定のイベントなどにおいては、最初から手に入るカードでプレイするだけでは限界があります。そこで登場したのがレアリティの高いカードが出る (かもしれない！ここが重要です！)「ガチャ」でした。これにより、「ソシャゲ」はプレイヤーの射幸心を煽る仕掛けを手に入れたといっても過言ではありません。

　まとめますと、この時期のソシャゲはゲームをやったことがない人でも隙間時間で遊べる簡単なゲームデザインのゲームを SNS と紐づけることで、収集や

対戦などを通じてのガチにならない「競争」やフレンドとのゆるい「協力」、そしてSNSを通じた「勧誘」の要素により、ユーザーのモチベーションをゲームに向かわせ続け、拡大していき、その過程で、カードゲーム要素を取り入れ、「ガチャ」というより射幸心を煽りやすいモデルになっていったといえます。

またビジネスとしてのゲームという視点からみれば、集客のもとになる「フック」、継続利用を促す「リテンション」、課金をする「マネタイズ」のフェーズを想定したフック・リテンション・マネタイズ理論があります[19]。ソシャゲのフックの仕組みとしてはSNSと結び付けることで、拡散や招待によるプレイヤーの増加を促すことなどが挙げられます。そういった意味ではソシャゲはフックの要素がものすごく強いといえます。また、継続的に遊んでもらうリテンションの仕組みとしては、ログインボーナス（毎日ゲームをひらけば何らかのボーナスがもらえる仕組み）や期間限定のイベント、ゲーム内での友達関係を作らせることなどが挙げられます。友達と一緒に遊んでもらうことで、楽しさを長く維持できますし、ゲーム自体には飽きていてもゲームをやめたくなるようにはなりにくいからです。また、ゲーム内でお金を使いたくなる動機づけとしての「マネタイズ」の面としては、無課金での限界の設定などの仕組みが考えられます。これまでなんとか無課金でがんばってきたけど、あと少しで倒せそうなボスが倒せない。そのような最後のかべをのりこえるキーになるものとして課金アイテムがあるのです。これまで使ってきた労力や時間などを考えれば、あと少しで倒せそうなボスを倒すために課金をしてしまうというのもよく分かる話です。

そして、すぐにこのような「ソシャゲ」のビジネスモデルは、スマホネイティブアプリに引き継がれていきます。

表4-2　世永玲生　ソーシャルゲームの誕生と現在・未来[17]

気持ち		ゲーム要素	行動3要素
モノを集めたい	→	コレクション要素, アチーブメント要素	【競争】
人とつながりたい	→	フレンド, ギルド	【協力】【勧誘】
人に勝ちたい	→	対戦, ランキング, カード自慢	【競争】
癒やされたい	→	暇つぶし	

（8）スマホで遊ぶゲーム：「パズドラ」がもたらしたもの

　2011年から2012年に日本では「ソシャゲ」バブルを迎えます、その中で収益の8割を支えていたのは「コンプ（コンプリート）ガチャ」でした。これはガチャに入っている全種のカードをそろえると、すごくレアリティの高いカードがもらえるというものです[20]。例えば、1%の確率で出現するキャラクターを4体そろえる場合を考えてみましょう。みなさんの肌感としては100回くらい引けば出るかもと思うかもしれませんが、実際には3体そろえてから、さらに平均100回はかかるわけですから、平均して208回くらいかかります[21]。この「コンプガチャ」では3体でリーチがかかるわけですから、「もう少しでそろう」「ここまで回したからコンプしたい」というプレイヤーの心理が働きやすいのですが、「もう少し」が少しも「もう少し」ではないといえるでしょう。その後、コンプガチャは社会問題化したこともあって、消費者庁によって2012年に禁止とされましたがガチャは残りました。

　確率について考えておくことも大切になります。1%の出現確率のキャラはガチャを100回引いたら100%出るかといえばそんなことはありません。その確率は63.4%でしかありません（これも重要！）。0.75%の出現確率なら、52.9%です。つまり、ガチャを100回引いても、おおよそ二人に一人しか当たりません。また、どれだけお金をかけてその時点での最強のキャラやアイテムを引いたとしても、新しいキャラやアイテムは次から次へと出てきます。そのため、ランキングを気にする上位のプレイヤーの中には、自分の強さを保つためにさらに課金を続けなければと思う人も出てきます。このような背景があり、何十万、何百万といった莫大なお金をゲームにつぎ込むプレイヤーも出てくるようにもなりました。

　2010年代に入るとスマホの普及を背景に、スマホのインターフェースにフィットしたゲームも登場するようになり、2012年には「パズドラ（パズル＆ドラゴンズ）」がリリースされました。「パズドラ」はパズルゲームとRPGの融合がコンセプトとなったゲームで、全体構成としてはカードバトル型のソシャゲと同様ながら、個々のバトルの操作に、「ただボタンを押す」だけでなく、スマホ特有の操作性を生かした3マッチパズルを導入したことにあります[15]。スマホは

画面に当てた指の動きに合わせてキャラを動かしたりしやすいため、パズル系のゲームはスマホ特有のインターフェースにマッチしていたといえます。2014年以降、「LINE ツムツム」が流行した背景にも、このようなスマホでの直感的な操作のしやすさがあると思われます。

「パズドラ」の特徴は、適度に遊ぶ分にはそれほど課金を必要とせず、これまでの課金偏重のソシャゲとは大きく違ったゲームデザインにもありました。そして、唯一の課金アイテムである石（魔法石）が、メンテナンスの度に配布されたのです。これは長期的に「パズドラ」というゲームに愛着をもってもらうため、そしてガチャを回してもらうための仕掛けではありますが、多くのライトユーザーをゲームから離脱させないようにしました。かつての一部の重課金者から搾り取るような収益構造ではなく、広く浅い課金者分布での収益化に成功したといわれています。

スマホの操作性を活かしたミニゲームとRPGが融合したゲームは、その後も数多く出ています。「モンスターストライク」はその典型例といえるでしょう。そして、収益モデルも「基本プレイ無料、アイテム課金」というフリーミアムであるところは共通項です。

コラム

大人が知っておきたいソシャゲやスマホアプリの課金の構造

ここで、少しだけ、大人が知っておきたいソーシャルゲームの裏側について説明をしておこうと思います。ソーシャルゲームにはどんな人がハマって、どんなふうにお金を使っていたのかというお話です。多くの大人は子どもの課金について心配していると思われるため、あらかじめ少しだけここで触れておきます。

少し古い調査ですが2018年に「TesTee Lab」が2,970名（10代734名、20代848名、30代1,388名）に調査したデータでは、ハマっているゲームアプリとして、1位「ツムツム（2014年〜）」、2位「モンスターストライク（2013年〜）」、3位「荒野行動（2017年〜）」、4位「ポケモンGo（2016年〜）」、5位「パ

ズル＆ドラゴンズ（2012年〜）」となっており、数年以上続くアプリが目立っています。また、この調査によると課金したことがあると答える割合は41.9％であり、課金者の27.5％は1万円以上の課金をしています[22]。

　実は大人が思うよりもずっとカジュアルに子どもや若者はゲームに課金をしているのかもしれません。例えば大学生における調査では、オンラインゲームで課金をしたことあると答えた割合は27.8％であると報告されています[23]。また、小中学生においても24％が課金をしたことがあるとアンケートに答えており、男子の方が高い傾向にあるようです[24]。

　フリーミアムモデルのゲームでは「遊んでくれるユーザー数と課金単価が確保できていれば、1割以下の課金率でも運営が回る」といった説がまことしやかに語られるように、少ない課金者が多数の無課金者を支える構造になっています。

　そして、多くのゲームでは「無課金者をどのようにライトな課金者にしていくか」に腐心しているといわれています。フック・リテンション・マネタイズ理論のマネタイズのところです。この「ライトな課金者」という点が重要で、ユーザーがお金を使うことに嫌気がさしてしまったらまったく意味がないのです。つまり、細くても長く多くの人が続けられる程度の課金で長く遊んでもらわねばなりません。また、課金者は無課金者に戻りにくいことも一つの事実です。たとえライトユーザーであっても、一度課金してくれると、その後も続けて課金してくれることが期待できます。

　ライトな課金に向けた仕掛けの例としては、①「配布」：有料である魔法石を配布することでガチャを回してもらう、②「セール」：いつもより安く課金アイテムを販売してガチャを回してもらう、③「ガチャ確率アップ」：ガチャの当たり確率を期間限定で上げることでガチャを回すモチベーションに働きかける、④期間限定ピックアップ、⑤無課金での限界の設定などが挙げられます。

　人は不便な生活に戻りにくいものですから、課金の垣根は一度飛び越えるとなかなか戻ることが難しいものです。「その垣根は本当に飛び越えてよい垣根ですか？」という問いはいつもプレイヤーとして自身の胸に問いたいと私も思っています。

（9）自由な遊び場としての「マインクラフト」

　ここからは少し海外のゲームにも目を向けてみましょう。海外ではコンシューマーゲーム機よりもPCゲームの裾野が広く、既存のタイトルを改変するといういわゆるMODの文化も盛んでした。そのような中で、アーティスティックな作品や実験的なインディゲームが海外では自由に作られやすい土壌があったといわれています[15]。そのような背景もあり登場してきたのが、2009年にテスト版がリリースされた「マインクラフト」です。「マインクラフト」はサンドボックスと呼ばれるジャンルに入るのですが、特定のクエストや物語が一切存在しない世界で、プレイヤーは自由に世界を探索したり、冒険したりすることができます。

　ブロックを利用して、巨大な建造物を作り上げるもよし、サバイバルモードでサバイバル生活を体験するもよし。そのゲームの自由度から、そこでの生活そのものや創作物が工夫された仕掛けが「作品」となり得ます。そして、友人とのマルチプレイも自由度が高く、友達と協力して巨大な建造物を一緒に建築したり、自分の拠点近くの探検を一緒にしたり、プレイヤー間で対戦（PvP）や鬼ごっこをしたりすることもできます。あたかも何をしても「自由な遊び場」がそこにはあるといえます。そして、最近ではゲームから少し離れて、企業の会社説明会がマインクラフトで行われることもあるようです[25]。そう考えるともはや、ゲームが遊ぶためだけにある時代ではないのかもしれませんね。

　この「マインクラフト」における「自由な遊び場」で遊ぶ様子は、それ自体が面白いものであり、「まいぜんシスターズ」などYouTubeなどの実況者がこぞって「マイクラ」実況を投稿しています。これらの投稿が小学生のハートに火をつけ、2015年ごろから日本でも「マインクラフト」はブームになっています。子どもたちはこの不親切ともいえる「自由な遊び場」の中、自ら遊びを考え、体験し、それを共有しているのです。

（10）そして「自分が動く」時代へ：位置情報ゲーム「Ingress」や 「Pokémon GO」

　これまでは仮想空間の中でキャラクターを動かすゲームのお話をしてきまし

た。最近は、携帯電話やスマホの位置情報を利用し、仮想空間と現実をリンクさせるゲームも発達してきています。

　実は位置情報ゲーム自体はそれほど新しいものではなく、携帯電話（いわゆるガラケー）の時代から存在していました。当初の位置情報ゲームは現実の移動距離に応じたポイントや、アクセスしたポイントによってスタンプが押され、そのエリアが自分の領地になるなどの仕組みをもっており、通勤通学や旅行の移動とゲームをリンクさせたようなものでした。2005年にリリースされた「ケータイ国盗り合戦」も、そのような初期からある位置情報ゲームの一つです。このゲームでは全国のエリアを数百に分け、プレイヤーが実際にエリアに行った際に「国盗り」コマンドで現在地を測定すると、測定したエリアが「統一」されたことになり、最終的な目標は全国統一ということになっています。その後、携帯電話ではなく、SNSなどと連動した位置情報ゲームもたくさんリリースされましたが、その当時は比較的ニッチな存在であったように思われます。

　この位置情報ゲームが一躍脚光を浴びるきっかけになったゲームの一つが「Ingress」です（図4-8）。このゲームには、これまでの位置情報ゲームと比べて緻密な「物語」が背景に横たわっています。プレイヤーはエキゾチックマター（XM）という物質をめぐって、エンライテンド（Enlightened）という人類を次のステージに引き上げるためにXMを積極的に利用すべきだという緑陣営と、レジスタンス（Resistance）というXMを正しく制御すべきだという青陣営に分かれて「エージェント」として戦います。スマホを「スキャナー」として用いて各地にあるポータルを探し出し、それらを直線で結ぶようにリンクさせて三角形の「コントロールフィールド」を作り、その範囲にいる人々を自らの支配下に置くことができ（ると設定されており）、最終的には全世界を支配下に置くことが目的となっています。進行中の物語も非常に緻密に作られており、あたかも「ゼビウス」のように多くの謎が各所に散りばめられています。

　この「Ingress」では地域ごとのコミュニティも促進され、大規模なイベントも開催されました。2014年の「Darsana XM Anomaly」では、猛者が北海道の襟裳岬、中国の青島、グアム島にある3ポータルを長距離リンクして「コントロールフィールド」を形成するという大事件が起こりました[27]。この「Ingress」というゲームは、イベントのために、仲間と連携をとり、それを察

知した敵陣営の妨害を退けながら、現実世界で国境を越えることもいとわない「エージェント」を生み出したといえるでしょう。

図4-8　Ingressの画面例：GooglePlayのアプリダウンロード画面より[26]　©Niantic, Inc.

　そして、位置情報ゲームはさらに進化します。それが、任天堂とナイアンテックが手を組んで誕生した「Pokémon GO」です。子どもと一緒に、もしくは友人と一緒に、いろいろな場所へ行ってプレイされた方も多いのではないでしょうか。「Pokémon GO」では「Ingress」で蓄積したポータルの位置情報などをもとに、現実の空間にポケモンが（スマホ画面の中で）登場し、これを捕まえ、交換し、戦うことができるという本格的なARゲームとなりました。

　そういえば、2007年に「電脳コイル」というアニメが放送されました（図4-9）。このアニメの舞台は、202X年「電脳メガネ」と呼ばれる眼鏡型のウェアラブルコンピューターが普及し、「電脳」と呼ばれる技術を使ったペットなどが存在している世界ですが、まさにそのようなARと現実空間のリンクが「Pokémon GO」にはあるといえるかもしれません。

　「Pokémon GO」には多数のコミュニティが生まれています。2017年6月23日に実装されたレイド（一定時間ジムをポケモンが占拠し、それを倒すとそのポケモンを捕獲する機会が与えられる）は、トレーナーたちが協力プレイを行う必要があり、近場での連絡グループ（LINEのグループなど）作成が行われ、トレーナー同士のコミュニケーションが活発化しました。そのようなLINEコミュニティのメンバーは図4-10のように類型化されるそうです[29]。

図4-9　電脳コイル[28]：街のどこからでもネットに所属しバーチャルな生き物が見えるウェア
　　　　ラブルコンピューターの「電脳メガネ」が普及している。
© 磯 光雄／徳間書店・電脳コイル製作委員会

　レイド募集や告知を行うリーダータイプ、LINEグループのコミュニケーショ
ンのケアを行う世話人タイプ、解説してくれる博士タイプ、参加表明をして情
報をとるフォロワータイプがあります。人数としてはフォロワータイプが最も
多いといわれています。
　「Pokémon GO」では、大なり、小なり、このようなコミュニティが地域の
中で作られています。筆者が勤務するような田舎の地域でも、夕方、大人が数

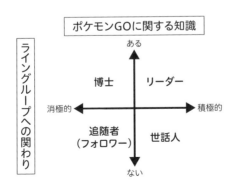

図4-10　ポケモンGOのLINEコミュニティの類型化[29]

115

名スマホをもち、少し大きな公園や道端で数名が集まってレイドをしている（と思われる）姿も見られるようになりました。このコミュニティがMMORPGのコミュニティと異なるところは、そのメンバーの多くが地域的に近いところに住んでおり、リアルでの交流も生まれやすいということです。MMORPGなどのコミュニティは、物理的な距離を問いませんが、「Pokémon GO」に関しては、近くのコミュニティに参加していないと意味がありません。もちろん、それゆえのトラブルはあるのですが、多くのトレーナーはコミュニティを楽しんでいるものと思われます。余談ですが、筆者も吉川徹先生と一緒に仕事を終えた後に「Ingress」のポータルを周ったり、東京での学会の終了後に「Pokémon GO」のレイドをご一緒させていただいたりしました。これも筆者の位置情報ゲームに関する楽しい思い出の一つです。

4.4　どうして子どもたちはゲームにハマるんだろう？

　ここからは、子どもたちがどうしてゲームに熱中するのかについて、ゲームが本質的にもつ特徴や、各ゲームのジャンルの特徴から考えていきます。

　ここから詳しくみていきますが、ゲームの本質的な面白さの背景には、「興味をひく選択肢」「挑戦課題の難易度がプレイヤーのゲームスキルに適合していること」などがあると考えられています。また、これまでみてきたように、ゲームにはジャンルによってさまざまな特性があるため、それぞれの面白さがあります。——FPSやTPSにはカジュアルな仲間との対人戦であるという要素、サンドボックスには友達と「共同作業」できる「自由な遊び場」としての要素、MMORPGには「深く」「長く」関わることができる仲間と楽しむ物語という要素、スマホアプリにはガチャの要素、「あつまれ　どうぶつの森」にはどうぶつや他者とのコミュニケーションやつながりというSNSとしての要素などが、その面白さのポイントとして考えられます。

　ゲームの面白さを知ることは、大人が子どもの世界を知り、子どもが何を好んでそのゲームをしているか、そして、そのゲームから何を得ているかということを知る一つの目印になります。反対に、それらを知らないと子どもたちがゲームから遠ざけられてしまったときに、子どもたちがどんな気持ちになるか、

大人には想像できず、寄り添うことなどできなくなってしまうかもしれません。

（1）ゲームと非ゲームの境界線

そもそも、ゲーム（ここではコンピューターゲームのことを指します）とは、なんでしょうか。「テレビや液晶モニターの前でする遊び」「仮想的な体験」「遊び」「居場所」「友達と一緒に遊べるもの」などいろいろな答えがありそうです。中には「子どもを夢中にしてしまうもの」という回答もあるかもしれません。

確かに、これらはゲームのある一部分をいい当てています。しかし、それですべてではありません。例えば「仮想体験」であれば、ゲーム以外にもできるものはたくさんありますし、「遊び」と定義づけるとドッジボールやブランコ遊びもその中に含まれてしまいます。ゲームは「ボタンを押すと反応するもの」とさやわかさんは著書で定義していますが、最近ではスマホゲームのようにボタンを操作しないものも出てきました[30]。上村雅之さんは『プレーヤーがゲーム機の提示する「遊びのための映像」だと理解した上で、その内容に対する判断を、コントローラーを通じてビデオゲーム機に伝えることで新たな反応をもたらす。その繰り返しをビデオゲームとする』としています[31]。これもさやわかさんの定義に近いもののように思います。

ゲームデザインに関する有名な書籍である『ルールズ・オブ・プレイ』[32]では、「ゲームとはプレイヤーがルールで定められた人工的な対立に参加するシステムであり、定量化できる結果が生じるもの」とされています。いい換えれば、ルールがあって、対立があって、スコアや勝敗など結果がわかりやすいものです。これは古典的なゲームにはおおむね当てはまりそうですね。例えば、シューティングゲームでは、プレイヤーVSコンピューターなどの対立構造があり、敵があるルールに定められた動きをし、それを撃つことにより得点という定量化された結果が生じています。

けれども、最近のゲームの一つである「あつまれ　どうぶつの森」などは対立的な要素はあまりないようにも思われます。イェスパー・ユールはビデオゲームは虚構世界と現実の世界のルールをあわせもっているとした上で、古典的なゲームモデルとして以下の六つの特徴を有しているといいます[33]。

①ルール（Rules）：ゲームはルールに基づく　ゲームごとに、どのようにプ

レイしたらよいかという明確な法則がある。例えば、「ぷよぷよ」であれば、さまざまな色の組み合わせの「ぷよ」が二つ1組で落ちてきて、4個以上同じ色の「ぷよ」がくっつくと消せるなどの固定したルールなどをいいます。

②**可変かつ数量化可能な結果をもつ（variable, quantifiable outcome）**　プレイヤーのスキルに合うようにデザインがなされており、活動のゴールが明確である。例えばスキルに合わせたマッチングなどがあり、勝利条件が明確であるなど。

③**結果に対する価値設定（valorization of outcome）**　難しさの度合いに応じて、得点やボーナスが変わる。例えば、「ドラゴンクエスト」シリーズで、弱い「スライム」を倒した場合には獲得できる経験値が低いのに対し、よりすばやさが高く逃げられやすい「メタルスライム」を倒した場合には獲得できる経験値が高く設定されているなど。

④**プレイヤーの努力（player effort）**　プレイヤーが時間をかけて、練習し、スキルを上げていくことで、プレイ結果が変わる。例えば、最初は「スーパーマリオ」で1-4がクリアーできなかったのに、練習を重ねることで8-4までクリアーできるようになるなど。RTA（リアルタイムアタック）などでは、より早いタイムでクリアーできるようになるなど。

⑤**結果に対するプレイヤーのこだわり（player attached to outcome）**　ゲームの勝敗などに対して、プレイヤーがこだわるなど、結果を求めること。

⑥**取り決め可能な帰結（negotiable cosequences）**　勝敗が現実世界に影響を及ぼすこともないこともある。勝敗に対する取り決めをプレイヤー間などですることができ、報酬があったりするなどの帰結。例えばeスポーツの賞金など。ゲームに勝った方が長時間プレイできるなどの兄弟間の約束事などもこれにあたる。もちろん、そんな取り決めなしでプレイすることもできる。

　イェスパー・ユールの「ハーフリアル」ではこの定義に従って、ゲームと非ゲームの境界線を検討しています（図4-11）。

　例えば、「シムシティ」は有名な都市経営シミュレーションゲームですが、読者のみなさんは「ゲームである」と判定されるかもしれませんね。しかし、これをみると、結果に対する価値設定が希薄であることなどから、これはゲームと

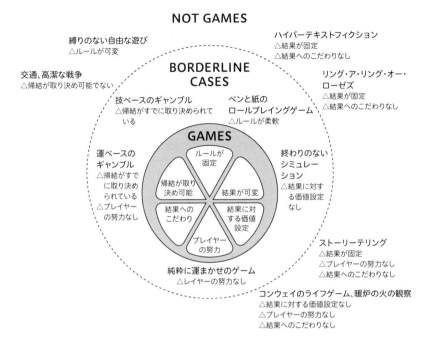

図4-11　ゲームと非ゲームの境界線では、TRPGや「シムシティ」などの
終わりのないシミュレーションが入る[33)]

非ゲームの境界線に置かれているようです。また、いわゆる「ノベルゲーム」などのテキストを読むタイプのゲームに関しても、結果に対してプレイヤーの過剰なこだわりがないこと、努力とスキルの相関などがないことから境界線の外に置かれています。

　このように、ゲームにはたくさんの定義があるのですが、その定義を概観してみればみるほど、ゲームを一言で定義づけるのはとても難しいといえます。本書はゲームの定義を扱った学術書ではないため、読者のみなさんがイメージしやすいと思われる上村雅之さんの定義『プレーヤーがゲーム機の提示する「遊びのための映像」だと理解したうえで、その内容に対する判断を、コントローラーを通じてビデオゲーム機に伝えることで新たな反応をもたらす。その繰り返しをビデオゲームとする』という定義を採用して話を進めようと思います。

（2）ゲームの本質的な面白さはどこにあるんだろう？

　多くの子どもたちは実際にゲームを楽しんでいるのですが、ゲームの楽しさとは一体どこにあるのでしょうか。シミュレーションゲームの父と呼ばれるシド・マイヤーによれば、それは「興味をひく選択肢（interesting choicesの連鎖）」だといいます[34]。

　ここでいう、「興味をひく選択肢」とは以下の条件に合致するものです。

　1　どれも最善であってはならない
　2　互いに同等であってはいけない
　3　プレイヤーがよく理解した上で選択できなければならない

　これは、例えば、「ドラゴンクエスト」で、今「はがねのつるぎ」を買ってしまうと、回復アイテムが買えないから、ちまちま町に戻りながら経験値を上げる必要があるかもしれない。けれども、「どうのつるぎ」のまま我慢しておけば、回復アイテムも十分に買えるし、ちまちま帰ってくる手間が省ける、どちらを選択しようというプレイヤーの脳内の選択肢のようなものです。そして、これらの選択はおそらく現実のプレイヤーの性格との相互作用の中で行われます。慎重なタイプのプレイヤーは、慎重な選択肢を選択する傾向にあり、せっかちなプレイヤーは全滅をいとわず早くボス戦に向かいたがるでしょう。そして、このような選択肢の連鎖がまたゲーム内におけるプレイヤーのゲームスタイルや結果にも影響を与えるという相互作用をもっていることを説明しているのだろうと思われます。つまり、同じゲームにもさまざまなプレイスタイルがあり、プレイヤータイプがいるということです。

　小学生がよくやっている「じゃんけん」などの三すくみ構造も、このような「興味をひく選択肢」といえます。ジャンケンのルールでは、プレイヤーはグーを出したら、チョキには勝てますが、パーには負けます。ジャンケンでは、プレイヤーは常に「興味をひく選択」を迫られます。「さっきもパーを出していたから今度はグーの確率が高い」と推測してパーを出すけれども、ひょっとしたらチョキを出されて負けるかもしれないというゲームだからこそ、面白いのです。公園などで小学生を観察していると、本当によくジャンケンをしています。

たまに、「ミラクル」や「無敵」などのすべてに勝つ最強のジャンケンポーズを出す子どももいますが、これを出されるとジャンケンは一気に面白くなくなってしまい、周囲からは不平不満がでますよね。それは、これがまかり通ってしまうと、最善手が存在し、全員が「ミラクル」を出すようになるからです。ジャンケンは最善手が存在しない三すくみ構造であったり、勝ったり負けたりするからこそ面白いのです。

　このような三すくみ構造は、シミュレーションRPGなどでもよくみられます。図は「ブラウザ三国志」というブラウザーゲーム（ジャンルはMMOのシミュレーションRPGだと思います）です。図4-12が示す通り、槍兵、弓兵、騎兵の3種類あり、槍兵は騎兵に強く、弓兵に弱い。弓兵は槍兵に強く、騎兵に弱い。騎兵は弓兵に強く、槍兵に弱いという三すくみの構造になっています。これに加えて、移動速度、生産コストや自身が使える武将のカードのもっているスキル、今から戦闘をしようとしている相手の得意な兵種などを考えながら自身が最適と思う兵士を生産することを選択し、出兵するのです。

図4-12　ブラウザ三国志：武将カードは要素別に「兵科」が設定されている。（遊び方より）[35]
©Marvelous Inc.

　これが常に騎兵が最強でしたら、当然ながら皆騎兵とそれに関連する武将しか育てなくなりますので、ゲームとしては一気に面白くなくなってしまいます。（今はゲームとして定石が定着してきたため、新しい三すくみ兵種が実装されるなど、刷新が図られています。）

　また、ゲームの面白さについては、フロー理論を用いて説明することもできます。

　フローとは、さまざまな状況（例えば、スポーツの試合やピアノ演奏など）にある人がもつ、内発的に動機づけられた自己の没入感覚を伴う楽しい経験のことをいいます。

　フローの状態に入ると自分のしていることに集中でき、日々の生活の苦労や欲求不満を取り除かれた没入状態になります。フロー理論をゲームにあてはめてみると、ゲームのプレイヤーがゲームを楽しむためには、その挑戦する課題の難易度（ゲームの難しさ）がプレイヤーのゲームスキル（そのゲームのうまさ）に適合していることによって、プレイヤーはフロー状態になり、ゲームにより楽しみを感じ、さらにゲームに没入させるドライビングフォースになっているといえます（図4-13）。

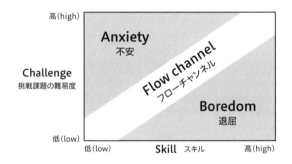

図4-13　フローチャンネル：ゲームの面白さはプレイヤーの求めるところと
難易度バランスが絶妙なところにある[33]

　一方で、プレイヤーのスキルが非常に高くなっているのに、単調な作業の繰り返しになってしまうゲームは、退屈でつまらないものになってしまいます。初期のソシャゲやスマホでのゲームではゲームデザインは単調なものも多く、操作も簡単であるため、本来はすぐに退屈でつまらないものになりやすいところを、他者とのゆるやかなつながりやアイテム課金や有名なアニメなどとのコラボレーションを定期的に行うことで飽きさせないような仕掛けが施されていたといえます。反対に、プレイヤーのスキルがまだ初級者であるのにも関わらず、難易度が高すぎるゲームは、プレイヤーに「このゲームはクリアーできないのではないか？」という不安を抱かせ、ゲームをやめさせてしまうことでしょう。

初期のファミコンのゲームには「スペランカー」(ほんの少し高いところから落ちるだけでアウト、筆者はクリアーできていない) や「ドラゴンクエスト2」(敵がとにかく強め、ダンジョンも難しい、復活の呪文が自分の汚い字のせいで読めないこともある) などそのようなゲームも数多くありましたが、今やそのようなゲームは少なくなりました。

　多くのゲームは、ゲームデザインをするクリエイターが、ターゲットとなるプレイヤーを想定し、そのプレイヤーのスキルと、ゲーム自体の難易度が徐々に上がるようにデザインをし、プレイヤーをフローの状態にすることを一つの目標としているといえます。

　「スーパーマリオ」のステージは、プレイヤーが操作に慣れるに従って、徐々に難しくなっていきます。「ドラゴンクエスト」シリーズにおいても、最初は弱いモンスターとの戦闘から始まります。このように、最初はゲームの操作やゲームの進行に慣れるようなステージが用意され、徐々に難易度が高くなるようにゲームはデザインされているのです。また、フローを維持する仕掛けとして、そのほかにも、リスクと効率のトレードオフについても考えられています[36]。リスクと効率のトレードオフというと難しいですが、例えば、「スーパーマリオ」などで、速く走ればそれだけたくさんスコアがもらえますが、その分失敗のリスクは増えるというデザインや、格闘ゲームなどで必殺技を出した後に、しばらくスキができてしまうデザインなどのことです。プレイヤーは、能動的に自分で自分のスキルと相談しながら、そのような選択を行いますが、これを通じてゲームへのフロー状態が維持されています。

　そして、最近のゲームでは、本来ゲームをしない人も、なるべくゲームを楽しんでもらえるような仕掛けが施されています。その一つが、「チュートリアル」という機能です。チュートリアルとは大まかにいえば、「ゲーム体験を通じて徐々に学ぶ」機能のことで、ゲームの最初にゲームの実際のキャラクターを操作しながら、戦闘や攻略の仕方などを学ぶことができます。これにより、そのゲームに不慣れな初級者はゲームの操作ができる中級者に導かれます。多くのスマホゲームにもこのようなチュートリアルは存在しており、これによりゲーム自体に不慣れなプレイヤーもそのゲームの中級者まで導かれているのです。

　また、荻上チキさんはゲームのもつゲーム性について、①上達的快楽 (うま

くなる楽しさ）、②操作的快楽（キャラクターを自由自在に動かすことができる楽しさ）、③攻略的快楽（目標があり、クリアーできる楽しさ）という三つの要素がバランスよく散りばめられたものをゲームバランスの優れたゲームであると指摘しています[37]が、先ほどのフロー理論にあてはめれば、ゲームの楽しさは、キャラクターを快適に操作できるという操作的快楽を前提に、上達的快楽と攻略的快楽が想定されるプレイヤーにフィットするように上手くデザインされたゲームの中にあるといえるでしょう。

　これまで見てきたゲームの面白さはゲームの基礎となる面白さであり、それらを図に表すと、図4-14のようなピラミッドのようなものの一階部分に相当すると思われます。そして、個々のゲーム、それぞれの面白さはその基礎部分の上に成り立つピラミッドの頂点部分にあるといえます。

図4-14　ゲームとしての本質的なゲーム性は普遍的にゲームを支える土台であり、荻上（2009）のいう上達的快楽、操作的快楽、攻略的快楽から成立している[37]。その土台の上に、各ゲームとしての特徴（そのゲームらしさ）が成立し、それらの構成要素は物語性の有無、対人要素の有無、時間の制約の有無、目的の自由度、コミュニケーションの有無、SNS性の有無、ルートボックス（ガチャ）の有無などである[38]

（3）各ゲームのデザインによって異なる面白さ

　これまではゲームの面白さの土台となる部分についてみてきました。けれども、ゲームはゲームでもFPSである「Apex -Legends-」とコミュニケーションゲームである「あつまれ　どうぶつの森」では、その面白さは全然違うことは多くの方にもわかることと思います。もちろん、どちらのゲームにも、キャラの

操作的な快楽、上達的快楽、攻略的快楽という要素はあるでしょう。けれども、それ以外にも、いくつかのゲームの面白さにつながるポイントはあります。例を挙げてみましょう。

①時間的制約の有無　制限時間以内に何かできないとペナルティ（クリアーできないなど）があると、限られた時間をより効率よく、有効に利用する必要があります。昔のアーケードゲームのレーシングゲームなどは制限時間内にチェックポイントを通過しないと、制限時間が延長されずゲームオーバーとなるものが多かったですよね？決められた制限時間内の格闘ゲームですと、残り時間と相手の残りの体力をみながら、出す技の選択肢を考えることもあるでしょう。そのような緊迫感がゲームの面白さにつながる一方で、ゲーム内でいろいろな探索をしたい、すべてのアイテムを回収したいなどのじっくりプレイヤーの場合はこのような時間制限を好みません。

②背景に横たわる物語性　ゲームの歴史で触れたように、ゲーム内の物語的な要素を好むプレイヤーは多いです。ゲームを進めることで、物語が少しずつ進んでいくことで、プレイヤーはゲーム世界に没入しやすくなります。一方で、物語性が前面に出過ぎるとスピード感や爽快感は出ないため、せっかちなプレイヤーは敬遠することがあるかもしれませんね。

③プレイヤーの目的の自由度　最近のゲームは「クリアー」や人に「勝つこと」、アイテムの「収集」だけが目的ではありません。MMORPGの「ギルド」におけるコミュニティを「居場所」にして、そこでのコミュニケーションを楽しんでいるようなプレイヤーもいれば、eスポーツプレイヤーのようにゲームを仕事にしている人もいます。また、海外ゲームやブラウザーゲームなどではMODやツールを作って公開することを楽しむプレイヤーもいます。中には、ゲーム代行業というゲームのレベル上げを代行してくれる業者もあるそうです[39]。そういった意味では、どのゲームにおいてもプレイヤーの数だけ目的があるといえるかもしれませんね。

④仲間集団の性質：恒常的な仲間集団としての「ギルド」や「クラン」　MMORPGの「ギルド」やFPSなどのゲームにおける「クラン」などいつも活動する仲間集団がある場合はそのコミュニティの一員として行動するようになってきます。そのため、「ギルド」や「クラン」内で仲良くなる友人ができてくる

こともしばしばあります。MMORPGなどでは「ギルド」に入ることが、ゲーム上有利なことがたくさんありますが、その「ギルド」が「サーバー最強」などを目指している、いわゆるガチ勢である場合、しばしばノルマが課せられることがあります。ゲームにインするノルマ、育成のノルマ、装備のノルマ、会議出席のノルマなど挙げ出したらきりがありません。このようなノルマに疲れてしまうこともありますから、「ギルド」選びには注意が必要です。もちろんのんびりとした「ギルド」ではまったりチャットをしながらゲームをすることがメインであったりしますから、自分の好みにあった「ギルド」に入るととても居心地はよくなります。ギルドの中には、カリスマ性の高い人、上昇志向の人、チャットが好きな人、初心者に教えるのが好きな人、博士みたいな人などさまざまなタイプの人がいます。その中には、自分と気があう人もいるでしょうし、それが恋愛や結婚などの関係に結びつくことも時々あります。また、人間同士ですから、ささいなことからいさかいが起こることもしばしばあります。そのまま交流のなくなる親しい友人もいることでしょう。

　最も難しいのは、「それなりに強くて、ギルド内も明るく、楽しく、初心者にも優しい」という方針のギルドの運営でしょう。さまざまな目的をもって集まってくるメンバーの意見を最大限取り入れながら、適切に運営するのはとても大変です。中高生でも大規模な「ギルド」のギルドマスター（リーダー）をして活躍している子はたくさんいますし、私の外来に来ている不登校だった青年も「#コンパス【戦闘摂理解析システム】」というゲームで、ギルドの運営をしており、その中で友人を見つけ、チャットしながらプレイして練習することや友達との雑談などの交流を楽しんでいます。このギルドは彼にとっては「居場所」となっていると思います。また、FPSの「クラン」でも、クランメンバー同士でチャットしながら練習することを楽しめます。雰囲気の明るいコミュニティは多くの子どもの情緒的なソーシャルサポートになっているものと思われます。

　一方で、中には、部活のような雰囲気がある「ギルド」や「クラン」もあり、このような連帯意識が高い組織の場合は「抜けにくい」というデメリットも生じやすく、抜けた後に「迷惑をかけてしまった」と思ってしまうこともあります。また、自分自身が「置いてきぼりになってしまう」と思うこともあるようです。実際に、臨床の場でも、「昨日インしなかったからギルドのメンバーから嫌われて

しまったかもしれない」「昨日のチャットでギルドの友達を怒らせたかも」と悩む子どもたちの声を聞きます。大人からみれば「そんなギルドは抜けたらいい」と思うかもしれません。けれども、このような子どもたちにとっては大切な現実の人間関係なのですから、悩むのも当然です。ですので、このような子どもの訴えを私たちは軽く扱わずに、真剣に耳を傾け、その子にとって、今できそうなことを一緒に考えていく必要があるのです。

⑤即席の仲間集団　また、「ギルド」や「クラン」のような恒常的な仲間集団でなく、即席のパーティーを組んで、そこからフレンドになり、仲良くなっていくという事例もたくさんあります。一人だとつまらないし誰かと一緒にゲームでもしようと思ったときには、TwitterなどのSNSで仲間を探すこともできます。例えば< Splatoon >< 募集>などのキーワードを入れてTwitterで検索すると、たくさんのチーム募集が見つかります。また、「スプラトゥーン」などのゲームでは、ランダムにチームが割り振られるため、仕様上即席の仲間集団ができます。ここから交流が始まり、フレンドとなる子どもたちもたくさんいます。

⑥仲間や他者とのコミュニケーションの有無　FPSなどにおいてはチームメンバーとのコミュニケーションがゲーム上有益になることがしばしばあります。MMORPGにおいては深く、長い仲間関係も作られ、雑談も多いことなどはこれまでに書いてきた通りです。そのほかにも、「Among us」などの宇宙船における人狼ゲームのようなゲームでは、「だまし合い」というゲームの性質上コミュニケーションを取り合わないと誰が敵かわからないので、コミュニケーションは必然的に多くなります。また、「あつまれ　どうぶつの森」のようなゲームにおいてはオンラインで島の行き来ができることもあり、ほかのプレイヤーに自分の島を見せたり、見せてもらったり、一緒に写真を撮ったりなど、他者とのコミュニケーションは多くなります。このような仲間とのコミュニケーションなどの社会相互作用からゲームに向かうモチベーションはドライブされやすくなります[40]。

⑦フレンドやリアルの友達との競い合いの有無　昔のソシャゲのように、自身のランキングが視覚化されている場合やフレンドとのランキングが視覚化されている場合、自身の立ち位置を他者と比べる要素が出てきます。あの子より

強くなりたい、あの人より上に行きたいなどとゲームをプレイするモチベーションを刺激されやすくなります。また、このような対人戦の要素を取り入れることによって、毎回同じようなパターンで動くコンピューターなどの敵キャラクターと戦い続けるという単調さも解消され、飽きにくくなります。そして、FPSやTPSの場合はそのキャラクターの向こうに人がおり、その人に「勝った」という直接的な喜びがあります。そして、人に負けることは往々にしてコンピューターに負けるよりも悔しく、ゲームに向かうモチベーションはドライブされやすくなります[40]。

　⑧ガチャの有無　ガチャやルートボックスについては、海外においては成人においてギャンブルとの類似性について指摘をされていますし[41]、青年においても同様の報告があります[42]。ですので、そのゲームそのものが本当に好きで、もしくはそのキャラクターが本当に好きでガチャを引くことと、ゲームについてはあまり一生懸命やっていないもののガチャのギャンブル的な要素を好んでガチャを引くこと（ウマ娘でピックアップガチャは引くけど、育成はしないなど）の間には大きな違いがあるといえるかもしれませんね。いずれにせよ、ガチャの有無はゲームをプレイするモチベーションをドライブすることがしばしばあります。

　⑨SNSとしての要素　最近のゲームにおいては、SNSにスクリーンショットなどを投稿する機能もついています。その「キルのかっこよさ」（FPS）、「建築のかっこよさ」（マインクラフト）などゲームそのものよりも、それに付随するSNS的な用途の方に関心がある場合もあるでしょう。また、「あつまれ　どうぶつの森」などで友達と一緒に撮った写真をSNSにあげて楽しむことは、一緒に「誕生日会したよ」「旅行楽しかった」とSNSに写真をアップするのと同じようなものだともいえますから、「あつまれ　どうぶつの森」それ自体が人と人とのつながりを促進するSNSとしての機能が高いゲームであるといえるかもしれません。

（4）FPSやTPS、バトルロワイヤルの面白さ

　FPSやTPSは、オンラインゲームの中でも人気コンテンツの一つであり、最近ではバトルロワイヤルというジャンルの人気も特に高くなっています。これ

らのゲーム特有の面白さを少しだけ挙げてみましょう。

①**緊迫感**　FPSやTPSは、時間的制約があり、0.1秒未満の反応速度を争うような緊迫感があります。そういった意味では、プレイヤーはフローに入りやすく、常に集中した状態を維持しやすいともいえます。

②**仲間と一緒に戦闘**　FPSやTPSではボイスチャットで声を掛け合いながらゲームをすることもよくあります。いつもの仲間とであれば、部活の仲間のような連帯感が生まれます。SNSで募集した仲間とでも、草サッカーチームのように「フランク」に「カジュアル」に遊べます。勝てば「ナイス！」、負けても「ドンマイ」と声を掛け合うことで楽しさも生まれます。草サッカーなのに失敗した時の笑い声も、声の掛け合いも何もなく淡々とプレイだけしていたら、ちょっとつまらないかもしれませんね。

③**即時報酬の多さ**　FPSやTPSでは、次から次へと現れる敵のプレイヤーを倒し続けなければなりません。プレイタイムはRPGなどに比べてものすごく短く、面倒で時間がかかるレベリングなどの準備も不要です。また、ゲームのマッチングの間は仲間と雑談したりミニゲームをしたりしながら待つことができます。例えば、Splatoon 3ではマッチングの間、射撃の練習をすることができるようになっています。このように、ゲームには待たせない工夫がたくさん仕掛けられています。

④**対人戦**　画面の向こうにいるのは現実の誰かであり、コンピューターではありません。これによって、遊びの幅は一気に広がります。運動会の騎馬戦が子ども同士ではなく騎馬ロボット相手だったら、甲子園野球が一人のプレイヤーを除いてほかがロボットだったら、それはあまり盛り上がらないかもしれません。

（5）「マインクラフト」の面白さ

「マインクラフト」は、自由に何かを作り上げる遊び方が、あたかも、砂場遊びのようであるため、サンドボックスと呼ばれるジャンルに含まれています。「マインクラフト」特有の面白さは以下のようなところにあります。

①**「自由な遊び場」**　特定の目標やクエスト、物語がないため、プレイヤーはゲームを自由に楽しみ、洞窟を掘り進んだり、大きな建造物を作ったり、敵対

的なキャラと戦ったり、鬼ごっこを他プレイヤーと楽しんだりできるなどあたかも「自由な遊び場」のようです。子どもたちは目的がなく遊んでいるように見えますが、目的を自分で見つけ出さないと楽しく遊ぶことができないゲームともいえます。

②**終わらない冒険**　「マインクラフト」では、クエストの区切りなどもないため、今日は何をして遊び、どこまで進めるかという点もプレイヤーに委ねられています。そのために、「ここまでやる」という計画を事前に考えておかないと終えにくいゲームでもあります。自ら目標を設定し、計画し、それを実行するための行動の選択を行っていくことが「マインクラフト」そのものであり、作業工程全体を考えて適切に終える能力が必要だといい換えることもできます。

③**友達との共同作業**　「マインクラフト」では友達との共同作業により大きな建物を作ることや、一緒に冒険に出かけることもできます。特に、友達と一緒に大きな建築物を作るときには、全体をまとめる役割、壁を作る役割、家の中に装置を作る役割などそれぞれに役割分担が生まれてきます。そして、「役割を分担した方が大きな建築物が作成できて楽しいこと」や、チームで何かを達成する達成感を分かち合うことなどを学ぶこともできます。私のところに来てくれる子どもたちも、友達同士で大きな戦艦を作ったり、都市やお城を作ったりしています。このような大きな街などを作る際には、仲間と計画を立て、作業工程を共有し、役割分担しながら行う必要もあるなど協調性も求められるため、休職している方向けの復職支援プログラムに取り入れているところもあるようです[43]。

④**創造性**　「マインクラフト」では自由に世界を作ることができるため、創造性が養われるようなことがあるかもしれません。自分の頭の中に思い描いた街や建築物を作り出せた時の喜びはひとしおです。毎年 Minecraft カップ（マイクラカップ）が開かれており、マイクラの技術やプログラミングのスキルだけでなく、その大会テーマを自分なりに解釈してワールドを創り上げるという創造性も求められており、2022年も SDGs 時代のみんなの家をテーマに大会が開かれていました[44]。大会でアワードに入ればもちろんうれしいのでしょうけど、友達とならかくれんぼしながら作る夏休みの秘密基地作りみたいで楽しそうですし、親子であれば、「あーでもない、こーでもない」と言いながら作り上げる

夏休みの作品作りみたいで楽しそうですよね。

⑤**試行錯誤の場**　マインクラフトは不親切なゲームでもありますから、困難に出会ったときの説明書などはありません。そのような際に多くの子どもは、YouTubeの実況動画などから作りたい建物や装置を参照し、試行錯誤しながらそれを作り上げ、達成する喜びもあります。そして、それらを通じて、子どもたちが困難に出会ったときも、困難に出会ったら試行錯誤をすればいいんだと、心折れずに学ぶことができるかもしれません。

（6）MMORPGの面白さ

MMORPGは多人数が同時に参加するRPGゲームであり、プレイヤーが一つのゲーム世界に接続し、物語を楽しむゲームです。MMORPG特有の面白さは以下のようなところにあります。

①**終わらない物語を旅する**　MMORPGは、物語性そのものが醍醐味になります。MMORPGのゲーム世界においては、ゲーム内時間が存在し、誰もその世界に接続していなかったとしても、MMORPGのゲーム世界が存在する限り、時間は流れています。この点から、MMORPG世界においては終わらない物語と時間が流れているといえるでしょう。

②**いつもの仲間と「深く」「長く」楽しむ**　MMORPGにおいては、物語やクエストを進めるためにプレイヤーの協力が必要であり、「ギルド」というコミュニティに入った方が有利なことも数多くあるため、プレイヤーにとって居心地のいい「ギルド」を見つけることが大切になります。「ギルド」内には、カリスマ性の高い人、好戦的な人、コツコツ一人でプレイすることが好きな人、チャットが好きな人、初心者に教えるのが好きな人、博士みたいな人などさまざまなタイプの人がおり、それらの配分の割合がギルドの性格を形作っているといえます。基本的にゲーム自体が長時間、コツコツとすることを考えてデザインされている（特に初期のMMORPGはそのようなゲームデザインが強く感じられます）ため、ある程度プレイには長時間が必要になりますが、気の合う仲間を見つけるとそんなコツコツは気にならなくなり、いつもの仲間と旅をする感覚で楽しめ、リアルでも友人になることもしばしばあります。一方で、「ギルド」内にも当然ながら人間関係がありますので、人間関係に疲れる人も時折出てき

ます。

③**不安が高くても大丈夫**　MMORPGを好むプレイヤーは社交不安が高いことなども知られています[45]。この背景には、MMORPGにおいてはテキストチャットを使用することも多いことなどが挙げられるでしょう。コミュニケーションにおいて声や表情といったものを必要としないところは、社交不安が高いプレイヤーにとって、コミュニケーションのしやすさにつながるかもしれませんね。

④**家でも学校でもない「居場所」**　不登校のお子さんなどにおいては、学校に行きづらく、いろいろと悩んでしまう時間をもて余して、つらくなってしまうことも多くあります。そんなときにゲーム内の仲間関係、特にいつも一緒に過ごしてくれる居心地のよい「ギルド」のような仲間関係は、家でも学校でもない「居場所」となり得ます。

オールデンバーグは家でも職場でもない居心地のよい場所のことをサードプレイスと呼んでいます[46]が、そのようなサードプレイスの機能を居心地のよい「ギルド」は有しているともいえます。

（7）スマホでプレイするゲームの面白さ

ゲームはゲーム機だけでプレイするものでなく、スマホなどの端末でもよくプレイされます。では、ゲーム機でのゲームとスマホでプレイするゲームに違いはあるのでしょうか？ここでは（据え置き型のゲーム機でプレイできるゲームと比較した）スマホでプレイできるゲームの面白さについて考えてみます。

①**隙間時間で遊べる**　現代の子どもは習い事や塾なども忙しく、かつての子どもほど時間があるわけではありません。もちろん、大人も朝から晩まで働いて自由になる時間はそれほどなく、お昼休みや行き帰りの電車の時間くらいかもしれません。スマホでプレイできるゲームの多くは、ハードゲーマーだけでなく、カジュアルゲーマーも含めてなるべく多くの人にゲームを遊んでもらうことができるように設計されています。通勤時間、休憩時間などの隙間時間で遊べるよう、短時間のログインでも楽しめるデザインになっています。いわゆるガチャがあるようなゲームでも、きっちり隙間時間で真面目に遊べる人はある程度お金をかけなくても強くなれるデザインになっているものが多いといわ

れています。しかし、それではゲーム会社の収益につながりませんので、無課金の人が攻略に行き詰まることもしばしばあります。行き詰まった結果多くのプレイヤーは違うゲームをプレイすることでしょう。一方で、これまでお金を費やしてきたプレイヤーはそのゲームに残ることも多いですので、必然的に課金者だらけになっていくこともあるように思います。

　②**ゲームプレイが上手でない人も遊べるようなゲームデザイン**　スマホでプレイすることができるゲームの多くは、スマホ特有のタップなどの感覚的な操作でキャラクターを操作できますので、特別なコマンドを覚える必要はありません。このため、コントローラー操作が苦手なプレイヤーも手軽に楽しめるものになっていることが多く、その間口はコアなゲームファンからライトなユーザーまで非常に幅広くなります。そういった意味ではかつてのソシャゲ同様、非常にフックが強いゲームといえるかもしれません。

　③**ガチャや期間限定イベントの存在**　そして、スマホでプレイできるゲームの多くは有料のガチャを回すことで強いキャラクターのカードを手に入れたり、装備を手に入れたりすることができ、ゲーム上有利になることがたくさんあります。そして、これは隙間時間でなかなかプレイできない（けど、強くなりたい）プレイヤー向けのシステムでもあります。また、期間限定で人気のアニメや他ゲームとコラボするなどにより希少感を刺激され、プレイヤーがガチャを回したくなるような仕掛けもあります。さらに、TwitterなどのSNSでゲーム仲間とつながっていると、友達がガチャの当たり報告を投稿していることもあります。このようなSNSとの連動もガチャ課金のきっかけになります。

　多くの場合、ガチャを回すためのアイテムやゲーム内通貨は毎日ゲームにログインすることで少しずつ無料で入手できます。無料だからと侮れないところは、これもガチャを回すきっかけの一つとなるところです。ガチャを回した結果余ったカードは合成の素材にして使用し、余った枠でまたガチャを回せるというシステムも多くのゲームに取り入れられています。

　スマホでプレイできるゲームの多くは、このようにして、隙間時間で遊べるゲームを毎日の習慣に落とし込み、気軽にガチャを回してもらうことで、無課金でも遊べるかと思いきや、あと一歩でゴールに手が届きそうなところで限界がきて有料のガチャなどを回してもらうことをねらって丁寧にデザインされた

ゲームといえます。気軽にガチャを回すことでフックされ、ログインボーナスでリテンションされ、頑張ってもクリアーできない時にガチャを回したプレイヤーがお目当てのキャラが引けなかった際には、出るまで引きたくなってしまうこともあるかもしれません。そう思うと、自己制御が苦手な子どものガチャ課金には注意を要します。

④**スマホの高機能化でFPSやTPSなどもプレイできる**　FPSやTPSなどのゲームは高度なグラフィック処理を必要とするため、昔はPCでしかできませんでしたが、スマホの高機能化に伴って、FPSやTPSなどのゲームもスマホでプレイできるようになってきており、「Call of Duty Mobile」や「荒野行動」「PUBG MOBILE」「Apex Legends Mobile」などを多くの子どもたちが楽しんでいます。

(8)「あつまれ　どうぶつの森」の面白さ

「あつまれ　どうぶつの森」は2020年3月20日に発売されたゲームです。ちょうど新型コロナウイルス感染症に伴う外出自粛を余儀なくされていた時期に大ヒットしたゲームです。

①**住民と「まったりとした生活」**　「あつまれ　どうぶつの森」をはじめとする「どうぶつの森」シリーズは、個性的なデザインとセリフなどの口調などで特徴づけられている住民と「まったり生活する」ことがウリになっているゲームです。まったくの個人的な意見ですが、自分好みの住民が来てくれた時のうれしさはひとしおですし、好みでないもののなんとなく追い出せない住民がいるもどかしさも面白さのスパイスになっているといえるかもしれません。

②**現実の時間とのつながり**　「どうぶつの森」シリーズは、基本的に（時間設定の操作をしなければ）現実の季節や時間帯を反映したゲームになっています。1日のちょっとした時間を住民とまったりとやりとりをしたり、釣りをしたり、昆虫採集をしたりして遊ぶことができます。季節も反映されますので、クリスマス、年越し、イースターなどのイベントもゲーム内で楽しむこともできますので、気の合う仲間とクリスマスやニューイヤーのパーティーをして写真に撮ったり、遠く離れた恋人同士が「今日流れ星見よう」とあつ森でデートしたりすることもできてしまいます。そういった意味では現実の時間とリンクしたイベン

トがゲーム内でも行われることで、人をつなぐ役割もしているゲームといえます。

③**上達が要求されない**　「どうぶつの森」シリーズでは、どんなプレイヤーも毎日少しずつ遊んで楽しくなれるよう、あまり上達的な要素は要求されていません。これにより、普段はゲームをしないようなプレイヤーも「あつまれ　どうぶつの森」を楽しむことができるようになっており、家族全員で楽しんでいる方もおられます。

④**手軽にクリエイティブな気分を味わえる**　「あつまれ　どうぶつの森」では、住民やプレイヤーが暮らす島そのもののデザインや、マイデザインという機能を通じてさまざまなもののデザインができ、手軽にクリエイティブな気分が味わえます。また、SNS上ではさまざまな人がマイデザインでデザインした衣装や道路（秋であれば落ち葉のタイルなども！）などを公開しており、見ているだけでも飽きませんし、実際に自分がそれらのデザインを使用させてもらうこともできます。それらを組み合わせて、自分だけのオリジナリティのある島を作り上げていくことも「あつまれ　どうぶつの森」の面白さの一つでしょう。

⑤**SNSでさらにつながる**　多くの「あつまれ　どうぶつの森」のプレイヤーは、自身がデザインした服を着たところをSNSに投稿したり、フレンドになった友人の島を訪れ、そこで季節のイベントを楽しんだり、一緒に写真をとってSNSに投稿したりします。その投稿を見たフォロワーなどから「いいね」が付き、新たな交流が生まれ、人と人とがつながっていきます。このような人と人とのコミュニケーションを促進し、つながりを生み出すSNS性が「あつまれ　どうぶつの森」においてはとても高くなっています。

「あつまれ　どうぶつの森」が発売された時期は、新型コロナウイルス感染症に伴って外出ができにくくなり、多くの人が人と人とのつながりを求めた時期です。「あつまれ　どうぶつの森」のもっているSNS性は、このような時代のニーズにものすごくマッチしていたといえるかもしれません。

4.5　お子さんはどんなゲームプレイヤー？ ——プレイスタイルを知る

これまでは、ゲームやジャンルの特性から、ゲームの面白さについて考えて

きました。けれども、子どもたちの中にはせっかちな子どももいれば、コツコ
ツ何かをすることが好きな子どももいますよね。当然ながら、プレイヤーがど
のようにゲームを楽しんでいるかは、同じゲームでもプレイヤーごとに異なる
場合もたくさんあります。

　ゲーム研究者であるリチャードバートルは、ゲームプレイヤーが何と関わる
のかという対象を横軸、どのように関わるのか（自分中心に関わるのか、それ
とも相互的に関わるのか）を縦軸に置いた4分類を提唱しています（図4-15）[47]。
順を追ってそれぞれのプレイヤータイプの特徴やゲーム内での口調などについ
てみてみようと思います。

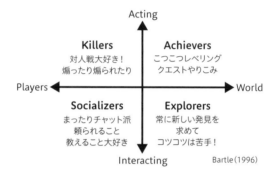

図4-15　リチャードバートルのプレイヤー分類[Bartle 1996][47]

　①コツコツタイプのアチーバー（Achievers）　アチーバータイプのプレイヤー
はゲーム世界を自分から探索していくタイプのプレイヤーです。ほかの人との
コミュニケーションなどの相互的なやりとりよりも、自ら主体的に装備やアイ
テムを収集することなどを好みます。コツコツとレベリングすることが好きな
プレイヤーや、やりこみ要素などのクエストをコツコツとこなすプレイヤーも
アチーバータイプといえます。また、シューティングゲームなどの攻略を一人
で黙々とこなすタイプのプレイヤーもアチーバータイプといえます。昔のシュー
ティングゲームなどは人との交流はほとんどなく、黙々とクリアーを目指すも
のでしたし、攻略の方法をノートにびっしりと書きこんでいたプレイヤーもい
たと思いますから、当時のゲームの多くはアチーバータイプの人向けに作られ
ていたといえるかもしれません。

アチーバータイプのプレイヤーはゲーム内でも黙々とプレイしています。特徴的なセリフというほどではありませんが、チャット内でも「あと一つでコンプリート」などと淡々とした事務的な報告が多くなりそうですね。

②世界を発見するエクスプローラー（Explores）　エクスプローラータイプのプレイヤーはゲームの世界の探索をほかのプレイヤーと交流しながら進めるタイプのプレイヤーです。このタイプのプレイヤーは新しい世界の体験や発見を好んでいますので、そのような情報をプレイヤー間で共有しながらゲームの世界を攻略していきます。一方、コツコツしたことや、地道な繰り返し作業は苦手な傾向にあります。ですので、会話の中では「なるほどそれが最短ルートですか、教えてくれてありがとう」「なんでこのアイテムここでドロップすると取れないのかわからないな。誰かわかる人います？」など新しい知識や事柄に対する情報交換が多くなるといわれています。

MMORPGなどでは、新しいダンジョンが配信されると、いちはやく、攻略を開始し、マップやアイテムなどの情報を共有してくれる頼りになる存在といえます。

③誰かに勝ちたいキラー（Killers）　キラータイプのプレイヤーはほかの人との競争や戦い、相手を技術的に打ち負かしたりすることを好む、人に勝ちたいと思うことが多いプレイヤータイプを指します。ですので、会話の中では、負けた時などに「くそ！」といった短い単語が多くなりがちだといわれています（そしてしばしばこれらのことばが家庭内でのケンカのひきがねになることもあります）。

リチャードバートルの分類は、MMORPGを念頭に置いており、古典的なMMORPGにおいては、本来しなくてもいいPK（Player Killing）を好んで行う少数派のプレイヤーたちもみられました。これらのプレイヤーがキラータイプのプレイヤーであり、ゲームの運営上トラブルに発展することもありますのでPKができない仕様のMMORPGもあります。

④誰かとつながるソーシャライザー（Socializers）　ソーシャライザーのプレイヤーはゲームの世界を冒険したり、探索することよりも、ほかのプレイヤーとの交流を好んでいます。ですので、ゲーム自体はそれほど強いとか、うまいとかいうことはなく、中級者であることも多くあります。また、ほとんどゲー

ムをせず、一日中チャットをしているタイプのプレイヤーもソーシャライザー
といえますので、チャットでは必然的に「何してた？」「昨日彼氏がね…」など
雑談が多くなりがちです。MMOなどでは、「こんちは」などと挨拶をすると、
すぐに返してくれる気さくなプレイヤーでもありますので、初心者のプレイヤー
や「ギルド」に慣れていないプレイヤーにとっては気さくに話しかけられる頼り
になる存在でもあります。

　「あつまれ　どうぶつの森」を例にとると、アチーバータイプの人はすべての
住民のくれる家具をコンプリートするなど、収集を頑張っているプレイヤーと
いえるかもしれませんね。エクスプローラータイプの人は、季節のイベントを
いち早くこなし、仲間と情報を共有するプレイヤーといえるでしょう。キラー
タイプの人は、他人の島を荒らして回ったり、ほかのプレイヤーを追いかけ回
したりするようなプレイヤーといえるかもしれませんね。ソーシャライザータ
イプの人は、住民やほかのプレイヤーと交流しながら、その様子を撮影し、SNS
などに投稿するプレイヤーといえるでしょう。このようなプレイスタイルが想
定されることから、「あつまれ　どうぶつの森」には、おそらくソーシャライ
ザータイプのプレイヤーが最も多いものと思われます。
　このようにゲームやジャンルによって、どのプレイヤータイプの人が多いか
は大きく異なるかもしれません。例えば、FPSやTPSのバトルロワイヤルには
キラータイプの人が多くなりそうですし、マインクラフトではどんどん自分で
探索するアチーバーの人や情報交換しながら新しいところを探索するエクスプ
ローラーの人も多くなりそうです。このように、プレイしているゲームジャン
ルやボイスチャットでの口癖などからも、子どもがどのようなプレイスタイル
なのかを想像することもできます。

4.6　子どもの好む余暇活動とプレイスタイル

　子どもがゲームやインターネットをやりすぎてしまうときには、「ゲーム以外
の活動を増やそう」という目標が掲げられがちです。けれども、「ほかの活動に
いろいろ誘ってみたけどあまりうまくいかない」ということもしばしば外来で

は耳にします。

例えば、いつも「くそ！」「あーやられた、次は勝つ」なんて叫びながら、「フォートナイト」をプレイしている子どもと休日に何かほかの活動をしようと思ったとしましょう。このお子さんに親御さんが「一緒に美術館に行こう」と誘ったとして、うまくいきそうでしょうか。おそらく難しいでしょうね。でも、勝ち負け勝負がきっちりつくような遊び、例えば、ちょっとしたご褒美をかけた「釣り勝負」や「サバイバルゲーム」などは、先ほどの美術館よりは成功率が高そうな気がしますよね。これは、お子さんのプレイスタイルから対人戦を好んでいること、勝ち負けに熱中しているプレイヤーであることが想像できるからです。「マインクラフト」を好むお子さんにおいても、「マインクラフト」で何をしているかを観察してみると、子どもの好む余暇活動が見えてくるかもしれません。サバイバル生活を好むお子さん、ひたすら仲間と共同で巨大な建築物を作るお子さんでは、好む活動が違いそうです。「あつまれ　どうぶつの森」などのゲームだと、おシャレなコーディネートを好むお子さんや、デザインを好むお子さんであれば、ショッピングや美術館などもいいかもしれませんね。

一方で、このような余暇活動は「その人自身が自由に裁量できて、自発的に参加でき、『自由』や『楽しみ』があり、この過程全体を通して本人の生活を豊かにすることにつながること」が不可欠であり、「日々の生活の隙間を埋めるものではなく社会参加や自己実現である」と定義されており[48]、人から押し付けられるようなものであってはならないでしょう。ですので、私たちは余暇活動を提案する際に、本人の好みなどを踏まえ、楽しむことができる活動を提案する必要があります。これまでにキャンプをはじめさまざまな余暇活動がこの領域で模索されていますが、どの活動が優れているといった話でなく、自分から好んでできそうな活動を私たちが考え、提案していく必要があるといえるでしょう。

ただし、どんな活動を提案するにしても大事なことが一つあります。それは、大人も楽しくその余暇活動に参加していることです。どんなに子どもが好む活動でも、一緒に参加している大人がつまらなさそうに参加していたらうまくくものもうまくいきません。

余暇活動の提案が不成功に終わる背景には、このような大人のつまらなさそ

うな態度があることもしばしばあります。一緒に行く大人が楽しそうにしていれば、特に年少であればあるほど、子どもも楽しいものです。つまり、余暇活動を一緒に行うためには、大人にある程度、その余暇活動を楽しめる余力があることが求められるというわけです。すごく疲れているのに、無理をして余暇活動をすることは、大人にとっても、子どもにとっても、余計に疲れてしまうかもしれないですので、注意が必要です。

4.7 ゲームでお金を稼ぐ世界の話

（1）僕はeスポーツプレイヤーになる！

　eスポーツとは「Electronic Sports」の略称で、簡単にいえばゲームを使って競技をするものです。日本ではファミコンの普及などからゲームは家庭内で行うものという感覚かもしれませんが、アメリカ、韓国、中国などではすでに産業として成立しています。

　実際に、世界における市場規模も年々大きくなってきており、2023年には日本円にして1700億円に届く市場規模になるだろうといわれています[49]。

　「Dota2」や「League of Legends」に代表されるMOBA、「カウンターストライク」などのFPS、ウイニングイレブンなどのスポーツゲーム（SPG）、格闘ゲームや「クラッシュ・オブ・クラン」などのRTSなどさまざまなジャンルでeスポーツの大会は開かれており、最近ではスマホでできる「シャドウバース」「モンスト」「PUBG MOBILE」などでもプロのeスポーツ選手によるリーグ戦や大きな賞金がかかった大会が開かれています。そして、それらの大会の様子はTwitchなどにより解説付きで配信をされており、多くの子どもたちがこのような配信を楽しんでいます。ほかの人がプレイしているゲームを見て何が面白いと思われる方もおられるかもしれませんが、eスポーツの大会の配信の面白さは、サッカー好きにとっての日本代表のサッカーの試合の中継と同じようなものです。そのルールや面白さがわかるからこそ、楽しめるのです。ちなみに、私の外来に来てくれる子どもたちがよく遊んでいる「フォートナイト」も全世界で行われた国際大会の賞金の総額が100億円を超えるといわれており[50]、大小含めてさまざまな大会が配信をされていますから、「フォートナイトでプロにな

る」と憧れをもつ子どもが出てくるのもよくわかる話です。

　実際に男子中学生のなりたい職業をみてみると、1位YouTuber、2位プロeスポーツプレイヤー、3位ゲームクリエーターとなっており、多くの中学生が自分にとって身近で好きなことを将来仕事にしたいと思っていることが示唆されます[51]。大小含めたさまざまなeスポーツの大会がさまざまなメディアで配信されるようになっていることや『東京トイボクシーズ』、『対ありでした。〜お嬢さまは格闘ゲームなんてしない〜』などの漫画（図4-16）にもeスポーツが取り上げられていることなどから、今後ますますその裾野が広がることが期待されます。

図4-16　『東京トイボクシーズ』(左)[52]　『対ありでした。〜お嬢さまは格闘ゲームなんてしない〜』(右)[53]　©うめ(小沢高広・妹尾朝子)／新潮社(左)　©江島絵理／KADOKAWA(右)

　ただ、プロeスポーツプレイヤーの道は求道でもあります。多くのゲームではゲーム展開を読む知力、一瞬も気が抜けない集中力、FPSや格闘ゲームなどであれば状況に応じて即座に対応する敏捷性や柔軟性、判断力などが問われます。当然ながら、生活リズムを整え、自分のメンタルバランスを保つことも必要になってきます。そして、多くのプロ選手は日々トレーニングし、その様子を撮影し、他者も交えて分析をし、明日のトレーニングに生かすという活動を行っています。これは私たちがイメージするプロアスリートの生活そのものでしょう。ですから、プロのeスポーツの選手は「ゲームばっかりして、遊んで

いる」わけではないのです。

　eスポーツでは大会の大きな賞金額が話題にのぼりますが、選手の収入としては大会で得られる賞金のほかにも、スポンサー企業などからの収入、チームに所属しているeスポーツプレイヤーであればチームからの収入、YouTubeなどの動画配信などによる収入、書籍の印税などによる収入、イベント、テレビなどの出演料が考えられます[54]。選手の中には華々しく大会で活躍をしている有名な選手もいれば、地道に実績を作るために、個人で活動を続ける選手もいます。そして、最近ではeスポーツを職業とするための専門学校も都会を中心にちらほらみられるようになってきています。

　このように今やeスポーツは子どもを取り巻く環境の中で、身近なものになってきており、子どもたちにとっての憧れの的であるのも無理もない話です。ですので、子どもが将来なりたいものを考える際に「eスポーツプレイヤーになりたい」と考えること、それ自体はなんらおかしなことではありません。私たち大人は大人の価値判断で「そんなの食べていけないよ」「それよりサッカーを続けたら？」などと言って、子どもの好きなものや子どものなりたいものの価値を決めつけていいわけではないでしょう。

　一方で、子どもが「eスポーツプレイヤーになりたい」と語る際には、現実に追い込まれて、そうでも言わないと自分を保てない場合があることにも臨床上は注意が必要です。例えば、学校に行けず部屋にこもりがちな高校生の子どもが親御さんから「そんなゲームばっかりして将来どうするの？」と問われ、怒鳴りながら「プロになるからいい！」と答えた場合を考えてみましょう。この場合、子どもは将来のことを問われ、追い込まれたからこそ、「プロになるからいい！」と言わざるを得なくなっています。このような場面においては、現実における「居場所」のなさに目を向けると同時に、家庭における親子のコミュニケーションが円滑になるような支援を模索した方がよいように思います。

　また、プロとしてではなく、部活やサークルとしてeスポーツに力を入れる高校や大学なども多くなってきました。中学校時代は不登校でほとんど学校に行かなかった子どもが、高校に入学し、eスポーツ部に入部し、そこでの活動や仲間との交流を通じて「居場所」を得るような事例を私たち児童精神科医はしばしば経験します。これらの「居場所」は青年にとっての大学のサッカーサーク

ルという「居場所」、高校の弓道部という「居場所」などと何ら変わりありません。そこでは、練習に励み、格闘ゲームであればコマンドを覚え、MOBAであれば状況をディスカッションし戦略を立て、時には仲間と雑談をし、試合になれば勝利を喜び、時に悔し涙を流すという私たちがよく知っている青年の姿があるだけなのです。

（2）ゲームクリエーターになる

　もう一つの「ゲームで稼ぐ」大きな道筋は、ゲームクリエーターなどのゲーム業界へと進む道筋です。私の外来に通っていた青年の中にもゲーム会社にプログラマーやグラフィッカーとして就職した青年がいますし、頑張ってゲームクリエーターになるために専門学校に通っている青年もいます。診察室で自分が関わった作品について熱心に教えてくれる青年や学校で取り組んでいるゲームの課題について、パソコンを持ち込んで熱心に解説してくれる青年もいます。

　彼らの多くは、「ゲームが好き」でそれを仕事にしたいと考えています。そのような彼らにとって、専門学校での勉強は大きな最初の壁になります。ゲームクリエーターやグラフィッカーやイラストレーターを養成する専門学校は、入学したら必ずそれらの職業に就ける学校ではありません。そこでは壁にぶつかってしまうことがたくさんあります。そして、その度にたくさんの試行錯誤が必要になります。私たちのような児童精神科医にはもちろん、ゲームのアイディアを一緒に考えるような力はありませんし、3DCGやイラストのアドバイスなどできません。私たちにできることは、ゲームであれば頑張り続けた記録としてのゲーム作品を見せてもらい、ゲームがうまく動作しないときには一緒に落胆し、頭を抱え、うまく動作した時には喜び合うことで、「好きなこと」を失わないように、そっと背中を支え続けていくことだけです。

4.8　ゲームにかかるお金の話

　かつてのゲームは買い切り型のゲームが主流であり、ソフトとゲーム機以上のお金はかかりませんでした。しかし、インターネットの発達やコンピューターの発達などに伴い、ゲーム会社が多くの時間と費用をかけて作ったゲームが違

法にダウンロードされるなどの問題も出てきました。そのような中で登場してきたのが、定額課金制のオンラインゲームです。

（1）オンラインゲームにかかるお金

MMORPGにおける定額課金制の始まりは1997年発売の「Ultima Online」であるといわれています。一方で定額課金は、遊ぶために最初からかなりの費用がかかります。費用のかかるオンラインゲームが多数登場してくると、有名なタイトルにプレイヤーが集まり、新規のゲームはなかなか収益を上げることは困難でした。このように、どんなに面白いゲームを開発しても、定額課金制ではもともとゲームにお金を使うユーザー層という限られたパイの奪い合いになってしまいました。また、ベータテストである無料期間に遊んで、有料になれば次のゲームで遊ぶというプレイヤーも多くいたそうです。そのような状況のもとで考え出されたのが、基本プレイは無料で、もともとはゲームにお金をかける層ではないプレイヤーをできるだけ多く集客し、プレイヤーが任意でアイテムを購入するアイテム課金制です。そして、2003年に登場した「メイプルストーリー」は基本プレイ無料という設計で大ヒットした作品の一つです。

基本プレイ無料、アイテム課金制というシステムにおいてユーザーが課金をするアイテムには大きく分けて以下の3種類があるといわれています[55]。

①時間を購入するアイテム　MMORPGなどの場合、ゲームをプレイした時間とキャラクターの成長が比例するため、時間をかけられる人がゲーム上有利になります。これを回避するため、「経験値が増加するアイテム」「ゲーム内のお金の入手量が増加するアイテム」「武器や兵士などを生産する時間を短縮するアイテム」などが用意されています。これらのアイテムを用いれば、プレイする時間を短縮し長時間プレイしたプレイヤーに追いつくことができます。「キャラクターに特定のスキルを付与する際の成功確率を10%上げるアイテム」も、成功までの回数を短縮できるアイテムとしてここに分類されるでしょう。

②テクニックを購入するアイテム　最近のFPSなどにおいてはキャラクターの強さよりも、プレイヤーのスキル（テクニック）が重要になります。けれども、スキルに劣る初心者などが勝る相手に勝ちたいと思うとき、そこにお金をかけ

たいモチベーションが生まれます。例えば「攻撃力が上がるアイテム」「移動速度が上がるアイテム」などがスキルを補い、購入したユーザーはこれで強い相手にも勝てるようになるかもしれないのです。

　③**プレミアム感を購入するアイテム**　限られたごく少数の人にしかもつことが許されないアイテムやキャラクターなどには多くの羨望が集まります。また、多くの人が集まるオンラインゲームでは、現実の世界と同様にキャラクターを着飾りたい、目立ちたい、おしゃれしたいというモチベーションが生まれやすくなります。なぜなら、その世界における見た目の評価は自分の見た目の評価そのものだからです。このような「見た目を変更するアイテム」は広い意味ではプレミアム感を得る性質のものといえるかもしれません。このようなプレミアム感（とテクニックと時間）を最大限に高めたアイテムがいわゆる「ガチャ」と呼ばれる課金方式です。

（2）オンラインゲームにかかるお金についてどう考えるか？

　もう少し踏み込んで、オンラインゲームと課金をもう少し掘り下げてみましょう。以下の例は実際に診察室で相談があったものです（ハマり度の★は筆者の主観的なものなので、参考程度にして読者の皆さんも考えてみてください）。

①**課金例１：「スプラトゥーン3」をせっかく買ったので友達とプレイしたいからNintendo Switch Onlineに加入したい**

　Nintendo Switch Onlineは、Switchで友達とオンラインプレイすることなどに利用される有料サービスです。Switchで遊ぶソフトの中には基本無料ダウンロードのものもあるため、そのような場合はこのサービスは必要でないこともありますが、スプラトゥーン3を友達と遊ぶ場合には加入していないとオンライン対戦に一緒に参加できません。このため、よく大人と子どもで話し合った上で加入することになります。（オフラインのみでスプラトゥーン3をプレイすると、その魅力や面白さは随分と下がってしまいます。ソフトがあればいいってものでもないゲームもあるのです。）（ハマり度：★）

②**課金例２：兵器を作るための工房を作るのに30分かかる。でも、150円ですぐにできあがるんだけど……たった150円だからいいでしょ？**

　時間を短縮するための課金の垣根は、一度飛び越えると大変戻りにくいもの

です。なぜなら、時間を短縮できることは、ゲーム上とても便利なことですので、最初は30分かかるところに課金していたものが、そのうち10分待つことにもじれったくなることがしばしばあります。特に、待てない体質の人や、忙しくて時間がない人がこのタイプの課金をしだすと、瞬く間に1万円を超える課金額になりますので要注意です。（ハマり度：★★★）

③課金例3：今度出たフォートナイトのスキンが欲しいんだけど課金していいかな？

「フォートナイト」のスキンは、プレミアム感を購入するアイテムであり、特にスピードが速くなる、弾に当たりにくくなる、防御力が強くなるといった性能差が出たり、ゲームバランスに介入したりするものではありません。（大きなスキンだとわずかに当たりやすくなるかもといった検証もなされていますが、それはまた別の話として）純粋に見た目を変えるためのアイテムです。ゲーム世界における見た目は、自分の見た目です。ですので、ゲーム世界でもおしゃれしたい、かっこよくありたいというのは非常によくわかる話です。現実でも人と出会うときにおしゃれをしたくなりますよね？かっこいいなって思うTシャツを見かけたら着てみたくなることもありますよね？そう思うと、フォートナイトのかっこいいスキンがほしいというのは「ねえ、今度出た松本大洋のコラボTシャツがめっちゃかっこいいんだけど、買っていいかな？」というのとよく似ています。お金をかけたいという背景にはそれぞれの子どもの気持ちがありますから、購入にあたってはどんな気持ちでそのアイテムがほしいのか大人と子どもでよく話し合いながら決めていきましょう。（ハマり度：★）

④課金例4：今、学校の友達とチーム組んでるから、みんなでスキンをそろえようとおもうんだけど、買っていいかな？

友達関係の発達については前述しましたが、同質性をもって、友達関係を確かめ合う時期はあるものです。このような時期には「自分と同じゲームをする子は友達」と思ったり、友達と同じようなコーデをしたくなるものです。子どもたちは同じものや行動をそろえることで仲間としての符牒を確認でき、自分の「居場所」を確かめられるかもしれません。ですので、チームでフォートナイトのスキンをそろえることは「今度文化祭でダンスやるんだ。みんなで衣装そろえるんだけど、買ってもいいかな？」という言葉とそれほど変わりません。こ

のようにお金をかけたいという背景にはそれぞれの子どもの気持ちがありますから、購入にあたってはどんな気持ちでそのアイテムがほしいのか大人と子どもでよく話し合いながら決めていきましょう。（ハマり度：★）

⑤課金例5：無料の石がめっちゃ貯まったからガチャ引いていいかな？

　ガチャを回すための課金アイテムがログインするたびに配布されるなどの仕掛けは、一度だけでもガチャを回してもらうための仕掛けであり、多くのライトユーザーをゲームから離脱させないための仕掛けでもあります。そして、そこでよいキャラクターなどが引けることで、無課金のプレイヤーをライトな課金プレイヤーに誘う仕掛けでもあります。このようなガチャは大人と話し合う前に引いてしまうことも多々ありますので、ゲームを始めるにあたってガチャへの関わり方はどうするかという点についても話し合っておいたほうがよいでしょう。（ハマり度：★★）

⑥課金例6：今度の限定キャラ、めっちゃ強いスキルついてるし、先生、出るまで回すしかないですよ！　10連だと確率上がるし、多分出ると思うんだよね。

　当たり前ですが、1％などの確率で出るキャラを1回数百円分のガチャで出るまで回したらお金がいくらあっても足りません。数万円、数十万円と簡単に大人の1か月分の給料を超えてしまうこともあるため注意が必要です。特に、10連ガチャなどは1回、1回引く面倒が少なく、確率も上がるというメリットが目に付くかもしれませんが、プレイヤーは10回のガチャを1回のように感じてしまうこともあるため、さらにお金をかけすぎてしまうリスクがありますので注意が必要になります。（ハマり度：★★★）

⑦課金例7：このキャラ1％の確率で出るから、100回まわしたら出るんじゃない？100％になるでしょ？先生！

　このような事例ですと、診察室でガチャ確率計算アプリを一緒に入力します（ご家庭でも一緒に入力することをお勧めします）。

　図4-17は、1％のキャラが100回引いたときに出る確率の画面の例です。このようなアプリを外来で一緒に入力しながら、「これは36.6％、つまり1/3以上の人は100回まわしても出ないんだよ」と、そこにかかるコストを実際に使ってしまう前に一緒に考えています。この画面のいう通り、ちょっと信用ならないですよね、確かに。課金ガチャは人によっては底なし沼になってしまう可能

性も高いため要注意だと思っています。ガチャの確率を考える時は100回回してはずれ続ける確率を考える（この場合、$0.99^{100} = 0.366$）方がわかりやすくブレーキになるかもしれませんね。またガチャなどお金のことについて「よい／わるい」という観点から対話をすることは、多くの家庭でけんかのひきがねになります。「よい／わるい」ということは一旦横に置いておいて、客観的な数字を見ていくことが大切だろうと思います。（ハマり度：★★★）

図4-17　ガチャ確率計算アプリの画面例[56]。1回1％の確率のガチャを100回まわしてお目当てのキャラクターが出る確率は63.4％しかない。キャラを引ける確率は100％からすべてはずれる確率を引いたもので、$(1-0.99^{100}) \times 100$（％）。0.99を100回かけるとおよそ0.366だ。なんとすべてはずれる確率は約36.6％もあり、3分の1より多い確率になる。

（3）「ガチャ」やルートボックスとギャンブル

　日本における「ガチャ」のようなシステムは海外のゲームにも存在します。海外ではアイテムやキャラクターなどの仮想アイテムがランダムに入った箱のことをルートボックスと呼んでいます。2020年の世界におけるルートボックスの売上高は150億ドルであり、2025年には200億ドルに拡大するともいわれています。イギリスでは11〜16歳の子どもの23％がルートボックスを購入しており、日本でも10代から50代の方の31.9％がガチャを購入しているという調査もあります[57]。ガチャを回しすぎた結果、お金を使い過ぎてしまうケースやそのために家族が対立する結果に至ってしまうケースもあることから、多く

の大人が心配をしているのは無理もないことだと思われます。ルートボックスに関しては、ギャンブルとの関連が示唆されており、ルートボックスへの関与がギャンブルへの認知や行動の指標と相関していることを示す報告[41]や「Heroes of the Storm」というMOBAに分類されるゲームからルートボックスを撤去したところ、ギャンブルを好む人の支出が少なくなったという報告もあります[58]。また、こうした調査は若者においても行われており、12〜16歳を対象とした調査では、ルートボックスの利用やルートボックスへの支出と問題のあるギャンブル（problem gambling）との間に有意な関連があるとする報告があります[42],[59]。この調査では、ルートボックス課金のモチベーションについても触れられており、「ゲーム上有利であること」（21.9％）、「特殊なアイテムやキャラクターをゲットすることやコレクション」（19.2％）、「興奮や喜びを得ること」（16.0％）となっています。ただし、「ゲームで実際にお金を得ること」は0.9％と非常に少なくなっているので、ギャンブルのように実際のお金を増やすことやお金を得ることが目的ではない点は注目すべき点です。

　このようなギャンブルとの関連などから、ルートボックスに関しては、オランダやベルギーなど法的な議論がなされている国もあります[57]。

事 例 紹 介

※事例については書面にて承諾を得ていますが匿名性に配慮し細部を変更しています。

　ミサトさんは幼少期より言葉の遅れや友人への関心の低さがみられました。保育所でも、ほかの子どもとほとんど遊ばず、アニメのビデオの1シーンを繰り返し再現するような一人遊びをしていたそうです。

　小学校進学後は通常学級に在籍していましたが、この頃の彼女は、落ち着いて授業を受けることが難しく、授業中に唐突に話し始めてしまうことも多かったといいます。プールの有無がわからない微妙な気温の時や、学校のざわざわした雰囲気にも不安が高まるようで、学校から泣いて飛び出したと思えば、ひょっこり帰ってきて、元気に自分の好きなアニメの話を、友達の返事も待たず話したりしていました。高学年になるにつれて、同級

生とうまくいかないことも多くなり、小学4年からは特別支援学級に在籍しました。

　中学入学後、クラスに女子が一人であったことから、彼女はなかなか話題に入れませんでした。それを取り戻そうと、張り切って部活なども参加しましたが、次第に疲れてきてしまい、あまり参加できなくなりました。一年生の合宿では、同級生の女子の話題がまったくわからず、疎外感を感じるようになりました。学校にあまり足が向かなくなり、家庭では、弟から「学校に行きなよ」「ずるい」と言われると、興奮しながら泣き、手首などへの自傷行為なども認めるようになりました。

　「弟が怖い」「家には居場所がない」と訴え、時折「学校の方がまし」と学校に行き、しばらくすると疲れてしまい、家にいるという生活を続けていました。

　本人の頑張りもあり、通信制高校に合格しましたが、卒業を前にして「死にたい」「つらい」と周囲に語ることも増え、心配した担任の先生に受診を勧められ、当院を受診しました。診断はASD＋ADHDでした。

　初診時、彼女は「家で弟に怒られてばかり」「私には学校にも家にも、どこにも居場所がない」「死にたい」と語りました。高校入学後、しばらくは「友達がほしい」と張り切って通い、当初は「めっちゃ楽しい」「みんな仲良くなった」と語りましたが、友人関係の維持が難しいようで、友達とSNS上でのやりとりの食い違いなどが起きていました。

　その頃から、彼女は嫌なことがあると衝動的に買い物をしたり、ゲーム内での「ガチャ」に課金したりすることが増えていきました。彼女のやっていたゲームはスマホでプレイできるMOBAというジャンルのゲームでした。彼女はSNSで知り合った友人と作ったチームに所属しており、夜は友人と大きな声で会話をしながらプレイしていました。両親から勉強が進んでいないことや夜中のゲームについて注意を受け、弟から日頃の生活を非難されると「居場所がない」と家で泣いて暴れることもしばしばありました。家庭の居心地の悪さからSNSにつらい気持ちを書き込むこともしばしばあり、診察で「家にいると死にたくなる。入院して休みたい」と語ることもしばしばありました。このような状況に家族もだんだん疲れて

きてしまい、家庭の中で彼女と雑談ができる人はいなくなっていました。

　私たちは、彼女には継続的に自身の相談ができる「居場所」が必要と考え、病院においても薬物治療や家族との調整を行う主治医である私、生活と通信制高校の勉強の相談にのるソーシャルワーカー、怒りのコントロールなどの心理治療を行うチームなど、彼女が相談しやすい関係を作っていくことに努めていきました。彼女も困ったことがあると病院のスタッフに電話をするようになっていました。

　ある日のことです。彼女はいつものように通話しながらゲームをしていましたが、「うるさい」「22時には寝なさい」と両親にスマホを取り上げられてしまいました。「両親は私の気持ちをわかってくれない」と思った彼女は、スマホを探し出すとともに、両親のクレジットカードから何回かに分けて20万円ほどの課金をしてしまいました。怒った両親が問い詰めると、彼女は「私じゃない」「知らないうちにやった」と語ったり、「ゲームを取られた腹いせにやった」などと言ったりして、両親と激しく対立しました。

　診察の中で、私は彼女に対し、

　『課金は表面的な問題かもしれないが、繰り返していることであなたと家族の中がどんどん悪くなっていることを先生は心配しているよ』

　『どんどん一人ぼっちになって、余計寂しくなっちゃうのも心配だよ』

　『今後も苦しくなると今回のようなことが起こると思うから、病院のスタッフみんなで一緒に考えたい』と伝え、彼女も「それはわかる」と答えたため、課金の問題も病院で一緒に考えていくこととしました。

　主治医やケースワーカーと話をしていくうち、

　①勉強が行き詰まったと感じたとき、

　②卒業後の進路でどのように働いたらいいのか悩んでいるとき、

　③卒業後どこで生活したらいいのか悩んでいるとき

　などに、泣いて暴れたり、自傷をしたり、回避的に課金をしたりしてしまう傾向があると彼女自身もわかってきました。両親とも面談を重ねるうちに、彼女に否定的な見方をしていた両親も、彼女自身が今後の生活先や就労先について現実的な悩みをもっていて、それをうまく言葉にして相談

できずに「居場所がない」と感じていたのだと少しずつ理解を示すように
なり、卒業後の進路や生活を一緒に話したいと思うようになってくれまし
た。

　大きな課金という問題があったにもかかわらず、ご両親がそう思ってく
れたことは私には大きな驚きであり、帰り際に
　『ご両親は本当に彼女のことを心配なさっているのですね』
　『そうやってもう一度対話してみようと思ってくださるご両親が心から
すごいと思います』と伝えると、
　「親ですからね」と笑顔で語られました。

　学習に関しては、「課題が行き詰まった時には、病院で一緒に勉強する
よ」と担当のケースワーカーが提案し、しばしば一人で病院に来院し、ケー
スワーカーと勉強をし、課題を提出することを繰り返しました。そのよう
な彼女のがんばりもあって、高校は無事に卒業できました。

　卒業後の進路や生活の場については、悩みを表出しやすいように、ケー
スワーカーや主治医と家族が同席する面談を設けるようにしました。彼女
は卒業後、グループホームで生活をし、就労移行支援施設で仕事に向けて
教育を受けたいと語り、両親もそれについて一緒に考え、了解してくれた
ため、ケースワーカーとともにいくつかのグループホームや就労移行支援
施設を見学し、彼女の生活の拠点作りをしていくことになりました。

　課金については、彼女の行っているゲームについて紹介してもらい、課
金でできる最高にうれしいことと最悪の出来事などについて考えて、課金
してよかったこと、課金して悪かったことなどを振り返ったり、家庭の協
力を得て家計について調べたりしました。彼女は課金のよいところとして
「少し心が楽になる」と答え、デメリットについては、「ガチャをかけても
結局いいカードが出なかった」と語りました。「ストレスがたまるとガチャ
を引いてしまう」「怒っているぞって気持ちを両親にぶつけるためにガチャ
を引いた」けど、「後で結局自分が大変」ということも語りました。これら
を受けて、主治医との診察の中でも、「ストレスが溜まった時こそ、ガチャ
ではなく、人に頼ろう」と確認し、一緒にストレスコーピング法などにつ

いて考えました。

　また、ゲームにかかるお金の構造をもとにして課金や「ガチャ」ででき
ること、「ガチャ」でお気に入りのアイテムが引ける確率について、「ガ
チャ」とギャンブルが似ていることを扱ったミニレクチャーを行い、改め
て課金で起こる最悪の出来事などについて考えました。

　その後、彼女は生活の場がグループホームに移ったこともあり、困った
ことがあれば事業所の職員や病院に電話をかけ、相談しながら生活を続け
ています。家族のもとにも定期的に帰ってきますが、課金に関するトラブ
ルや家での興奮などはその後少なくなっています。

　ミサトさんは周囲とうまくいかず、「居場所のなさ」や自身の未来をめぐる悩
みを適切に打ち明ける場所や人を見つけられないことから孤独を感じていたの
かもしれません。担当のケースワーカーが学習や生活の相談を、怒りのコント
ロールなどについては心理職と相談をという枠組みをわかりやすく作ったこと
は、彼女にとって自身の悩みの相談先の交通整理につながったのかもしれませ
ん。

　けれども、何よりもご両親が、何度も面談に通って、対立する子どもとの接
点を回復しようとしてくださり、彼女の悩みに気づくとともに、少しポジティ
ブな眼差しを向け、歩み寄ってくださったことが、次の「居場所」を見つける一
歩につながっていったのだろうと思います。

　今回の事例においては、表面的に「課金はダメ」「危ない」という教育をする
だけでは、決して事態が好転することはなかったものと思われます。また、
ADHDの薬物治療だけをしていても好転することはなかったでしょう。彼女の
自傷や「ガチャ」への課金という行動の背景にある「居場所のなさ」に目を向け
ていく必要があったように思われます。

4.9　ゲームの世界と子どもたちの「居場所」

　今世界中で多くの子どもがオンライン／オフライン問わずゲームで遊んでい

ます。その一方で、多くの大人が子どもの「ゲームのやり過ぎ」を心配していま
す。子どもをゲームから引き離そうと、あの手、この手を使ったり、きっちり
とした約束事を決めるけど、うまくいかなかったりということは、よく診察室
でも耳にするお話です。

　子どもとゲームをめぐる約束事を作ることはどうしてうまくいきにくいので
しょうか？約束事を作る前に大人である私たちが知っておいた方がよいと思わ
れることがいくつかありますので、そのあたりから話を進めていこうと思いま
す。

（1）そもそもゲームはやめるのが難しいように作られています

　これまでにみてきたように、ゲームは対象となるプレイヤーにとってのゲー
ムの難しさとプレイヤーのスキルとが丁寧に分析され、そのスキルに応じて適
度な難しさとなり、フロー状態に入るように、たくさんの知恵とお金をかけて
作られています。そもそも簡単にやめられるゲームというものは、ゲームとし
てあまり面白くないともいえますので、あまり商業的には成功しておらず、子
どもたちが欲しがることもあまりありません。大人はどうしても「子どもがゲーム
をやめることができる」スキルを高めに見積もりますが、現実にはそんなス
キルはなかなか発動しないのです。というよりも、発動したとしてもゲームと
いうキャラクターがそれを無効化するくらい強めのパラメーターをもっている
といえます。私たち大人はそもそもゲームはやめにくいものだからこそ、やめ
られたときの子どもの我慢を見逃さないようにしたいものです。低学年の子ど
もであれば、「頑張ってやめられたね」と伝えるだけでも、子どもはうれしいで
しょう。高学年や思春期の子どもであっても認め方の違いはあるものの、「君が
我慢したことちゃんと見ていたよ」という意味合いのメッセージを伝えること
は大切だと思われます。そうやって、少しずつ我慢を嫌いにしないように関わ
ることはゲームなどをめぐって親子が対立しないためにも大切なことのように
思います。

（2）一緒にプレイしている仲間に迷惑をかけられないからやめられない

　最近のゲームはネットの中の友達であれ、リアルの友達であれ他者とプレイ

することが多くなっています。そして、いつも一緒にいる仲間とプレイしている子どもほどなかなか途中では抜けられません。実際に他者との交流があるからこそ、やめにくいこともこれまでのいくつかの調査から明らかになっています[40],[60]。それは自分が抜けることでそこにいる仲間に「迷惑をかけるかも」と思ってしまうこともあるからです。大人からみれば「そんなこと大したことじゃない」と思うかもしれません。けれども、ネットの中であれ、ゲームの中であれ、そこには現実に人との関係があります。私たち大人も急に飲み会から抜けることや、草野球から抜けることが難しいように、子どもたち同士にも子どもたち同士の世界があります。そして、現実に「居場所」がなく、そこが「居場所」である子どもにとってみれば、その人間関係はとても大切なものであると同時に失うことがとても怖いものでもあります。

（3）何を求めてゲームをしているかは人それぞれ

子どもは何にドライブされてゲームをしているのかについても考えてみましょう。

- そのゲームがすごく好き！
- 自分の生活には欠かせない一部だと思っている
- 所属しているギルドの居心地がよいなど、自分にとって居心地のよさがあったり、意義があったりする
- ログインボーナスのため「毎日やらなくちゃ」と思っている
- 「ダンまちコラボ」のレアなキャラクターを引きたい、レアな★5装備を引きたい
- 今やめたら「ランカーから落ちてしまう」と思っている
- 友人や知人に勝ちたいと思っている
- そもそもモチベーションなんてない、ただ惰性でやっている

純粋にそのゲームが好きな子どもと、「ランカーから落ちてしまうかも」「そもそもモチベーションなんてない、ただ惰性でやっているだけ」と語る子どもとの間では、子ども自身が約束事を作りたいというモチベーションも、ゲームを制限できる度合いもだいぶ違いそうですよね。こうした点も踏まえながら約束事は作っていく必要があると思われます。むしろ、「ランカーから落ちてしま

うかも」というお子さんは、その不安がどのような気持ちからきているのかを大切に扱う必要があります。それは、「落ちたら、みんな僕のことなんて見てくれなくなる」という気持ちかもしれません。それらの気持ちにフォーカスをしていく必要があります。『もし君の友達がそういう風に言っていたら、君はなんて声をかけてあげる？』などとたずねると、多くの子どもは「僕はずっと友達だよ。そんなの関係ないよ」などと答えてくれます。それを受けて『きっと君の友達もそう思っているよ』と伝えることで安心してくれる子どももいます。「惰性でやっているだけ」と答える子どもには現実のコミュニティなどにおけるつまらなさがあるのかもしれませんし、自分にとって面白いものが見つかっていないだけかもしれません。そういった場合の対応は先ほどの不安がある場合と異なり、本人にとって面白いと思えることを一緒に考えるところから始まります。このように、その世界で子どもが何を求めており、何を得ているかは人によって異なります。だからこそ、これらの背景を考えていくことはとても大切なことのように思います。

（4）子どもがプレイしているゲームのいいところも考えてみる

　ゲームには子どもにとっていいところがたくさんあります。大人が「ゲームは悪いもの」と決めつけてしまうと子どもは約束事を作りたくなくなってしまいますし、ゲームしていることを隠したくなってしまうでしょう。ですので、大人がゲームのいいところについて考えてみるのもよいかもしれません。実際に診察室では、図4-18のように、子どもさんから大人に自分のプレイしているゲームのよいところをプレゼンしてもらうこともあります。子どもは雄弁に自身のプレイしているゲームについて語ります。もちろん、本当にゲームのいいところについて知ってもらえればそれはそれでうれしいのですが、この活動の主な目的は、親御さんに子どものいいところを思い出してもらうことにあります。家ではゲームをめぐって喧嘩がたえず、子どもの怒った顔ばかり見ていた親御さんが、雄弁にゲームの面白さを語るわが子の姿を見て「あぁ、こんなふうに楽しんでいるんだな」「うちの子どもはこんな顔で好きなもののことを語るんだ」と子どものポジティブな姿を思い出してくれるようになってくれればと思っています。

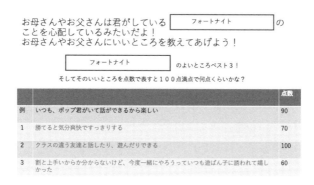

お母さんやお父さんは君がしている ［ フォートナイト ］ の
ことを心配しているみたいだよ！
お母さんやお父さんにいいところを教えてあげよう！

［ フォートナイト ］　のよいところベスト３！

そしてそのいいところを点数で表すと１００点満点で何点くらいかな？

		点数
例	いつも、ポップ君がいて話ができるから楽しい	90
1	勝てると気分爽快ですっきりする	70
2	クラスの違う友達と話したり、遊んだりできる	100
3	割と上手いからか分からないけど、今度一緒にやろうっていつも遊ばん子に誘われて嬉しかった	60

図4-18　ゲームのよいところをプレゼンしてみる

　また、大人にも同じように考えてもらいます（図4-19）。もちろん、なかなかすぐにゲームのいいところなんて、急にいわれても出てこないでしょう。それでもよいのです。ゲームについて考えてみようと大人が思ってくれたこと、それを子どもが知っていること、それ自体がとても大切なことなのです。子どもは苦労しながらも大人が考えてくれる姿を見て、「大人も自分がしているゲームのよいところを知ろうとしてくれている」と思ってくれます。それだけでも、その後に作るゲームをめぐる約束事は、感情に左右されたものでなく、より大人と子どもにとって有用なものとなり得ます。

できるだけ、小さなことで構いません
お子さんがプレイしている ［ マインクラフト ］
のよいところを三つ考えてみましょう

うちの子がしている ［ マインクラフト ］　のちょっとよいところ

そしてそのいいところを点数で表すと１００点満点で何点くらいですか？

		点数
例	作った画面をわざわざ写真に撮って見せに来たときうれしそうだった	60
1	普段は遊ばない子とも仲良さそうに建築をしていて楽しそう	60
2	立体の大きさや奥行きに興味を持つようになって絵が上手になった気がする	30
3	今週はここまで作るんだって計画のことを教えてくれる時の顔は生き生きして、楽しそうに見える	60

図4-19　ゲームのよいところを大人も考えてみる

とはいえ、実際にはゲームには子どもにとって面白さだけでないいいことが

たくさんあります。順番にみてみましょう。

①**ゲームがうまい子どもは子どもの世界の中でヒーロー**　ゲームがうまい、ゲームのことをよく知っているというのは、子どもの世界の中ではそれだけでヒーローです。小学生の年代であればなおさらでしょう。「今日一緒にスプラトゥーンやらない？」と隣のクラスの子どもからも誘われることもありますし、「マイクラでこんな装置作りたいんだけど、どうやって作ったらいいと思う？」と相談されることもあります。プロセカのような音ゲーがうまい子どもですと「プロセカやってるとこ見せて」と誘われることもあるでしょう。そう考えると、ゲームは子どもが子ども世界の中で「居場所」を得るのに役立っているかもしれませんよね。

②**ゲームの話題は共通言語**　ゲームの話題は小学生の共通言語でもあります。小学校の中学年くらいから、子どもたちは「同じ行動」をとる子どもを仲間として認める傾向があることはよく知られています。ですので、同じゲームをプレイする子どもやゲームの内容について話ができる子どもを自分の仲間として認めるのですが、一方で自分たちと同じゲームをプレイしていなかったり、その内容を知らなかったりする子どもを、あまり仲間に入れてくれないところもあります。「そんなのは冷たい」と言ってしまえば、それまでですが、これは現実に子どもたちの世界の中にあることなのです。今はYouTubeでゲーム実況を視聴できるため、ゲームそのものをプレイしたことがなくとも、話題に入ることはできます。そのような涙ぐましい努力を診察室で語る子どもたちも時折見かけますが、まったく子どものコミュニティで流行っているゲームを遠ざけたまま、そのゲームのことを知らないまま子ども世界を生き抜いていくのは大人が思っているよりもずっと難しいものだといえるでしょう。

③**試行錯誤しないとうまくならないゲームもたくさんある**　ゲームの中には試行錯誤しないとうまくなることができないゲームもたくさんあります。子どもたちはたくさんの失敗を通じて、ゲームを攻略していきますから、試行錯誤が人生の役に立つということを学ぶこともできるかもしれません。また「桃太郎電鉄」のようなゲームにおいては、運の要素も大きいため、たとえ負けている状況でも最後に逆転できるかもしれないという経験を積むこともできます。こ

のように負け状況に慣れ、試行錯誤することを学ぶことは、大人になってから
しんどい状況に出会った時に役立つかもしれません。

④**離れていても一緒に遊べる**　ここ数年は新型コロナウイルス感染症の影響
もあり、子ども同士で一緒に遊ぶことがリアルでは難しくなっています。当た
り前にあった放課後の公園や運動場で友達と一緒に遊ぶということも、ずいぶ
んしにくくなりました。けれども、ゲームの世界であれば、子どもたちは学校
で「19時から一緒にApexやろう」などと約束をして、オンラインで一緒にゲー
ムをすることもできます。たとえ、学校が休校になったとしてもSNSで連絡を
取り合いゲーム世界の中で一緒に遊ぶこともできます。このような時代だから
こそ、子どもが子どもの世界から切り離されないことにゲームは役に立ってい
るといえるでしょう。

⑤**不登校の子どもの「居場所」になり、子どもを救うこともある**　不登校の子
どもは、時に、家でも学校でも「居場所」を失いかけ、不安の海に溺れそうにな
ります。そんな時にオラインインゲームの世界の仲間との何気ないやりとりは、嫌
なことを忘れさせてくれ、救命浮き輪のように不安の海の中で溺れそうになる
ことから助けてくれることもあります。そして、その仲間関係が長く続けば、雑
談や身の上話なども増えていき、お互いがお互いを認め合うようになっていき
ます。このようにしてオンラインゲームの世界は子どもたちの「居場所」となり
ますし、ここで出会った友達が、現実でも一生の友達やパートナーになること
もあるのです。実際に困難な状況におけるゲームの役割についての調査をみて
みますと気晴らしやリラックスだけでなく、孤独感をなくしたり、自殺を思い
とどまらせてくれたり、ほかのプレイヤーに助けられ自分自身を成長させたり
といったポジティブな側面もあるといわれています[61]。

　もちろん、これら以外にもゲームのよいところは語り尽くせないほどたくさ
んあります。もし、この本を手に取ってくださっている方が、ゲームをめぐる
親子の関わりに悩む親御さんでしたら、子どもさんがプレイしているゲームの
よいところを探すために、可能なら子どもと一緒にゲームをプレイしてみてく
ださい。もちろん、子どもよりもそのゲームが上手である必要はまったくあり
ません。大人が本気でプレイしても、負けることがあるということは子どもが

大人になっていく上で結構大事なことなのです。子どもは大人が本気でゲームをプレイしてくれたことを喜び、自身の方が強いことを知り、やがて心理的な発達を遂げていくでしょう。

けれども、ゲームを一緒にやってみるという試みはハードルが高いことがしばしばあります。ゲーム画面を見ると画面酔いしてしまう方もおられると思いますし、日常の中でそれだけの時間をとるのが難しい方もおられると思います。もし、画面酔いをしてしまう場合や時間的な余裕がない場合には、YouTubeなどを見るだけでも、そのゲームのいいところを子どもから教えてもらうだけでもまったく構いません。自分の好きなもののことについて大人が真剣に耳を傾けてくれたという事実だけで十分なことはしばしばあります。ただし、こういった場合に大切なことが一つだけあります。それは、子どもに何かを教えてもらった場合、私たち大人にはそのことを子どもから教えてもらった責任が生じるということです。責任というと大袈裟に聞こえるかもしれませんが、せっかく話をしたのに、いい加減に聞かれてしまったり、その内容を次回話したときに忘れてしまったりしていると、子どもたちは大人と話したくなくなってしまうかもしれません。ですので、私たちは子どもたちの話に謙虚な姿勢で真剣に耳を傾ける必要があるといえます。

5. ゲームやオンラインゲームをやり過ぎてしまうとき

　子どもとゲームやオンラインゲームとの付き合い方を考える際に、最も大人が心配になることの一つは、「ゲームやオンラインゲームをやりすぎる」ということです。いわゆる「ゲームへの依存」が世間で話題になったこともあり、「子どもがゲームをやり過ぎてやめられない。うちの子どもは依存症ではないでしょうか？」と心配される親御さんもおられます。ここからはゲーム行動症のことを少し考えてみようと思います。

5.1 行動の「依存」と「嗜癖」

　読者の方の中には、インターネット依存、スマホ依存、ゲーム依存といった言葉を聞いたことがある方がおられるかもしれません。けれども、実は、これらはあまり適切な精神医学的な用語ではありません。依存（dependence）という言葉は、習慣（habit）、嗜癖（addiction）という用語を経てWHOで定義づけられてきた概念であり、脳内報酬系の異常という共通の生物学的な基盤が存在する疾患として理解されてきた歴史があります[1]。まずは依存について少し考えてみましょう。

（1）依存（dependence）とは

　特定の物質に対する依存には、身体依存と精神依存という二つの概念が含まれています。身体依存とは、長年その物質を使用してきたことによる体の変化（馴化といいます）の結果生じてくるものですから、その物質を使用している間は、大きな問題はありませんが、それらが身体からなくなっていく際に、さまざまな離脱症状を生じます。イメージしやすいのは、アルコールを長年飲んでいたアルコール依存の方が、入院などにより急にアルコールを飲めなくなることによって、手の震えや発汗などの自律神経症状を伴った振戦せん妄と呼ばれる精神症状が生じることなどでしょう。

　これに対して、精神依存とは、その物質の効果が切れてしまうと、その物質

を再度使用したいという渇望が生じてきて、その渇望をコントロールできず、その物質を探し求め（探索行動といいます）、その物質を再び使用してしまうことをいいます。また、これらとは別に多くの依存性物質では、その使用を繰り返すうちに体が慣れ、同じ効果を得るために摂取量を増やす必要がある「耐性」という状態を生じます。

（2）嗜癖（addiction）とは

　精神医学の世界では、その後、依存性物質ではない対象にも依存することがあるのではないかという考え方が出てきました。その過程でギャンブル、買い物、インターネット、万引きなどのさまざまな行動が依存の対象と考えられるようになり、その中で嗜癖（addiction）という言葉を用いられることが増えてきたようです。

　嗜癖とは、快楽を生み出し、内的不快感からの解放を提供するために機能する行動であり、（1）その行動をコントロールすることができず、（2）重大な否定的な結果にもかかわらず、その行動が継続されることを特徴とするプロセスとされています[2]。

　嗜癖という言葉には、物質依存と類似した性質をもつ行動の問題という意味が含まれています。ただし、行動の嗜癖を精神疾患として扱うべきかについてはいまだに議論が続いています[3]。どうしても問題の境界が不明瞭な行動の問題を実証的知見や科学的な根拠を確認する手続きを怠ったまま、安易に行動嗜癖としてしまうことには、この分野を「通俗精神医学：Pop Psychiatry」にしてしまうという警鐘も鳴らされています[4]。

　このような背景もあり、①物質使用障害と症候学的に類似性が明らかであること、②物質使用障害と同様に脳内報酬系が活性化されることを示す知見が比較的十分集積されていることなどから、アメリカ精神医学会の診断基準であるDiagnostic and Statistical Manual of Mental Disorders, Fifth Edition（DSM-5）には、ギャンブル障害（Gambling Disorder）が行動嗜癖として収載されることになりました[5],[6]。そして、このDSM-5の中に、正式な診断名ではありませんが、「今後の研究のための病態」としてインターネットゲーム障害（IGD：Internet Gaming Disorder）が、オンラインゲームをめぐる行動の嗜

癖として記載されることとなりました。その後、テキスト改訂版のDSM-5-TRが刊行されました。軽微な訳の違い以外に変更はなかったものの、診断名がインターネットゲーム行動症となったため、本書では原則こちらを使用します。

5.2 インターネットゲーム行動症（IGD）からゲーム行動症（GD）へ

（1）IGDってなんだろう？

IGDは、臨床的に意味のある機能障害や苦痛を引き起こす持続的かつ反復的な、しばしば他のプレイヤーとともにゲームをするためのインターネットの使用で、次に挙げる項目のうちの五つ（またはそれ以上）が、12か月の期間内のどこかで起こることとされます。

表5-1　DSM-5-TRにおけるインターネットゲーム行動症の診断基準

(1)	インターネットゲームへのとらわれ （過去のゲームに関する活動のことを考えるか、次のゲームを楽しみに待つ；インターネットゲームが日々の生活の中で主要な活動になる） 注：この障害は、ギャンブル行動症に含まれるインターネットギャンブルとは異なる。
(2)	インターネットゲームが取り去られた際の離脱症状 （これらの症状は、典型的には、いらいら、不安、または悲しさによって特徴づけられるが、薬理学的な離脱の生理学的徴候はない）
(3)	耐性、すなわちインターネットゲームに費やす時間が増大していくことの必要性
(4)	インターネットゲームに関わることを制御する試みの不成功があること
(5)	インターネットゲームの結果として生じる、インターネット以外の過去の趣味や娯楽への興味の喪失
(6)	心理社会的な問題を知っているにもかかわらず、過度にインターネットゲームの使用を続ける。
(7)	家族、治療者、または他者に対して、インターネットゲームの使用の程度について嘘をついたことがある。
(8)	否定的な気分（例、無力感、罪責感、不安）を避けるため、あるいは和らげるためにインターネットゲームを使用する。
(9)	インターネットゲームへの参加のために、大事な交友関係、仕事、教育や雇用の機会を危うくした、または失ったことがある。

注：この障害には、ギャンブルではないインターネットゲームのみが含まれる。ビジネスあるいは専門領域に関する必要性のある活動のためのインターネット使用は含まれないし、他の娯楽的あるいは社会的なインターネット使用を含めることを意図したものではない。同様に、性的なインターネットサイトは除外される。
[DSM-5-TR 精神疾患の診断・統計マニュアル][7]

DSM-5-TRによるインターネットゲーム行動症 (IGD) の診断基準は表5-1のとおりです。

IGDは、普段の活動の破綻の程度により、軽度、中等度、重度の3段階で重症度を評価しますので、軽度のIGDをもつ人は症状の数が少なく、生活上の破綻も少ないかもしれません。反対に重度のIGDをもつ人は、より多くの時間をゲームに費やすでしょうし、交友関係や、職歴もしくは学業面での機会も失いやすいといえます。

（2）IGD (Internet Gaming Disorder) からGD (Gaming Disorder) へ

このIGDの診断基準をみてみますと、比較的多くの方が「あ、自分も当てはまるかも」と思うかもしれませんね。そう思わせてしまうくらいには広く、青年期 (15 〜 19歳) における時点有病率は男性において8.4%、女性が4.5%と想定されています。

ただし、この診断基準に関しては、いくつかの問題点についても議論されています。IGDの中にはオンラインゲームが取り去られた状況やできない状況における不安やイライラといった離脱やだんだんゲームに費やす時間が増えていくといった耐性についての記載もあります。耐性については物質使用 (例えばアルコール使用) の増量に伴う神経生物学的な変化の説明に使用されることが多いのですが、ゲームにこれを適用することは難しいのではないかという議論があります[8]。実際に、多くの時間をゲームに費やすことについて考えてみると、MMORPGのようなゲームはそもそも長時間ときには何か月もかけて一つのクエストをこなしていくことになります。RTS (リアルタイムストラテジー) のような戦略シミュレーションゲームも将棋のように長時間かけて盤面を攻略していきます。そう考えるとゲームに多くの時間がかかるというのは、この場合、耐性によって生じるようなものではなく、そもそもゲームデザインによるものといえるでしょう。また、そもそもゲームの「時間の増大」を物質の「使用量の増加」と同じように扱ってよいのかという議論もあります。実際に、ゲームのプレイヤーは、ゲームの時間が欲しくてゲームをしているわけではありません。また、離脱症状についても、Kaptsisらのレビューでは、合計34件の研究を評価した結果、インターネットゲームの離脱症状に関するエビデンスは、不

十分であると投げかけています[9]。このようにオンラインゲームに特定の離脱症状が生じるかどうかについてはまだ研究途上であり、今後の知見の蓄積が待たれるところです。一方、このIGDの基準ができたことにより、それまでは尺度なども統一されていなかったネットやゲームの依存の領域に一定の基準が用意され、知見の蓄積が進むという点においては意義があるといえます。

　このような流れの中で、2019年5月にはゲーム行動症（GD：Gaming Disorder）がギャンブル症とともに嗜癖行動症群（Disorders due to addictive behaviours）として、ICD-11に収載されることとなりました。

　以下にゲーム行動症の診断基準を示します（表5-2）。

表5-2　ICD-11のゲーム障害／ゲーム症の診断基準

持続的または反復的なゲームの行動パターンであり、以下のすべての特徴を示す。	
(1)	ゲームのコントロールの困難（例えば、開始、頻度、時間、終了など）
(2)	ほかの生活上の興味や日常の活動よりも優先されるほど、ゲームを優先する
(3)	問題が起きていてもゲームを継続またはエスカレートさせる。この行動パターンは、個人、家族、社会的、教育的、職業的またはそのほかの重要な機能分野において著しい支障をもたらす程度に重症である。

ゲーム行動のパターンは、持続性または挿話的かつ反復性でもよい。通常ゲーム障害とほかの特徴は、診断を下すためには12か月以上にわたって明白である必要がある。しかし、すべての診断条件が満たされ、しかも重症である場合には、それより短くても診断可能である。

　表5-2に示すように、ICD-11のゲーム行動症は、インターネットゲーム障害の診断基準への議論も踏まえ、耐性や離脱などの記載は削られ、①制御困難、②優先度の問題、③問題使用かつ重症であること、④これらが12か月以上続いていることの4点を満たすこととされています。

　前述のDSM-5-TRにおけるインターネットゲーム行動症とICD-11におけるゲーム行動症の違いは、DSM-5-TRの基準が9項目のうち5項目を満たし、重症度は問わないのに対し、ICD-11においては、制御困難、優先度の問題、問題使用かつ重症であることという重症度に関する規定を置いたことにあります。つまり、学生世代であれば生活リズムが著しく乱れている、繰り返される遅刻、欠席、不登校、家族や教師、友人との著しい対立、孤立、ひきこもり、著しい

運動不足や食生活の乱れ、著しい暴言や暴力、過度の課金などがこれにあたります[10]が、この重症度の規定のため、ICD-11のゲーム行動症の基準を厳格に用いた方がIGDよりも有病率は低くなる可能性もあるという指摘もあります[10]。また、ICD-11においては正常との境界線が強調されており、「繰り返しまたは持続的にゲームを行うことだけを根拠として診断されるべきではない」といった記載があります。つまり、ただ単純にゲーム時間が長く、学校や仕事などの分野における機能障害を起こしていない場合にはゲーム行動症と診断される状態ではないということです。また、「特定の年齢層や社会集団（例：思春期の男性）において、ゲーム行動の割合が高く、期間が長いことが一般的であり、休日や娯楽のための組織的なゲーム活動の一部など特定の状況において、ほかの必要な特徴がない場合も、障害を示唆するものではない」といった記載もあります。そう考えると「スプラトゥーンのフェスがあるから土日は学校の友達とずっとスプラする」と言って、スプラトゥーンを夜通ししているような青年も、健康上のリスクのあるゲームの遊び方ではありますが、ゲーム行動症と診断される状態ではないといえるでしょう。このようにゲーム行動症の診断においては、その年齢層における文化や仲間集団の文化にも気を配る必要があります。また、鑑別として危険なゲーミングについても注意が必要となりますので、その診断基準の範囲はかなり狭い範囲となります。実際にDSM-5のインターネットゲーム障害とICD-11のゲーム行動症の診断基準の一致率を扱った研究では、ゲームに対する治療を求めたグループの61%がインターネットゲーム障害、36%がゲーム行動症の診断基準を満たしたとする報告[11]やインターネットゲーム障害の診断基準を満たすグループ（61名）に比べてインターネットゲーム障害とゲーム行動症の診断基準を満たすグループ（12名）は少ないとする報告[12]があります。

　これらの調査からは、診断を満たすほどではないハードゲーマーも受診をすることがあることが示唆されますし、厳密にICD-11の診断基準を扱った場合にはゲーム行動症の方がその有病率は少なくなるといえそうです。ちなみに、日本におけるICD-11の診断基準を用いた場合のゲーム行動症の有病率は約2.5%と推定されています[13]。また、特に家族との深刻な対立がある場合には、ゲーム行動症の診断を注意深く取り扱う必要があります。筆者の外来では、次のようなケースがありました。

事例紹介

　そらくんは、小学生の頃から当院にADHDの診断で通院していました。高校卒業後、就労とともに定期的なフォローアップが終了していたのですが、そんな彼が、親御さんに連れられて、久しぶりに診察室にやって来ました。そらくんは23歳になっていました。

　親御さんは「一年前にアルバイトを辞めてから、仕事もしないのに、ゲームばっかりして、ろくに話もしない。「仕事しないと将来生活もできないから、やるべきことをやれ」と言っても無視するばかりで、それでも言い続けると暴れる。そして、部屋から一切出てこない。風呂も入らないから臭いし。ご飯も食べずにあてつけのように通販で勝手に親の金を盗んで食品を買っているんです。本人はゲームをコントロールできるといいますけど、ゲームをやめられず、親の金を盗んで、ゲーム漬けの生活になっているんです。仕事もしないで、もうこんな生活が一年になります。」と言います。

　一方で、子どもは当初、口を開きませんでしたが、筆者が独り言のように、「久しぶりだね、今日は無理やり連れて来られたのかな」「そうだとしたらごめんね」「でも、あなたも大変そうでつらそうに見えるから心配なんだ…」と声をかけたり、押し黙った彼と沈黙を共有したりしていると、ぽつぽつと以下のようなことを語り始めました。

　「毎晩、親はゲームをやめて「やるべきことをやれ」って、口を開けばそればっかり。顔も見たくないから部屋にいるだけじゃん」「確かに、ご飯は買って食べていますよ。リビングのもの食べると、勝手に食べたって怒られるし…。俺の分なんてないですよ」「でも、仕事しないからってお金も止められているから、生きていくために盗むしかないじゃないですか。風呂だって、勝手に入れば文句ばっかり言われるだけだし、入れないですよ」「もともと仕事はしたいと思っていますよ。プログラミングだって独学でだいぶできるようになったから、それで仕事したいと思っても、「そんな

の無理だ」って話も聞かないのはあっちじゃん。部屋にいたってゲームくらいしかすることないですよ…」

　親御さんからの話だけをもとにすれば、①本人は否認しているものの、コントロールできず、②就労もせず、ひきこもったままゲームを続けており、③ゲームが最優先の生活になっていることが、④12か月以上続いており、ゲーム症と診断できる可能性もあるかもしれません。けれども本人の訴えを聞くと、お金もなく、ほとんど家族との会話もなく、孤立した生活を送っているようであり、することがゲームしかないという状況も理解できる話であり、その診断は保留すべきと判断しました。

　私たちは、彼のゲームに対するモチベーションやコントロールについて治療で扱うよりも、本人と親の両者が折り合い、対話できるところを一緒に探していくことの方が優先であると考えました。その後、両親、本人と何度も話し合いを重ね、両親の心配は、本人への心配からきていることは了解できることを伝えたうえで、

　①彼自身の生活のために適切なお金や住居環境などは大事であること

　②お金の制限などは、就労意欲などにもつながらず、チャレンジにもつながらないこと

　などを確認しました。また、担当のケースワーカーを決め、そらくんとケースワーカーとの定期的な面談の機会とメールや電話での随時の相談の機会を作りました。

　彼はケースワーカーとウマがあったようで、相談を重ね、自身がやりたい仕事での就労先を探していくというチャレンジを一緒に考えてみることになりました。自身が書いたプログラムやMODなどについて診察室で語る彼はとても雄弁でしたが、本人は履歴書を書いた経験もなく、「どう書いていいかもわからない」と話していました。履歴書に関しては、その後ケースワーカーと面接したり、電話やメールでやりとりしたりしながら、一緒に完成させ、プログラミングの技術を生かせる会社に面接にも行きました。面接では、自身の書いたコードを担当者にプレゼンする機会を得るなど、たくさんのチャレンジを重ねました。

　彼はそのようなチャレンジを自分から親御さんには話しませんでしたが、

診察の中で了承を得て、筆者から親御さんに彼が今頑張っていること、就労のために努力していることなどを伝えました。親御さんも「そんなことしているんですね」とびっくりされ、彼を見る目も徐々に変わっていき、親御さんと一緒に部屋を片付けたり、日常的な会話をしたりする機会も増えてきました。面接のための電車賃などに困った際や一年以上干しておらずカビてしまった布団を買い換えたいときなどには、自分から親御さんに相談もできるようになり、父と一緒に買い物に出かけました。そして、当然ながらお金を盗むようなことも暴れるようなこともなくなりました。

　結果的に面接に行った会社は不採用となりましたが、彼は心折れることなく親やケースワーカーと就職活動を一緒に行っています。「まずは仕事をすることに慣れたい」とゲーム関連以外の業種にも挑戦をし、一度は市役所での就労に至りました。その後、仕事を継続するとまではいかなかったのですが、家族関係はぐっとよくなり、祖父母の病院の送迎など家庭内での役割もこなすようになり、親御さんも「不思議なもので、こうやって動き出してくれたことで、家族の関係がよくなったら、親父（祖父）の病院も1日仕事で付き合ってくれるし、助かるんです」「一度引きこもったらもう動き出さないかと思っていたけど、そうでもないんですね」と笑顔で語りました。彼は今でも毎日ゲームはしています。けれども、家庭内の対立はなくなり、一緒に料理をすることもあるほどです。そして、彼は祖父母の手伝いや家族の手伝いをしながら、就労に向けた活動を継続しています。

　そらくんの事例の場合ですと、早急にゲーム行動症と診断し、彼のみを治療対象とした場合には、治療はうまくいかなかったかもしれません。むしろ、それは「顔も見たくないから部屋にいるだけ」と言うそらくんと「ゲーム漬けの生活」になっているから外に出られないという親御さんの対立をさらに生んでしまう可能性すらあったでしょう。当たり前のことですが、本人が就労のモチベーションを保ちつつ、日々の生活を営んでいくためには、適切なお金はどうしても必要になります。かといって、「彼のことを理解してください」と親御さんに

169

伝えるだけでは、親御さんも安心できるはずがありません。このようなケースでは親御さんも強硬にならざるを得ない背景があることが多く、そらくんの親御さんは、彼の将来への不安をいつも語っていました。私たちが親御さんに対してしてきたことは、そのような不安に共感しつつ、彼が私たちと一緒に行ったポジティブな努力をそっと親御さんに伝えただけです。これまではコミュニケーションが取れず知ることのなかった彼の努力を知ることで、親御さんは少しずつ彼とコミュニケーションが取れるようになっていきました。家庭がそらくんにとって居心地がよくなるとともに、親子の対立もなくなり、そこから就労に向けた活動や家庭での役割を担うことも多くなっています。確かに一旦就労した仕事は長くは続きませんでしたが、親御さんとの関係性がよくなっていることで、家庭の中で自分ができることを頑張るとともに、就職に向けた活動を継続するようになっています。

そらくんがしてきたようなポジティブな意味でのチャレンジは、本人が安心できる環境からしか生まれません。ネガティブな環境から生まれたチャレンジは、「最初からうまくいかないことはわかっていた」、「そうせざるを得なかった」と本人が語ることや、結果が思わしくない場合に子どものチャレンジへの気持ちが折れてしまうこともしばしばあります。そして、そのような言動は大人からみれば「努力が足りない」「言いわけばかり言っている」ようにも見え、さらなる子どもとの対立を招くことがあります。

ゲーム行動症の診断や治療を求めて医療機関を訪れる親子には、そらくんの家庭のように深刻な対立が背景にある場合もあります。その際には、ゲームに傾倒することを子どもの病理のみに帰結せず、診断基準をより慎重に扱う必要があり、今回のように診断は一旦棚に上げつつ、親子の対立そのものを解除していくことの方が優先度が高くなるものと筆者は考えています。

5.3 オンラインゲームに傾倒するモデル

人々がどのようにオンラインゲームなどの世界に傾倒していくかについては、これまでにもインターネットゲーム行動症の神経認知モデル[14]やI-PACEモデル[15]をはじめとしていくつかのモデルが提出されています。

（1）I-PACEモデルとは

Interaction of Person-Affect-Cognition-Execution モデル（I-PACEモデル）はインターネットゲーム行動症やインターネット依存、問題のあるソーシャルメディア使用など、特定の問題のあるインターネット使用の発症やその行動が続いていく土台となるプロセスを示した理論的枠組みです[15]。I-PACEモデルにインターネットゲーム行動症を当てはめて考えると、インターネットゲーム行動症は、①中核的な特性と呼ばれる素因（衝動性や自己評価の低さなどのパーソナリティ、抑うつや社交不安やADHDといった精神病理学的な特性、孤独感や社会に対する不信感などの社会認知）と②ゲームに対する認知的・情動的反応の変化（ゲームの刺激に対する気分や認知の変容、具体的には渇望や衝動、注意バイアスなど）やゲームに関連する認知的バイアスやコーピングのスタイル、③実行機能や抑制のコントロールの低下などからオンラインゲームの使用へと至り、それらの相互作用の結果としてオンラインゲームによる満足感や補償が得られ、自発的かつ衝動的にインターネットゲーム行動症が発症するものと考えられています[15]。

ただし、世界中のオンラインゲーマーの数と比較して、インターネットゲーム行動症の診断基準を満たす人は相当に少ないわけですから、誰もが長時間やり続ければインターネットゲーム行動症になるわけではありません。I-PACEモデルではインターネットゲーム行動症の発症に対して、ストレスに対する脆弱性やADHDの特性、抑うつや特定のパーソナリティの傾向などの素因も重要になってくるといわれていますから、オンラインゲームによるリスクのグラデーションにはかなりの濃淡があるものと思われます。

（2）ネガティブな感情を和らげるという動機づけ

また、インターネット利用に関しては別の視点から古くから二つのモデルが提唱されています。そのうちの一つが社会的補償仮説[16]で、もう一つがRich Get Richer仮説[17]です。

社会的補償仮説は、もともと対人コミュニケーションが苦手であったり、人目を気にしたりするなど、社会的リソースに恵まれていない人の方が、インター

ネット上ではより適切な社会相互交流ができ得るという仮説です。一方でRich Get Richer仮説は、もともと対人コミュニケーションが得意で、社会的リソースの多い人は、インターネットを利用して外向性などを発揮し、より適切な対人関係が作りやすいという仮説です。

　どちらもインターネットの一側面をいい表しているように思いますし、それぞれのモデルに馴染みやすいインターネットサービスがありそうです。例えば、LINEやFacebookはどちらかといえば、既存のつながりの維持やそこを起点にして友人などを増やしていくことによりつながりが強化されていくという特徴がありますので、Rich Get Richer仮説に馴染みやすいといえるかもしれません。一方で、日本においてはもともとのつながりがない人がFacebookなどで新たなつながりを作ることはちょっと難しいかもしれません。そういった意味では、LINEやFacebookは社会的補償仮説には馴染みにくいサービスともいえます。他方、Twitterなどを考えてみると、新たに趣味を通してつながりや居場所を作ることもできるなど、社会補償仮説にも馴染みやすいものになっているかもしれませんね。

　Kardefelt-Wintherは、周りからみれば「問題」に見えるインターネットの利用などの行動も本人なりのコーピング手段かもしれないという代償的なインターネット利用というモデルを提唱しています[18]。つまり、満たされていない実生活やそこから生じる心理社会的ストレス因に対するコーピング手段としてインターネットの利用行動はとらえられるというのです。

　つまり、問題のある生活状況やその満たされなさ、そこからもたらされる憂鬱な気分や閉塞感などの自分にとってネガティブな感情を和らげるために、ユーザーはインターネットを利用します。このような対処行動が成功すれば、「友達ができた」「居場所ができた」「明るくなった」などの本人にとってポジティブなよい結果につながることもあります。一方で、もともとの生活状況やそこからもたらされる心理社会的ストレスが強かった場合には、それをポジティブなものとしていくために必要とする代償の量や強さは必然的に多くなりますのでネガティブな結果のリスクも高くなるといったものです[18]。

　例えば、現実生活において孤立しており、友人も少ない場合には、個人はオンラインゲームやSNSなどを通じて、オンラインで人と交流しようとします。

オンラインゲームやSNSなどで「居場所」が見つかるような場合には、オンラインゲームやSNSはその人にとってポジティブな意味をもつことになるでしょう。反対に、現実世界で孤立していた人が、そこからくる孤独感を和らげようとしてSNSのコミュニティの中に参加した場合に、それまでの経験から人と接することが苦手になっており、うまく人間関係がもてない場合は、より孤独感を強めてしまうかもしれません。この場合SNSという場所はその人にとって、ネガティブな意味をもつといえます。

　現実の学校という「居場所」をなくしかけ、学校に行きづらくなると子どもたちはしばしば頭痛や腹痛などの身体症状を訴えます[19]。これらの背景には学校や友人関係をめぐる葛藤などの心理社会的要因があるのですが、学校を休み、家で過ごしているうちに、お昼ごろになると腹痛や頭痛などの身体症状はおさまっていくこともあります。しかし、何もしていなければ、休んでしまった学校のことばかり考えたり、休んでしまって家族に迷惑をかけてしまったことに自責感を感じたりと苦しくなってしまいますよね。そのような時、ゲームやゲームの中のコミュニティは、一旦学校のことばかり考えて押し潰されてしまいそうになるのを、救命浮き輪のように助けてくれることがあります。

　この救命浮き輪が「居場所」となるか、学校との関係を断ってしまう作用となるかは、本人自身の価値観やそれに対しての周囲の大人の評価が関係すると思われます。大人がそのような状態に理解を示し、寛容な視線を向けることで、この救命浮き輪は大きくなり家庭とつながり、家庭もまた「居場所」となっていくかもしれません。

5.4 インターネット依存（Internet Addiction）ってなんだろう？

　これまではゲームを中心とした嗜癖について概観してきましたが、少し広く視野をとりインターネットへの依存ということについても考えてみましょう。インターネット依存（Internet Addiction）については、扱う範囲も幅広く、本当にそのような病態があるのかについては議論がありますし、これまでに提唱されてきた用語もさまざまです。例えば、インターネット依存のほかにも、強迫的インターネット使用（CIU：compulsive internet use）（注：CIUはインター

ネットに嗜癖的になるのではなく、特定のコンテンツやサービスに嗜癖的になる結果、インターネットを強迫的に利用するという考えに基づきます。）、問題のあるインターネット使用（PIU：problematic internet use）などさまざまな用語があり、実際に文献でもさまざまな用語が使われています。本書は学術書ではないため、以降特段の断りがなければ、読み進めやすいようにCIUやPIUに関してもインターネット依存として訳出してありますので、ご了承ください。

　インターネット依存の心理測定法に関しては、多くの研究で、ヤングのインターネット依存度テスト（IAT：Internet Addiction Test）などが用いられています[20]。IATは20項目からなる自己記入式質問紙であり、制御困難、日常生活や人間関係、代替的な娯楽活動の軽視、行動的・認知的な顕著性、否定的な結果、逃避・気分転換、欺瞞などの項目が含まれています。そして、それぞれ「まったくない（1点）」から「いつもある（5点）」を選択することにより合計20〜100点までの間に配点され、得点が高いほど依存傾向が高いとされています。Youngの原版では総得点により三つのタイプに分けており、70点以上をaddicted、40〜69点をpossibly–addicted、39点以下は平均的なインターネット使用者と考えnon–addictedとされています。そのほかにも、さまざま尺度（例えば、強迫的インターネット利用尺度（CIUS[21]）やChinese Internet Addiction Scale[22]が使用されていますが、インターネット依存症を高い感度と特異度で測定するためのゴールドスタンダードは存在せず、さまざまな理由から同じ測定法でも研究により異なるカットオフポイントが使用されているのが現状です[23]。このように、インターネット依存というものに関しては、一つの病態としてまとめあげられ得る病態があるのかという問題やそれを測定する基準の統一性の問題などもあり、仮にそのような病態があったとしてもその全体像を把握することはとても難しいといえます。

　そのような制約はありながらも、どのくらいの子どもがインターネット依存の状態にあるのかを把握しようと日本でも調査が行われています。例えば、愛媛県における中学生853名の調査では、addicted（嗜癖的）とされたものが2.0%（男子2.1%、女子1.9%）、possibly-addicted（嗜癖の疑いあり）とされたものが21.7%（男子19.8%、女子23.6%）となっており、スマートフォンを自由に扱えることとの関連が指摘されています[24]。また、YDQ（Young's Diagnostic

Questionnaire）という質問紙を用いた大規模な10万人以上の調査では、インターネット依存の推定有病率は、男性が6.2%、女性が9.8%、全体で7.9%であり、性別、学校の成績、インターネット利用時間と相関関係があったとされています。そして、男性ではオンラインゲーム、女性ではSNSなどがインターネット依存のリスクとして挙げられています[25]。

　日本に限らず、世界的にみても若者のインターネット依存の有病率はばらつきが大きくなっています。例えば、ノルウェーにおける12〜18歳の調査ではインターネット依存は1.98%と報告されています[26]。また、Haらの韓国における調査では、青年の20.3%、子どもの13.8%がIATのスコアで80点以上をカットオフとしてインターネット依存と報告されています[27]が、同様のカットオフ値でLamらが中国で行った調査では0.6%となっており[28]、その有病率のばらつきは非常に大きいといえます。IATスコア50点以上をカットオフとしたCao[29]やWang[30]らの中国における調査では、それぞれ8.1%、12.2%がインターネット依存と報告されています。このようにインターネット依存に関しては、そのとらえる範囲も幅広く、各研究者のいうインターネット依存についての統一性が乏しく、有病率の報告に関しても大きくばらつきがあるというのが現状だと思われます。

5.5 インターネット依存やインターネットゲーム行動症と関連する問題

　これまでの研究では、インターネット依存と関連する心理社会的要因については、低い自己評価や孤独感[31]や幸福度の低さ[32]などが知られています。また、家族の要素として、家族間の対立などとの関連も示唆されているようです[33]。インターネットに没頭するあまり家族関係が悪くなってしまうのか、それとも家族の中での関係がうまくいかいからインターネット利用が進むのかについては議論があるところだと思われますし、これらは相互に影響しあっているものかもしれません。

　一方でインターネット利用は幸福度にポジティブな影響を与えるという報告もあることから[34]、ゲームやSNSでの人付き合いにより孤独感が軽減されることももちろんあるでしょう[35]。第4章でも取り上げましたが、アンケート調査

から困難な人生の場面におけるゲームの役割として、休息や落ち着くなどの気持ちの整理だけではなく、つながりを作り孤独感がなくなることや自殺を思いとどまらせてくれるライフラインとしての機能が挙げられています。不登校など現実世界でうまくいかないつらさや孤独感などから、SNSやオンラインゲームのコミュニティを求める動機や代償的にそこでの達成感や幸福感を求める気持ちが生じることはよく理解できます。このような子どもにとってオンラインゲームの世界が自分を救うライフラインとして機能し、そこでのコミュニケーションがだんだんとゲームにとって有用かつ事務的なもの（「あ、右来てる」、「OK」など）から日常的な雑談（「今日のご飯なにかな？」「今日何してた？」など）へと変化するにつれて、子どもたちにとっての「居場所」となり、子どもたちの幸せにつながっていくこともあります。

（1）インターネット依存やインターネットゲーム行動症と関連の深い病態はある？

　インターネット依存の併存症としてはうつ病、ADHD、社交不安などがよく知られています。また、インターネットゲーム行動症においても、不安、うつ病、ADHDなどが併存症として挙げられています[36)]。また、インターネットゲーム障害におけるアルコール依存の有病率は13.3%、ADHDの有病率は21,7%、うつ病の有病率は26.3%、不安の有病率は23.3%であり、一般の有病率よりも高かったともいわれています[37)]。このうち、うつ症状や不安に関しては、インターネットゲーム行動症がよくなると軽快することも知られており[38)]、双方向に影響しあっている可能性も指摘されています[39)]。

　ADHDに関しては、インターネット依存の人はADHDと診断される可能性が2.51倍高いとするもの[40)]や、ADHDがインターネット依存やインターネットゲーム行動症の重症度と関連していたとする報告もあります[41)]。ADHDにおいては、その病態基盤として、段取りを整えるような実行機能の障害に加え、報酬系の回路の障害（遅れてくるご褒美が待てないなど）があることはよく知られています[42)]。インターネットが提供してくれるサービスは、次から次へと新しい刺激を私たちに与えてくれます。そして、私たちはそれらに簡単にそしてアクティブに自分からアクセスできます。「やらなきゃいけない」宿題よりも

YouTubeなどのおすすめ動画の表示の方がADHDの子どもにとって魅力的であることはいうまでもありませんし、「やらなきゃいけない」と思えば思うほど後回しにしてしまうこともしばしばあります。また、リスクファクターについての調査からは、男性であること[43]や注意、不安、気分、衝動性などの心理的な要因が最も強いリスク因子であることから、ADHDやうつ病などがインターネットゲーム行動症の発症と強く関連する要因であるともいわれています[44]。

　そういったいくつかの調査から考えられることは、（オンライン）ゲームなどにおいては「誰もが（オンライン）ゲームをしていれば、依存になる」といった素朴なモデルでは決してなく、そのリスクの濃淡の差は大きいということです。また、このような中核的な素因とゲームからの刺激に対する認知的・情動的反応の変化などの相互作用によりゲームに傾倒するというのであれば、このような結果であるゲームへの行動をコントロールすることよりも、中核的な素因に支援のフォーカスは当たるべきだろうと思われます。したがって、私たちのような立場の者は、インターネットやオンラインゲームに傾倒する子どもを診療する際に、背景にある不登校、ひきこもり、抑うつや不安、孤独感などに軸足を置きながら支援をする道筋と背景にあるADHDなどの発達特性などを念頭におきながら支援をする道筋の、少なくとも二つの方向を意識して診療に当たらねばならないように思います。

（2）ハマりやすいゲームジャンルはある？

　ゲームの中にはさまざまなジャンルのゲームがあります。これまでにみてきたようにゲームには本質的なゲーム性の土台の上にそれぞれのジャンルの面白さがありますから、ハマりやすいジャンルのゲームがあっても不思議はありません。ここからは、そんなゲームジャンルとインターネット依存やインターネットゲーム行動症との関連についても触れておきましょう。これまでにインターネット依存やインターネットゲーム行動症、もしくは問題のあるゲーム行動（PGB）との関連があると報告されているゲームジャンルは、RPG（特にMMORPG）、FPSやTPSなどのシューティングゲーム、MOBA、マインクラフトを含む広い意味でのシミュレーションゲームなどです（マインクラフトについては独立してサンドボックスのジャンルで扱われることもあります）。

　例えば、韓国における中学生1,532名を対象としたロールプレイングゲーム（RPG）、シューティング、多人数参加型オンラインバトルアリーナ（MOBA）、シミュレーション、アーケード、スポーツ、アクションゲームとIGDの関連を調査した研究では、RPG（OR: 1.52，95% CI: 1.03〜2.26）、シミュレーション（OR: 1.59，95% CI: 1.03〜2.45）、MOBA（OR: 1.51，95% CI: 1.03〜2.21）の3ジャンルにおいてIGDのリスクとの関連が認められたと報告されています[45]（注：この調査におけるRPGは「メイプルストーリー」などのタイトルを含むことからMMORPGを想定しています。また、この調査ではシミュレーションにマインクラフトが含まれています）。また、イタリアにおける133名を対象としたオンライン調査においても、IGDの可能性が高いプレイヤーはMMORPGやMOBAを好むことが報告されています[46]。また、オンラインゲームをRTS、MMORPG、スポーツ、FPSの四つのジャンルで比較した調査では、RPGのスコアが最も高かったとする調査[47]やMMORPGやFPSのプレイヤーの方がIGDの診断基準を満たす傾向にあったとする調査があります[48]。これらの結果からは、MMORPGやFPS、MOBAなどの特定のジャンルのゲームとインターネットゲーム行動症との間には何らかの関連がありそうだということがわかります。私たちが行った、自閉スペクトラム症やADHDの子どもを対象とした調査では、ADHDにおいて、FPSやTPS、サンドボックス（マインクラフトなど）をプレイしている群のインターネット依存度が高くなっています[49]。この調査から私たちはADHDの特性と特定のジャンルの組み合わせにハマりやすさがあるかもしれないと考えています。例えばADHDの子どもは計画を立てて自分で終えることが苦手ですが、そのような特徴とマインクラフトへの傾倒が結び付くかもしれません。また、ADHDの子どもは衝動性が高く、他者との勝負事に気持ちが煽られやすい子どもも多く、そんな背景もあってFPSやTPSなどを好むかもしれません。

　また、同じジャンルをオンラインとオフラインで比較した場合、オンラインの方がより長時間プレイになりやすく、IGDとの関連が強いとされていますが、その背景にはオンラインゲームのもたらす社会相互作用や他者との競争や交流がもたらす自己コントロールの欠如などが想定されます[50],[51]。オンラインゲームにおけるコミュニケーションに関しては、自閉スペクトラム症やADHDの子

どもにおいてもコミュニケーションをとりながらゲームをするプレイヤーは、そうでないプレイヤーよりインターネット依存度が高くなります[49]。よくよく考えてみれば、ゲームにせよサッカーにせよ一人で黙々とやっていたらどこかで飽きてしまいますよね。そこに誰かがいて、「ナイス！」って言ってくれたり、勝利を喜びあったり、雑談をしたりできるからこそ、そこから離れがたくなるのはよくわかる話です。

（3）インターネットの利用時間が長いこととは関連する？

　いくつかの調査では、インターネット利用の頻度や長さとインターネット依存が関連するとされています。例えば、ノルウェーの青年の研究では、インターネットの利用頻度が高い群とそうでない群を比較すると、インターネット利用頻度の高い群の方がインターネット依存の傾向が高いことが明らかになっています[26]。一方で、最近ではほとんどの大人が朝起きたらすぐにスマホでメールやニュースをチェックするかと思いますし、会社でのメールチェックなどのために1日の多くの時間をネットに接続して過ごしている方も多いものと思われますので「ネットの利用時間が長いこと＝依存」という単純な図式ではないのかもしれません。これはゲームやYouTubeの場合も同様でしょう。ゲームやYouTubeのほかに自分で手軽にできる趣味がない子どもが、休日に一日中ゲームをするか、YouTubeを見て過ごしているからといって、ゲームに嗜癖的になっているとはいえません。

　また、確かにこれまでの調査などからはゲームの時間の長さとゲームのコントロール障害や心理的な問題と関連があるとされていますが、ゲームの時間が長いことがコントロールの障害の原因ではなく、心理的なフラストレーションを抱えていることがゲーム時間を長くし、コントロールの障害につながることもわかってきています[52]。これらを考え合わせると、子どもがゲームのコントロールを失った時に私たちのような立場のものが考えるべきは背景にある子どもの心理的なフラストレーションであるといえるでしょう。

（4）家族のモニタリングなどとの関連はある？

　そして、これが重要なのですが、インターネット利用に関する親のコミュニ

ケーションが少ないこと[53]や、インターネット利用に関するルールが決められ
ていないこと[54]などについても、インターネット依存度との関連が明らかに
なっています。ただし、過度に厳格な約束事やルールはかえって強迫的になっ
てしまうなど、悪いサイクルにはまってしまいがちです。また、ゲームに関し
ては、親子関係のつながりやあたたかい家庭環境が問題のあるゲーム使用の保
護因子になること[55]や、親によるモニタリングが有効に機能するためには父子
関係が良好であることが重要であるとされています[56]。父子関係の重要性から
はさまざまなことが想像されます。そもそも家族機能がなんらかの形で損なわ
れており、父親が子育てに参加していない状況では父子のコミュニケーション
は当然ながらありません。対して、父子関係が良好であるような家庭では、父
親も子育てに参加できていることが想像されますから、親によるモニタリング
が有効に機能するためには、やはり家庭のあたたかさが大事なのだろうと思わ
れます。つまり、子どもたちがネットやゲームにハマり過ぎないために、そし
て親によるモニタリングが有効に機能するためには、親子関係が崩れておらず、
親との間でインターネットやゲームに関する話ができたり、約束事作りができ
たりする環境それ自体がとても大切だということができます。

　そのためにも、そもそも私たち大人は子どもと一緒に約束事作りができる関
係を作っていなければなりません。約束事は、約束事作りができる関係性の上
に成り立っています。だからこそ、私たち大人は子どもの好きな世界について
肯定的な眼差しをもちつつ、興味をもって近づいていく必要があるといえそう
です。また、親子で作った約束事はしばしば果たされないこともあります。け
れども、そのような関係性があれば、果たされなかった約束について、親子で
話し合い、作り直すことが容易になります。そうやってネットやゲームの世界
の旅の途中で道に迷った時には、親子でもう一度地図を広げて、話し合い、適
切な道を探していく必要があるのです。大人と子どもが仲違いをしていると適
切な道は見つからず、子どもは勝手に自分一人で大人の目の届かないところに
行ってしまうかもしれません。だからこそ、親子で地図を広げて話し合える関
係性を作っていくことこそが大切なのです。

5.6 本当に私たちはインターネットゲーム行動症やゲーム行動症を精神障害として扱ってよいのだろうか？

　ここまでインターネット依存やインターネットゲーム行動症などに関連するエビデンスを概観してきましたが、保留にしてきた問題が一つ残されています。それは、インターネットゲーム行動症（やゲーム行動症）を本当に精神障害（や精神疾患）として扱ってよいものだろうかという、そもそもの問題です。

　この問題に関して、Pravin Dullur と Vladan Starcevic は、インターネットゲーム行動症やゲーム行動症などは精神障害として扱われるべきではないというスタンスで論点を整理しています[57]。大まかにその論点を挙げると、①そもそも精神障害という概念に当てはまるようなものではなく、機能障害は過度なゲームの使用の結果であるかもしれないという懸念、②通常のオンラインゲームを過度に病的であるとしてしまい、過度な治療に向かわせるのではないかという懸念、③オンラインゲームというそもそもたくさんのジャンルがあり、ハマる対象やプレイするモチベーションがプレイヤーによりさまざまであるものに対して、行動嗜癖という概念を当てはめることはできないのではないかという懸念などですが、これに対しては King らによる反論も提出されています[58]。ICD-11においては、2022年に鑑別診断として、双極性障害と並んで危険なゲーム行動（Hazardous gaming）を挙げており、過剰診断には注意を促しているといえます。

　確かに、児童精神科の外来には、診断基準だけに照らし合わせればゲーム行動症と診断できる子どもたちはいますし、一日中 SNS や配信などを見て過ごし、外に出られない青年もいます。しかし、オンラインゲームやインターネットにハマるとはいっても、その対象や動機は本当にさまざまです。SNS にハマる女性の背景に、現実世界での不安や寂しさや悲しさ、うまくいかなさがあることや、オンラインゲームにハマる子どもや大人の背景に、不登校やひきこもりが認められることはしばしばみられます。衝動性の問題からガチャやゲームプレイがやめられない子どももいます。そう考えると、私たちが「ゲームやネットにハマる」と考えている行動は、それらの結果に過ぎないのかもしれません。そ

のような場合には、ゲームやネットそのものをコントロールすることよりも、寂しさや悲しさ、学校や家庭での「居場所」のなさ、ADHDなど衝動性をもたらす背景など、それぞれの背景に支援の軸足を置いていく必要があるのではないかと思います。そして、なによりも寂しさや「居場所」のなさから不登校やひきこもりに至る子どもや青年の状態は個人の病理（つまりその人の疾病）によるものではありません。むしろ、周囲との関係性などを含む社会的な状態像といえるでしょう。ですので、私たちのような立場の者はこのような子どもたちが病院を訪れた時にゲーム行動症として個人の病理に帰結してしまうことを避け、家族やコミュニティなども巻き込んだ支援を行っていく必要があると私は考えています。

6. インターネットやゲームに関する適切な心理教育のために

　インターネットやゲームと適切に付き合っていくためには、適切な心理教育が必要であることはいうまでもありません。多くの心理教育においては、「ゲームは目に悪い」「ゲームは体に悪い」「SNSで犯罪に巻き込まれる」「インターネットやゲームをしすぎると勉強が疎かになる」などといった、そのデメリットについて強調することで本人を遠ざけようとする狙いがあるように思われます。けれども、それでは子どもたちがSNSやゲームを利用し始めたときに適切に利用するための教育にはなりません。「車の運転は危ない」という教育だけをしても、もちろん車の運転はできるようにはならないのと同様です。インターネットでできることは多岐に渡りますので、これまで、SNSや動画投稿・配信サイト、実況や配信、小説投稿サイトのそれぞれの章において、それらを適切に利用するために大人が気を付けておきたいことや大人ができることについて触れてきました。ここではゲームに関連する適切な心理教育について少し考えていきたいと思います。

6.1　インターネットやゲームに関してよくある質問

（1）ゲームをすると視力が悪くなるっていわれるのは本当？

　近視については、多くの要因がその発症に関与すると考えられていますが、特にゲームやインターネットと関連するのは、近くをみる作業（近業）と屋外での活動が少なくなることと言われています。Huangらのレビュー（いくつかの文献を集めた調査）では、近距離作業に費やす時間が長いほど、近視のリスクは高くなると報告されています。これだけをみると、やはりゲームで目が悪くなるのでは？と思われてしまいますが、この調査では、近視のある子どもは読書時間が長い傾向にある一方でゲームの使用などに費やす時間と近視との関連は認めなかったとされています[1]。中国における大規模な調査においては読み書きの距離が33cm未満と近いこと、睡眠時間の短さや学習時間の長さとの関連

が指摘されています[2]。また、その他にも長時間連続の読書、テレビの距離（3m以下）や書き物をするときの頭の傾きの角度など[3]も関連があるとされています。また、予防的なことに目を向ければ、屋外で過ごす時間が長いほど近視のリスクが下がることも報告されています[4]。

　VRヘッドセットに関しては、近視との関連がありそうに思えますが、青年や若年成人の調査では近視との関連は今のところ確認されていないようです[5]。ただし、PlayStation® VRにおいては、「対象年齢は12歳以上です。12歳未満のお子様にはVRヘッドセットを使用させないでください」との記載がホームページ下部にありますのでご留意ください[6]。

　以上から、ゲームやインターネットなどスクリーン活動やその利用時間に関してはっきりとした近視との関連は認められません。しかし、近くを見る作業と近視との関連はあるので、ゲーム、ネット、読書、勉強などにかかわらず、近くを見る作業をする際には、できるだけ対象との距離をとることや、連続ではなく時々目を休める時間をとること、外での活動も取り入れることなどは重要であるといえそうです。

（2）ゲームを長時間続けることは身体に悪い？

　ゲームやオンラインゲームにおいては長時間座った姿勢を維持することになります。そうなると、運動不足による影響は当然考えられるのですが、それと同時に座った姿勢の維持による健康上の影響は心配になるところです。成人のデータですが、長時間座っていることと肥満や心血管系の障害での死亡リスクとの間に関連があること、また、運動がそのような死亡のリスクを下げることが示唆されています[7]。

　一方で、運動があまり好きではないお子さんですと、この適度な運動というものがなかなか難しいことも、診察室ではよく話題にのぼります。最近では、運動が苦手な人も運動しやすいような工夫が随所に施されている「リングフィットアドベンチャー」や「フィットボクシング」シリーズなど運動そのものをゲームにしたゲームなども出ていますし、「Ingress」や「Pokémon GO」などの位置情報ゲームでは自分が歩くことを必要としますので、よい運動の機会になりそうです。「Pokémon GO」などは親子や友達との間でコミュニケーションを

楽しみながら手軽に運動できますし、地域の「Pokémon GO」のコミュニティに参加すれば、誰かと一緒に楽しく運動することもできます。苦手な運動はちょっと楽しみなことがないと続きにくいものですから、親子や友だちと始めてみられるのもよいかもしれませんね。

（3）ゲームをすると寝るのが遅くなる？

　インターネットやゲームに夢中になると睡眠が損なわれやすいことはみなさんにも想像しやすいことと思います。調査などでも、インターネットに嗜癖的になると、睡眠障害を経験しやすく、睡眠時間も減少することが示唆されています[8]。

　日本においては、1歳6か月児・2歳児・3歳児・4歳児・5〜6歳児のすべてにおいて22時以降に就寝する割合が増加していることや子どもの生活リズムは年々夜型傾向が進んでおり、遅寝遅起きの傾向があることが知られています[9]。この背景には親の生活スタイルの影響や子どもの塾通いをはじめとする習い事の忙しさなどさまざまな要因が考えられます。また、寝る直前までスマホを見ていたり、ゲームをしていたりする子どもも多いのですが、寝る直前まで画面を見ていることにより、メラトニンという物質の分泌が抑制され、体内時計の概日リズムは遅れやすくなることも示唆されています[10]。このような事実から、さまざまな本やメディアなどで推奨されている通り、寝る直前のスマホやゲームは控えた方がよいかもしれません。

　ちなみに、米国睡眠財団によって推奨されている必要な子どもの睡眠時間は、3歳〜5歳：10〜13時間、小学生：9〜11時間、中高生：8〜10時間とされています。日本人の子どもの多くは夜型生活の影響もあり、これほどの睡眠時間を確保することは難しいかもしれませんが、睡眠が心身の発達にとって重要であることはいうまでもありません[11]から、適度な睡眠の大切さについては親子で話し合えることが大切だと思われます。一方でこのような話が出ると、子どもには「早起き」が求められやすくなります。ヒトはだいたい20歳頃に夜型化のピークが訪れることが知られています。つまり、発達とともに、思春期が近づくにつれて、ヒトは「早寝早起き」が難しくなり、年をとるにつれてまた「早寝早起き」になっていく生き物なのです。ですので、「朝起きられない」は子

どものやる気によるものではありませんし、大人が「朝起きられる」のは私たちが年をとったからにすぎません。この点についても頭に置きながら子どもと睡眠の話をしていく必要があるでしょう。

（4）ゲームをするから暴力的になる？

　ゲームと攻撃性については、古くから議論されている話題の一つです。2018年のメタアナリシスと呼ばれる複数の研究結果を統合する手法を用いた研究では、暴力的なゲームと攻撃性については関連があるものとしています[12]。一方で、いくつかの研究では暴力的なゲームと攻撃性との関連はないものとしています。例えば、若者の交際相手の暴力を縦断的に初回、1年後、3年後に検討した研究では、暴力的なゲームへの暴露は攻撃性などと関連していなかったとされています[13]。また、イギリスの14歳、15歳の子どもを対象とした調査でも暴力的なゲームへの関与と攻撃的な行動との間に関連は見られなかったとしています[14]。さらに、暴力的なビデオゲームである「グランド・セフト・オートV」をプレイしたグループと、暴力的でないビデオゲーム「ザ・シムズ3」をプレイしたグループ、まったくゲームをしないグループの3グループに分け、2か月間毎日プレイしてもらい、暴力的なゲームをプレイしたグループと暴力的でないゲームをプレイしたグループ、対照のグループを比較したところ、攻撃性や共感性、対人関係の能力などには変化はなく、長期的な変化も認められなかったともされています[15]。別の10代の若者（12〜18歳）を対象とした実験的研究においても暴力的なゲーム（トゥームレイダー）と非暴力的なゲーム（FIFA）のいずれかを無作為にプレイしてもらい、その前後のストレスや敵意を検討し、敵意への影響は見られなかったといいます[16]。以上から考えると暴力的なゲームと言われるものは短期的にはその没入体験から興奮をもたらすかもしれませんが、それらはそれほど長続きするものとは言えなさそうです。

　日常に引き寄せて考えてみれば、「スプラトゥーン」や「Apex Legends」をプレイしている子どもが、夢中になるあまり興奮して大きな声を出したり、試合に負けてしまって叫んだり、地団駄を踏んだりする光景はしばしば見かけます。だからといって、その子どもも数十分後には、YouTubeを見て笑っていたり、家族と他愛もない雑談をしていたりします。また、そのような子どもが翌

日に学校で誰かを攻撃したり、いじめたりしているかといえばそうでもありません。むしろ、楽しそうに友達とおしゃべりしたり、遊んだりしていますよね。もし、ゲームのせいで攻撃的な行動が引き起こされるのであれば、日本中の学校は暴力にあふれかえってしまいます。こうしてみてみると、ゲームで攻撃的になってしまうのは、ゲームをうまくプレイできなかったり、思うような結果が得られず、悔しい気持ちが湧き上がってきたりした結果であって、長続きするものではありません。また、「ゲームをしたせいで口が悪くなった」という言葉も聞きますが、言葉は文化ですから、友人同士の会話や憧れのYouTuberなどからの影響は当然ながら受けます。

　ただし、暴言やむしゃくしゃして八つ当たりをする態度や地団駄を踏む態度は見ていて好ましいものではないのも事実です。「お父さんはその言葉を聞くと嫌な気分になるよ」「お母さんは楽しそうにゲームをしているのを見る方が好きだよ」など、暴言などに対しては親御さんの素直な気持ちを伝えることは大切でしょう。そして、その際に大事なことは「大人が、感情的に怒鳴ったり、暴力をふるったりしない」ということです。子どもの暴言については即座に注意したくなりますが、一度目を閉じて呼吸を落ちつけてから声をかけるようにして下さい。この時、自分の怒りを吐き出すように、ふーっと細く長く息を吐くことがポイントです。

　落ちついたら、子どもの名前を近くで呼んでみましょう。「近くで」というのがポイントです。遠くからでは、大きな声になりつられて怒ってしまうこともあります。名前を呼んでふり返ってくれたら、「おっ気付いてくれたね、ありがとう」などと声をかけてみるのもよいと思います。そのあとで、おちついた声で「お父さん（お母さん）はその言葉を聞くと嫌な気分になるよ」と冷静に伝えたいところです。もちろん、この一連の流れはとても難しいので、できなくても自分を責めないようにしてください。そのような対応をしようとした気持ちだけでも十分なのです。最初から成功を目指しすぎないで下さい。子どもとよいコミュニケーションをとろうとする姿勢だけでも十分なのです。

　負けてしまったときに子どもが怒ってしまうということへの対応についても考えてみましょう。特に「スプラトゥーン」や「Apex Legends」などの対人戦の要素があるゲームに関しては負けることに対して「悔しい」という気持ちが高

まり、癇癪を起こしてしまう子どもは多いです。そのようなお子さんの場合ですと、「冷静に続けていたほうが意外と逆転することもある」ということを学んでもらえた方がよい結果につながるかもしれません。子どもはゲームで勝ちたいわけですから勝つためには冷静なことが大切であることを学ぶことが必要になります。YouTubeなどの配信を見ながら、大会の上位のプレイヤーが冷静にプレイしていることなどを確認してもよいでしょう。

　このように「冷静になりたい」という子どものモチベーションには働きかけていく必要があります。その上で、「負けた時のリザルト（結果）の画面を見続けていると、イライラしちゃうよね」といったことや「イライラしながらやっていると結構負けが込んじゃうよね」「冷静な時の方が勝てているよね」といったことを確認し、負けた時のリザルト画面を見続けないコーピング（対処）方法を一緒に考えます。これは一瞬でも目を離してくれたり、場所を移動してくれたりすれば十分なことも多いので、例えば、「ドリンクを近くでない場所に置いておいて、一息ついてから始める」といったコーピングを一緒に考えるのです。「まーいっか」などの呪文を子どもと唱える練習することもあります。年齢にもよりますが、家庭の中でも負けた時の癇癪を子どもがおさめようとした場面やこのような「まーいっか」などと子どもがつぶやいた場面を見つけ、「今頑張って我慢したね」と伝えることもよいかもしれません。「我慢」は本来イヤなものかもしれませんが誰かにちょっとした我慢を見つけてもらえるのは誰にとってもうれしいものです。

　また、ゲームの中には「負けた状況を続けていても、意外と勝てる」ということを学ぶことができるゲームもあります。例えば、比較的運の要素も強い「桃太郎電鉄」はどれだけボンビーがくっついても、負けがチャラになるイベントが発生することがありますし、100億円の借金を背負っても大逆転することがしばしばあります。このような経験を通じて、「負けている状況でもなんとかなるかもしれない」と思えるようになることは、子どもにとって大切なことかもしれませんね。

（5）ゲームをすると学力は低くなる？

　「ゲームをすると学力が低下するのでは？」という心配も親御さんからはよく

聞かれます。有名になった香川県の条例の根拠にも、平成30年度『香川県学習状況調査』[17] が用いられ、その中ではスマホの利用時間が長い人の方が学習成績が低かったと報告されています。久里浜医療センターの調査においても、「学業成績の低下や仕事のパフォーマンスの低下」があったと答えた割合は、ゲーム時間が長くなるにしたがって多くなる傾向がみられています[18]。1日は24時間と決まっていますから、ゲームの時間が長くなることと成績の関連はある程度理解できる話ですが、そのようになっていない研究結果もいくつかみられます。例えば、15～69歳を対象とした過去を思い出して回答してもらうという調査では、（1時間を超えると進学率は下がるが）1時間未満ゲームをプレイしていた群の方が進学率が高く、これはゲームをプレイする時間を管理するという、自己管理能力によるものだと推測されています[19]。EU6か国で行われた調査では、知的能力が高い方がゲームの使用が多いとする調査もあります[20]し、最近では、1日に3時間以上ゲームをする子どもは、ゲームをまったくしない子どもと比較して、衝動制御や作業記憶などの認知機能が向上することが示唆されるといった報告もあります[21]。

　そして、ゲームではなくインターネットの利用に関する調査ですが、インターネットを適度に利用することは、利用しない場合や利用頻度が高い場合に比べて、よりポジティブな学業の志向と関連していたことも報告されています[22]。もう一つ興味深い調査を挙げておきましょう。この調査では平日のインターネット、週末のインターネット、平日のゲーム、週末のゲームそれぞれの利用時間と学習成績が検討されています。平日に勉強目的でなくインターネット利用する人（1日4時間以上）は読解力や計算力が低くなりやすい一方で、週末にインターネットを利用する人は（1日2～4時間以上）は学業成績が高くなりやすいといいます。ゲームについては、平日に1～2時間ゲームをしている群や週末に2時間以上ゲームをプレイしている群で読解力が高くなっています。また、依存的な傾向があると学業成績の低下と関連があることも明らかになっています[23]。この調査からはいろいろな想像がなされますが、平日に1～2時間ゲームをする時間を作れるということは、そもそも自己管理能力が高そうな気がします。そういった意味では子どもと実行可能な約束事を作る際には、子どもの自己管理能力がどの程度であるかということを検討することも大切そうです。

　以上を考え合わせると、ゲームやインターネットを適度に利用することと良好な学習成績を結びつける報告もある一方で、利用時間と学習成績の低下の関連を示す報告もありますので、学習成績とゲームやインターネットの利用に関しては議論の途上であり、ゲームをすると成績が悪くなるとは一概にはいえないかもしれませんね。

　しかし、臨床的にはゲームやインターネットを利用する約束事を作る上で、この成績についてはあまり関連づけて話題にしない方がよいようにも思います。成績が下がることや高校受験で志望校に合格できないといった遠い未来のことを気にして勉強のモチベーションを上げられる子どもは、もともと自分がある程度賢いことを知っていたり、自分が頑張ればそれを達成できることを知っていたりするお子さんです。けれども、実際には多くの子どもはそうではなく、宿題や勉強＝好きなゲームをさせてくれないものというように考えてしまいがちです。また、ゲームやインターネットを禁止にしても、子どもが勉強をするとは限りません。子どもが自分から勉強をしてくれるようになるためには、ゲームを禁止することよりも勉強を好きになってくれることの方が大切になってきます。そのためには、学習の課題の質やレベルが子どものスキルと合致しているかなどを検討することの方が、成績低下を懸念し、煽ることよりも大切になるのです。したがって、「子どもが自分から勉強をすること」と「ゲームを遠ざけること」はまったく別の事柄だということは大人として気にしておいたほうがよい事柄かもしれません。さらに、ゲームやインターネットをめぐる約束事と成績を結び付けると、大人との約束事は「守らなくてはいけない」圧力となり、子どもは大人と約束事を作ることが嫌いになってしまうかもしれません。

　このように、ゲームと学習を関連づけて約束事を作るのは、家庭内においてあまりよい効果をもたらさないように思いますし、時に深刻な対立を招くことすらあるため、注意が必要です。

（6）ゲームは人生の役に立つ？

　多くの大人があまり役に立たないと思っているゲームには有用な面があることも少しだけ書いておきましょう。例えば、社交性に関していえば、幼稚園児の調査で、ゲームをしている子どもの方がしていない子どもに比べて社交的で

あるとする報告[24]があります。また、ゲームの使用と友達関係の問題が少ないこととの関連を示唆する研究[20]などもあるようです。さらに、カジュアルビデオゲーム（短時間行うミニゲーム）がうつ病の治療やストレス、不安の軽減に有用である可能性も示唆されています[25]。また、「Plants vs Zombies　Battle for Neighborville」と「あつまれ　どうぶつの森」のプレイヤーを対象に、プレイヤーの実際のプレイ時間と幸福度の関係について調べた研究もあります。この研究では、ゲームのプレイ時間が長すぎると、嗜癖的になったり、心の健康が損なわれたりするのではないかという大人の心配に反して、ゲームのプレイ時間と幸福度の間には（わずかですが）正の関係があったそうです。そして、（プレイ時間との幸福度の関係に一貫した影響を与えるわけではないものの）「やらなきゃ」と思いながらではなく、「好きだからする」というモチベーションは情緒的な幸福感に寄与するという結果が得られています[26]。

　これらを考え合わせると、意外とゲームも人生の役に立っていて、「大好きな遊び」は心の健康にもつながるといえるかもしれませんね。

　本章でこれまで見てきたようなゲームと心理学的な関係性については『はじめて学ぶビデオゲームの心理学——脳のはたらきとユーザー体験（UX）』（福村出版）という本にとても詳しく書かれています。具体的には、ゲームの制作現場と心理学についての関係性やゲームをすることの有益な側面、過大評価されている点や、ゲームの否定的な側面とそれをめぐる議論について、さまざまなエビデンスを基に解釈がなされています。文体も読みやすく日本語訳がなされているので、興味のある方はぜひ読んでみてください。

6.2　約束事作りで大人が気を付けておきたいこと

　これまでみてきたように、インターネット利用に関する親のコミュニケーションが少ないことや、インターネット利用に関するルールがないことなどもインターネット依存度との関連が明らかになっていますから、大人との間でインターネットやゲームに関する話ができることや、約束事作りができるという環境はとても大切だといえます。そのためにも、そもそも私たち大人は子どもと一緒に約束事作りができるような関係を作っていなければなりません。ここからは

約束事を作っていく際に気を付けておきたいことなどについて考えていきます。この章は基本的に大人と子どもが対立していないことを前提に書かれています。大人がどうしても時間や労力をかけられない場合やすでに対立してしまっているような場合については、後に触れようと思います。

（1）約束は何歳から作るのがいい？

　子どもがゲームやネットに親しみ始めるのは何歳ごろからでしょうか？令和3年度の通信利用動向調査によれば13 ～ 19歳でオンラインゲームを利用している者は60％を超えています[27]。実際に診察室から眺めていても、多くの子どもは幼児期から小学校の低学年の頃にはオフラインのゲームをプレイし始めていますし、小学校高学年頃には大人が好むと好まざるとオンラインゲームを始めています。

　スマートフォンに関してもみてみましょう。令和3年度の青少年のインターネット利用環境実態調査[28]からは、10歳で48.0％、12歳で84.8％の子どもが子ども専用のスマートフォンをもっているとされていますから、多くの子どもが小学校高学年には自分専用のスマートフォンに出会っていそうです。親と共用のスマートフォンの利用はもっと低年齢から始まりますから、当然ながらYouTubeなどの動画にはもっと前から出会っていそうです。

　このようなことを考えると、できるだけ早くから、遅くとも使い始める前には、ゲームやオンラインゲームとの付き合い方、スマホとの付き合い方やSNSとの付き合い方、YouTubeとの付き合い方については考えておく必要があるように思います。

　そして、考えておくだけでなく実際に利用したことがなければ、当然できるだけ安全にそれらの機器を利用することはできません。それは、車の運転が危なさそうだと遠ざけておくだけでは、実際に運転して道路に出られないのと同じことといえるかもしれません。また、仮に運転が可能だったとしても、安全に運転することができないのと同じかもしれません。

　いつから親との約束事を作り、利用をし始めるかは専門家でも大きく意見が分かれます。学校などでは、ひょっとすると「ノーメディアデー」などをうたって、できるだけ遠ざける方向での教育がなされているかもしれません。ただ、私

自身は、今まで書いてきたような理由から、大人がある程度時間と労力をかけられる家庭においては、小学生のうちから大人が管理できるアカウントを用いつつ、スマホやスマホを用いてできることとの付き合い方を、大人との約束の枠組みの中で学んでいくことが望ましいように思います。オンラインゲームであれば、Switchなどでオンラインゲームを始める前が望ましいでしょう。

　大人のいうことをなかなか聞けない中学生、高校生になって初めてスマホをもった子どもと、小学生の子どもとを比べてみれば、どちらが大人と一緒に約束事の枠組みを考えやすいかといえば小学生の子どもであることはいうまでもありません。そして、オンラインゲームを自分で勝手に始めてしまった後になってから、家庭のテレビやSwitchなどでYouTubeを自分で勝手に見るようになった後になってから、大人との間で約束事を作り始めることには、機器を利用し始める前に約束事を作るよりもずっと大人の時間と労力が必要になります。

（2）約束は子どもが守らなければいけない？

　ゲームやインターネットをめぐる約束は各家庭で作っていくことが大切です。なぜなら、子どもは一人一人違いますから、その子どもが好きなことを我慢できる力や約束を守ろうとするモチベーションも異なります。そして、大人の事情も各家庭によって異なり、大人がその約束を守らせるにあたってかけられる時間や労力も異なります。約束事を作っていく上で最も大切なことは、子ども自身が自分の約束を「守る力」について考えながら、子どもが主体となって約束事を作り上げていくことです。大人は子どもの約束事を「守る力」、大人自身の「守らせる力」のバランスを考えながら、その約束が達成できそうなものかについて一緒に考えるといったアドバイザーの役割を担います。

　例えば、よくある約束の一つである、「ゲームを1時間で終える」という約束を例にとって考えてみましょう。ゲームを1時間で終えるためには、子ども側からみれば、

①時計を読めること、1時間という時間の流れがわかること
②実際にゲームをその時間で「おしまい」にできるだけの我慢の力をもっていること
③子ども自身が約束を守ることによりよいことがあることを知っていること

といったことが必要になります。

　同じことを大人側からみれば、

　①子どもにわかりやすく約束事や1時間という時間の感覚を伝えていること

　②子ども自身が「おしまい」にできる我慢の力を知っている、もしくは、足りない場合にポジティブに補うことができること

　③子どもにわかりやすく約束を守るメリットについて伝えていること（子どもが守りたいと思ってくれること）

といったことが大切になってきます。

　そして、この約束を時間で区切るということは簡単そうにみえて、本当に難しいです（だってゲームはテレビみたいに時間どおりに始まって、時間どおりに終わるものではないですから）ので、できれば時間で区切るという約束事は作らないほうが親子間の対立を招かないのではないかと私は思っています。

　さて、どんな約束を作っても、実際に子ども自身の「おしまい」にできる力や大人のそれを支える力が不足してしまうとその約束は達成できません。また、どんなにメリットを強調しても、達成できない約束をそのままにしておくと子どもの約束を守るモチベーションは下がってしまいます。ですので、大人と子どもが約束事を作っていく際には、大人も自分たちがそれをサポートするのにかけられる時間や労力について考えておく必要があります。そして、これが大事なことですが、大人は子どもの「おしまい」を我慢できる力を実際よりも高めに見積もります。この背景には、「せめてこれくらいは」と大人が「守らせたい」事情があるのかもしれませんし、わが子であるからこその「期待」もあるかもしれません。けれども、「子どもに守らせたい」ことよりも「子どもに守れる」ことを意識する方がずっと手堅い約束になると思います。

　そして、もう一つの大切なポイントは、このゲームやネットをめぐる約束事は必ず作り直しが必要になるところです。なぜなら、最初思っていたよりもうまく運用できないことがたくさんあるからです。例えば、「時間を1時間と決めてみたけど、大人が見ていない時間帯の中の1時間でゲームするからうまくいかない、本当に1時間かもわからない、嘘をついているかもしれない」「子どもはYouTubeをスマホで見ていないって言うけど、自分の部屋で勉強と言って部屋に持って行ってしまっているので、実際のところはわからない」などといっ

たことはとても多く聞かれます。実際に子どもは大人の知識のなさやスキをついて利用時間を増やしたいと思っていますし、MMORPGやMOBA、バトルロイヤルのゲームを友人と話しながらプレイしていたら、1時間くらいはあっという間に過ぎてしまいます。それくらい子どもにとってオンラインゲームは魅力的なのです。

　私自身も「スプラトゥーン3」であと1マッチと思いながら、負けると「あと1勝」と、自分との約束事をいつの間にか変えてしまい、ずるずると睡眠時間が遅くなってしまいがちですので、大人でも自分で決めた約束事を守れないくらいゲームは魅力的なものといえます。

　吉川徹先生は著書で、大人と子どもの「約束」において大切なこととして、「ネットやゲームについての約束は子どもには守れない」ということを一番のキーフレーズとして挙げています[29]が、この点について私もまったく同感です。そして、子どもが守ることのできない、また大人も守らせることが難しい約束は放置せずに、できるだけ早く話し合い、守ることができ、守らせることができる約束に作り替えていくことが望ましいと考えています。このような約束事の作り直しの際に大人はしばしば、より厳しい約束事にしがちです。けれども、このより厳しい約束事を作るということが約束事をめぐる大人と子どもの対立をしばしば招きます。より緩やかな約束事が守れず、守らせることも難しいのですから、それを厳しくすれば守れなくって当然です。大人は「約束をまた破った」と怒り、子どもも「どうせこんな約束守れない」と内側に怒りを抱えたり、その怒りを大人にぶつけたりするようになってきてしまいます。このような「約束事をめぐる悪循環」はしばしば大人向けの心理教育でもテーマになるところです。

（3）約束を守ることで、約束に守られてゲームを楽しめる！

　約束を作っていく際には、子どもにどうして約束を作る必要があるのかを説明する必要があります。例えば、LINEで友だちになれる人を限定していたり、Instagramの投稿を親も確認できる状態にしてあったり、その機器で見られるコンテンツが制限されたりしていることなどについては、どうしてそのような運用になっているのか、適切な範囲で説明しておく必要があります。これは、オ

ンラインゲームに何らかの約束事（例えば、ボイチャはリアルの友達だけなど）
がある場合も同様でしょう。そして、これらの適切な説明を行っていくために
は、大人の知識と時間と労力がかなり必要になりますので、難しいご家庭も多
いかもしれません。

　そのようなご家庭であれば「約束を守ることで、（約束に守られて）ゲームを
楽しめるよ」ということだけでも教えておきたいところです。子どもが、約束
を守ることによって、その範囲の中では安心してゲームやインターネットがで
きるということを知ることは、子どもがだんだん大きくなり、自分にとって何
が大切かを自分で考え、ゲームなどをセルフコントロールしていくことにつな
がるものと思われます。これに対して、あまり有益でないデメリット（成績が
下がる、悪い人に出会うなど）を強調され続けると、約束はただの制限になり、
子どもにとって、守りたくないものになってしまいます。そのような場合、現
在は大人との約束を守ることができていたとしても、子どもが大きくなった時、
自律しているかといえば疑問が残ります。ましてや、大人がその日の気分によっ
て「そろそろやめなさい」と約束を破って制限することや、せっかく約束を守っ
て終わらせたのに「いつもそんな風に終わってくれたらいいのに」と小言を言っ
てしまうことは、大人との約束を守る意味を失わせてしまい、自律する力を損
なうため、避けておいた方がよいものと思われます。「約束を守ることで、約束
に守られてゲームを楽しめる」ことがわかってきた子どもには、少しずつ大人
との約束を緩めていき、自分との間に約束を作ってもらうのもよいでしょう。自
分で自分との約束をノートなどに書いて、セルフチェックしてもらうこともよ
いかもしれません。そうやって子どもにはゲームを自律していく力が身に付い
ていくのではないかと思います。

（4）ゲームは大人のもの？　子どものもの？

　この点に関しても吉川徹先生の著書に書かれている通りですが、ゲーム機本
体は「大人のもの」で、「約束に守られて、子どもが使えるもの」とした方が望
ましいのはいうまでもありません。ゲーム機が子どものものである場合、約束
を守ること、守らせることがうまくいかなかった場合、もう一度約束を作り直
すことがとても難しくなります。子どもがだんだん「約束に守られて、ゲーム

を楽しめる」ことを学び、子どもが自分との約束事が作れるようになったら、ゲーム機を子どものものとすることが望ましいものと思われます。

（5）時間で区切るのは大人が大変！　短すぎる設定は大人がもっと大変！

　さて、先ほども話題にあがったゲームに関する約束を時間で決めることはできるのでしょうか。例えば、よくある約束の例として、「ゲームは1日30分」というものを取り出してみましょう。実は、「30分でできること」はそれぞれのゲームによってずいぶん異なります。30分で少々満足できるゲームもあれば、30分では到底満足感が得られないゲームもあります。ですので、このような時間で決める約束事を作る際には、子どもがプレイしているゲームが「30分で何ができるゲームか」という点について、事前に考えておいたほうがよいものと思われます。例えば、「桃太郎電鉄」だと30分で数か月しか時間が進みませんし、「マインクラフト」だと今日作ろうと思っている建築物について構想を考えているだけで終わってしまうかもしれません。「スプラトゥーン」は数マッチできそうですが、「フォートナイト」ですと1マッチというところでしょうか。こうやってみてみると、それぞれの30分には同じ30分でも大きな違いがありそうですよね。

　また、時間で区切る時には、大人と子どもの見解がずれてしまう時があります。そのうちの一つが、友達との待ち合わせの時間です。ゲーム内のロビーなどで、なんとなく友達を待つ時間は大人からみれば「ゲームをしている」ように見えますが、子どもにとっては「ゲームをしていない」時間です。このような場合には、25分ロビーで待って、友達がインしたから、やっと始めようと思ったら、もうすぐ30分だなと思った大人から「あと5分で終わりだよ」と告げられます。子どもは当然ながら、「まだゲームしていない」と怒るのですが、大人は「ずっとゲームしていたよ」とけんかになってしまうことがしばしばあります。このような見解のずれが生じないためには、子どものプレイ画面を見て、子どもがゲーム内で何をしているかについて、身近にいる大人は少しだけ知識をもっておく必要があるかもしれません。

　また、ゲームにはそれぞれ、「おしまい」に適した区切りとなるポイントがあります。仕事などでもそうですが、人は達成感を得ると、次の行動に移るまで

にタイムラグができます。例えば、みなさんはちょっと大きな仕事が一段落ついたとき、すぐに次の仕事に向かえるでしょうか。少しだけ時間に余裕があると、コーヒーを飲んだり、ちょっと休憩して漫画を読んだりしている人も多いかもしれませんね。このようなタイムラグができる時が「おしまい」に適した区切りのポイントになります。

　ゲームごとの区切りを考えてみると、「桃太郎電鉄」は比較的気長に楽しむゲームですが、3年モードで遊んでいなければ毎月の終わりが区切りとして適切そうです。3月に決算のイベントが行われるため、このあたりはますます区切りがよいと思われます。「スプラトゥーン」や「フォートナイト」「Among US！」のようなゲームですと、試合の終わったところ（できれば勝ち試合）で「おしまい」にしたいですね。プレイしていて難しいなと思うのは「マインクラフト」です。「マインクラフト」には筋道が用意されておらず、クエストもないのでまったく区切りがないゲームといえます。そう考えると「今日はどんなことするの？」「どこまで進めたい？」と事前にその計画を聞いたうえで、「おしまい」の区切りを考えたほうがよいかもしれません。このようにゲームの区切りがよいところは、それぞれ異なりますから、子どものやっているゲームのタイトルや特徴については、大人も関心をもちながら関わっていくとよいだろうと思います。

　そして、時間で区切った場合は、実は、子どもよりも大人の方が大変です。なにせ大人は、約束事を守らせなくてはいけないので、その時間に自分のやっていることの手を止め、子どもがゲームを「おしまい」にすることを支えなくてはいけません。しかも、子どもは「おしまい」が上手ではありません。あの手、この手で「おしまい」に抵抗してきます。それに対して何とか心の平衡を保ちつつ、励まし、子どもがちょっと怒っていても、おしまいにできたらその我慢を認める……考えただけでもとても難しいことです。特に、短すぎる設定にした場合は、子どもの満足感が非常に少ないため、より一層大変になります。

　そういえば、昭和の時代にはテレビを見る子どもが今よりもずっと多く、私の周りでは「テレビは20時まで」と時間によって区切られていた家庭も多かったでのですが、このような約束は比較的うまく運用されていました。それはテレビというメディアが時間通りに始まり、時間通りに終わるメディアであり、時

間の区切りと満足感の区切りが一致しやすいからかもしれません。例えば、ド
ラマは1時間枠で放映されることが多いと思いますが、いよいよクライマック
スというところで、「もう45分見たからおしまい」と言われても、多くの人は
素直にはなかなかやめられませんよね。最近のメディアであるYouTubeやニコ
ニコ動画、オンデマンドの映画、ゲームなどは時間通りに始まって時間通りに
終わることはありません。そう考えると、ゲームの「おしまい」を時間で区切る
ということ自体がだいぶオールドメディアとの付き合い方を基にしており、的
を外しているのかもしれません。

（6）ペナルティを与えるのは効果がある？

　子どもが宿題をしなかったり、成績が下がったりすると、大人はつい「ゲー
ムをやめられないせいだ」と考え、ゲームを制限したくなってしまいます。で
も、よく考えてみれば、学習を意欲的にすることとゲームを「おしまい」にでき
ることはまったく別の話です。「宿題を自分からできる」ことと「ゲームをおし
まいにできる」ことはイコールではありません。

　例えば、宿題を自分からできる子どもの多くは、自分にとってその宿題がそ
れほど難しくなく、どれくらいの時間（通常短時間）で終えられるかよく知って
います。つまり、課題の難易度と自分のスキルが合致していて、終了までの道
筋もわかっているからこそ、自分から宿題に向かいやすくなっているといえま
す。

　診察室からみていても、ゲームを制限したら「早めに宿題をやる」ようになる
ことは、控えめにいってあまりありません。それでも、小学校低学年のうちは、
「宿題をお母さんが帰るまでにやってなかったから、明日はゲームを30分だけ」
というペナルティを守ることができるかもしれません。けれども、これは結局
のところ、このペナルティをいやいや守っているだけです。しかも、「宿題＝大
好きなゲームを遠ざけるもの」として宿題をますます嫌いになるかもしれませ
ん。そして、大好きなゲームを「おしまい」にすることも嫌いになってしまうか
もしれませんし、中には「宿題は出ていない」なんて嘘をつく子どももいるかも
しれません。そして、大人が「じゃあ本当かどうか確認する！」と感情的に伝え
ると、大きな対立に発展してしまうこともしばしばあります。ゲームを制限す

るペナルティを与えたとしても、子どもは親に嘘をついてゲーム時間を申告することが増えてしまったり、隠れてゲームをしたりすることが増えてしまうだけなのです。

　繰り返しになりますが、大切なのは「約束を守ることによって、約束に守られてゲームが楽しめる」ことを子どもが学んでいくことです。だからこそ、大人も約束を守って、「おしまい」にした姿を見つけ、我慢した部分を見つけ認めていく必要があるのです。そして、子どもに「今日もおしまいできたから、これで明日も楽しくゲームできる」と思ってもらうことの方が長い目で見ればずっと大切なのです。

（7）約束を守れなかったときには？

　約束を守れないときに、大人は時々ゲームを取り上げる、中には壊してしまうという強硬な手段を取ることがあります。このような感情的に強い手段に出ることは、いったんはいうことをきかせることができたとしても大小の弊害を生むことがしばしばあります。

　まずは、小さな弊害からみてみましょう。ゲーム機やタブレットを取り上げられた子どもは、大人の感情が落ち着いた頃を見計らって、大人が仕事に出かけている時間や、入浴の時間、寝ている時間にゲーム機やタブレットを探索し始めます。そして、大抵はその隠し場所を見つけ出し、大人のいない間にこっそり使い始め、大人のいない間に元に戻し始めます。そのうちに大人に気づかれるのですが、その頃には大人の感情もいつもの調子に戻っているので、「土日だけなら」と許可を出し始めます。これはペナルティが漫然と期限のないまま使われる際に起こりやすい一例です。

　隠し場所を見つけた子どもがゲームやタブレットをこっそり使い始め、大人のうちの一人が子どもがこっそりゲームをしていることに気がつき、これをパートナーなどの了承を得ずに、許可を出してしまう場合にはもう少し大きな弊害になり、大人同士が喧嘩になってしまうこともあります。

　そして、大人が強い感情に駆られて、大切なゲーム機やタブレットなどを売却してしまったり、壊してしまったりするような場合にはより大きな弊害が起こります。この場合、多くの子どもは強い攻撃性を内に秘めていきます。そし

てその鬱積した攻撃性を晴らすべく、何らかの行動に出てしまう子どももいます。私の診察室に来た子どもの事例では親を殴ってしまったり、親のお金を盗んで壊されたゲーム機やタブレットを買い戻したり、親のクレジットカードの番号からネットショップでゲーム機やタブレット、高額のプリペイドカードを購入したりといった事例がありました。このような大きな弊害の多くは、大人からの感情的なペナルティがその引き金になりがちです。

　子どもにペナルティを与えたくなったとき、与える前に、そのペナルティが自身のネガティブな感情から来ているものか、それとも、子どもが冷静さを取り戻し、約束を思い出してもらうためのものかをよく考える必要があるといえるでしょう。また、ペナルティは使わないに越したことはありません。それでも何らかのペナルティを規定せざるを得ない時には子どものペナルティを守る力についても考えながら、子どもとの相談の上で決めておき、短時間であることが望ましいでしょう。そうでないと、子どもに望ましい行動を教えても、子どもが行動を修正するチャンスがなくなってしまうからです。

6.3 忙しいなど、労力がかけられないとき

　忙しくて子どもに約束を守らせることが難しい場合や大人のゲームやインターネットに関する知識が不十分な時はどうしたらよいのでしょう。その場合、できるだけゲームやインターネットなどの開始時期を遅らせる方が望ましいかもしれません。けれども、往々にして余裕がない家庭の方が早く自分のタブレットやスマホをもっていることはあります。そして、約束などの取り決めも不十分なままゲームをしていたり、ネットに親しんだりしていることはしばしば経験します。けれども、この際にそのご家庭を責めることは支援者としては絶対にしてはならないことの一つです。

　ある親御さんは「私一人なので、私が働かないと生活が回らないから、子どもがさみしい思いをしないようにとタブレットを買ったんです」「そのせいで子どもが不登校になってしまったんでしょうか」と診察室で語られました。けれども、決して、そのような因果関係はありませんし、この親御さんは責められるべきではありません。大人が仕事をするということは、生活に直結すること

ですし、生活の土台そのものです。このタブレットも子どもがさみしい思いをしないように、自分と連絡が取りやすくなるようにと買い与えたものだと推測されます。

このような家庭を助けるためにも、公的な教育機関などにはこれまでのような、メディアを遠ざけるだけではない、メディアが近くにあることも想定したICT教育が望まれます。また、親御さん向けにはiPadやSwitchなどの具体的なペアレンタルコントロールの仕方を伝えていくのが有効かもしれません。けれども、ペアレンタルコントロールが有効に機能するためには、やはり親子間の対立が少なく、約束事づくりができる土台があることが必要になってきます。

6.4 家族の間に対立が起こってしまっている時

ゲームやインターネットにハマることは、時に家族間の深刻な対立を招きます。特に、本人とまったくゲームやインターネットに関する対話ができないような状況や、そのような話を出すと暴力があったりするケースでは、先ほどまでのような約束事作りの話はまったく役に立ちません。相談に来られる家族の多くは、その時点までに、たくさんの支援者などから、「子どもとゲームを一緒にしてみたら？」「少しあたたかい目で見守ってあげて」などの言葉もかけられています。そして、そのたびに、アドバイスと実際の家庭の様子の違いに疲れ果ててしまい、相談に行かなくなってしまったこともあることだろうと思います。このようなケースの場合には、まず家族が相談に来て「少しよかった」と思い、相談機関と細くとも長くつながれるような支援が大切になります。子どもを孤立させないことはもちろん大切なのですが、相談に来てくれた家族を孤立させないことも大切なのです。

（1）大人の意見は大体一致していますか？

大人と子どもの心の距離がだいぶ離れてしまっている場合、確認すべきことの一つは、大人の意見は大体一致しているかということです。大人のうちの一人が「こんなに暴れるならゲームを取り上げるか、Wi-Fiを切るしかない」と強硬に主張している一方で、もう一人が「そんなに怒っても解決しない」と考えて

いる場合には特に注意が必要です。この場合、子どもからの攻撃性は、「そんなに怒っても解決しない」と思っている大人に向かうことを多くの臨床家は知っているからです。これは子どもが自分のうちに秘めた攻撃性を、出しやすいところに出しているだけなのですが、それが「やっぱり取り上げるべき」というもう一人の誤った信念を強めてしまう結果につながることも往々にしてよくあります。ですので、このような場合には、まずこの対立構造を解消し、大人の意見をある程度一致させておくことは重要になります。

また、同時に家庭の中に子どもの「居場所」を作ることの優先度も高くなります。子どもたちが「ネットやゲームにハマっているから学校に行けない」と思われているケースでは、学校に行かないことは現実の苦しさの結果でしかないことが多くあります。多くの子どもは学校に行けない自分に対して自責的な気持ちももちますので、実は家庭の中でも「居場所」を感じにくくなり、ゲームの世界の中にしか「居場所」がないこともあるのです。時々支援者が「家で好きなことばかりできるから、学校に行かないのでは？」と話したことを鵜呑みにして、ご家族がネットを解約する、ゲーム機を取り上げるなどの強硬な手段を取ってしまうこともあります。けれども、そのような状況で「取り上げる」ことは、子どもたちにとって、そこにしかない「居場所」を失うことにつながり、暴力などのきわめて深刻な事態を招くことがあります。居場所を失うことと自責感などの負担感の知覚が重なる時に「死にたい」という気持ちが起こりやすい[30]ことはよく知られていることですが、「ネットの解約」や「取り上げ」に対して子どもが自暴自棄になり「もう生きていても仕方ない」と考えてしまうことも臨床ではしばしば経験します。

大人が子どものことで意見の対立を少なくし、少なくとも大人同士は家庭をあたたかい雰囲気にするところから、家庭の「居場所」作りは始まります。

（2）子どもと大人の心の距離とコミュニケーション

児童精神科医は「夕飯は一緒に食べましたか？」「昨日お子さんとどんな話をしましたか？」などのインフォーマルな日常的な質問から親子間のこころの距離をみていることがしばしばあります。そんな質問を診察室ですると「（大人）昨日は、なんか急にカエルの話をしてたよね？」「（子ども）あーあれね！アハ

ハ」と明るい雰囲気になることもしばしばありますし、「(大人) そうですね、昨日は、えっとなんか話したっけ？」「(子ども) ……」となることもあります。特に、家族が対立構造にある時は、支援者は親子のコミュニケーションについて「今」「できそうな」支援を伝えていくためにも子どもと大人の心の距離についてアセスメントしておくことが必要になります。そうでないと、できない支援策を伝えてしまい、子どもと大人の心の距離がますます開くことにつながることもあるからです。

　ただし、対立構造にある家族が悪いという話ではありません。対立が激しくなると子どもとはほとんど話もできず、「ネットの解約」や「取り上げ」などを考える方もおられるのですが、そのような方も自分の子どもにつらい思いをさせたいわけではありません。その背景には「口が悪すぎて暴力的にならないか心配」「このままでは将来が心配」などといった親御さんとしての不安があります。不安があるからこそ、話そうとするけど、コミュニケーションがうまくできない。だからますます不安になる。その悪循環の結果が親子の対立につながっていることはしばしばあるのです。だからこそ、私たちのような立場の者は親御さんに親御さんが「今」「できそうな」ことや「今」「できそうな」コミュニケーションを提示していく必要があります。

　このような親子の対立を緩和していく際に、診察室では子どもを大切に思う気持ちを思い出していただくような試みをすることもあります。「小さい頃のお子さんはどんなでしたか？」「お子さんのいいところってどんなところですか？些細なことでいいので三つくらい教えてください」「そのエピソードもう少し詳しく教えてください」などの質問です。家族もポジティブな気持ちが湧いてこないと、心配のあまり、子どもを非難するような言葉を使ってしまいがちになります。なので、最初の段階でこのようなお話をするのです。

　子どもと大人のこころの距離のアセスメントに役立つように例を挙げてみます。上にあればあるほど、大人とのこころの距離は大きいと思ってください。もちろん、これは学術的な検証をした尺度などではなく、あくまで臨床の場において、自分が一つの目安として、このようなことを確認するものだとイメージしていただければと思います。

子どもと大人のこころの距離

1 子どもと挨拶はする

子どもの返事がない／子どもの返事がある

2 子どもと一緒に食事をする／夕飯のメニューが聞ける

大　人：「ごはんできたよー」「夕飯何食べたい？」

子ども：「ハンバーグかな」

3 子どもが欲しいもののことなら会話に応じてくれる

大　人：「ユニクロ行くけど何か買ってこようか？」

子ども：「ユニクロ行くなら、SPY × FAMILYのTシャツ買ってきて
　　　　ほしい」

4 子どもが欲しいもののことなら自分から会話する

子ども：「ねえねえ」

大　人：「どうしたの？」

子ども：「今度チェンソーマンの新刊買ってきて！」

5 子どもが自分から挨拶する

子ども：「おはよう」「いただきます」「いってきます」

6 子どもと雑談できる

子ども：「昨日さ、マイクラでね、脱出ゲームしたんだよ」

大　人：「ほーだれとやったの？」「楽しかった？」

子ども：「楽しかったよ、久しぶりに、そらりろくんから誘われてさ」

大　人：「へーそらりろくん久しぶりだね、元気だった？」

子ども：「うんうん」「今度うちに来たいってさ。呼んでいいかな？」

7 子どもと一緒に出かけられる（例：買い物についてきてくれる）

8 子どもが一緒に出かけたがる

さて、子どもに大人が挨拶しにくい段階や、挨拶が返ってこない段階で、見るに見かねてゲームやネットの話をしてしまったり、たまたま見かけたから「今日こそは」と思って、注意をしたりすると、大きな喧嘩が起こりやすくなりま

す。特に、なかなか話すことがでいないお子さんとたまたま鉢合わせた際に、今がチャンスと思い「これから先、学校はどうするの？」みたいに迫ってしまうと、大人への暴力や暴言が出てしまうこともしばしばあります。

このような場合について、（1）行動のきっかけ、（2）行動、（3）行動の結果から考えてみましょう。ある行動のきっかけは行動に影響を与えるといわれています。例えば、お寿司屋さんの美味しそうなCMを見たら、多くの人はお寿司屋さんに行くという行動が増えそうです。そして、行動の結果も行動に影響を与えるといわれています。例えば、お寿司屋さんでご飯を食べた結果、美味しかったり、お得だったりしたら、もう一度そのお寿司屋さんに行くという行動は増えそうです。

(1) きっかけ	(2) 行動	(3) 結果
洗面所で鉢合わせたこれから先どうするつもり？と声をかけた　A	子どもは「うるさい」と壁を叩いた　B	何も言えず、黙った不安になった　C

今回の場合、あまり会話ができない段階で「これから先どうするの？」と声をかけたことが、子どもの不安も煽り、声を荒げ、壁を叩くという行動のきっかけになっています。親御さんは何もいえなくなったということから、これ以上「これから先どうする？」とは聞かれないので、子ども側からみれば結果として嫌なことをいわれずに済むようになっています。そして、親御さんはますます不安を募らせる、そんな悪循環につながっているといえるでしょう。このような行動を引き起こさないコミュニケーションはどういったものかもう少し考えてみましょう。例えば、下の図のように、朝鉢合わせた時に、「おはよう。今日はいい天気だね」と声をかけることは、声を荒げたり、壁を叩いたりする行動につながりそうでしょうか？おそらく多くの子どもはそのような声かけに、反応をしないことはあっても不安を煽られたり、怒ったりすることは少ないでしょう。そして、たまたま小さな声で「おはよう」と返してくれたことに「うれしい」

と返した結果も、悪いことにはつながらなさそうですよね。むしろ、ひょっとしたら今後「おはよう」と返事をすることは増えるかもしれません。そしたら、親御さんは「お昼ご飯何が食べたい？」などと声をかけてもよいかもしれませんね。

(1) きっかけ 洗面所で鉢合わせた おはよう！ 今日はいい天気だ ね！ と声をかけた　　A	(2) 子どもは 「おはよう」と ぼそっとつぶやいた　B	(3) 今日は 「声が聞けて、うれ しい」 と声をかけた 　　　　　　C

　このように、親子の対立を少なくしていくためには、「今」「できそうな」コミュニケーションを目指していくことが大切になってきます。ですので、挨拶が返ってこない段階では、挨拶が返ってくることを目指していくことが大切になります。最初の挨拶はとてもぶっきらぼうかもしれませんし、ちらっとこちらを見るだけかもしれません。それでも、何も反応がないことよりはずっと進んだコミュニケーションになっています。じれったいかもしれませんが、案外コミュニケーションの悪循環が起こらない生活を続けていると、少しずつ家の中に漂っていた緊張感も和らいできます。

　ぶっきらぼうな挨拶が返ってくる段階では「好きなこと」の話もなかなかできません。そのような際には、「挨拶が返ってきてうれしい」と大人の素直な気持ちを一言伝えるだけも十分に、大人と子どもの間で心地よい挨拶は増えていくだろうと思います。そして、挨拶ができるような関係になっても、焦らないことです。そこからは子どもと食事ができる関係を目指しながら、子どもの好きなメニューを聞いてみたり、「食べてくれてうれしい」と伝えてみたり、食事ができた時には「一緒にご飯が食べられてうれしい」と素直な気持ちを伝えたりするのもよいでしょう。先ほどの挨拶と同様に、そんなことを言われたことがきっかけになって、怒り出す子どもはほとんどいません。食事が一緒にとれるようになると、おいしい食事をきっかけに、「今日の（料理）はうまくできたと思う」

など、少しずつポジティブな会話ができるようになっていき、やがて好きなことの話もできるようになります。そういった意味で、一度対立関係になった親子のコミュニケーションは食事を一緒にする関係になるところまでがとても大変かもしれません。けれども、親御さんや周囲の大人が「あなたにポジティブな関心をもっているんだよ」「あなたのことを心配してもいるんだよ」というメッセージを送り続け、「今」「できそうな」コミュニケーションを模索していくことは、子どもが自分を大切に思う気持ちをもつことにつながり、家庭の中で見失った「居場所」を再び見つけていくことにつながるだろうと思います。

　その他にも親子の対立を少なくしていくコミュニケーションの工夫はいくつかあります。そのうちの一つは「否定的な言葉を用いない」というものです。例えば、先ほどの挨拶の例でいうと、挨拶が返ってこない時に大人が「挨拶くらい返せないの？」と否定的な言動を投げかけてしまうことは、子どもの不安や怒りを強め、声を荒げたり、壁を叩いたりする行動につながるかもしれませんね。もう一つはペアレントトレーニングなどでも話題になる「Iメッセージ」を用いていくことです。試しに「宿題をしなさい」という言葉を「わたしは」もしくは「お母さんは」「お父さんは」という主語の言葉に変えてみましょう。「私は（お母さんは／お父さんは）宿題をしたほうがいいと思うよ」などの言葉になると思います。どちらが子どもさんの怒りの爆発につながりやすいかはいうまでもありません。

　ここまでの話と似たような話を信州大学の高橋史先生も講演などでよく話しています。図6-1は高橋先生が講演で使われたスライドの一つですが、不登校などの状態における親子のコミュニケーションや活動のプロセスについて負担を横軸に、楽しさを縦軸に分類したものです。

　親子のコミュニケーションは①事務連絡：「ごはんだよ」「いってきます」などの挨拶や献立の希望の確認などから始め、うまくいくようであれば数字を一つ上げて、②余暇で回復の段階に入っていきます。この段階では家の中でも1人でできそうな好きなことをする環境を作ったり、好きなことの話をしたりなど、子どもの負担の少ないものを提案していくことになります。そして、それもうまく行きそうなら③好きなことを応援する段階に入っていき、好きなことでできたことを喜びつつ、最後に④親御さんの心配や願いを伝える段階に入るとい

うものです。多くの親御さんは①事務連絡から④親の心配・願いを伝えるところまでショートカットしたいところですが、この間には大きな壁があり、ショートカットはできません。少しずつ親子で「今」「できそうな」コミュニケーションや行動を模索していくこととなります。

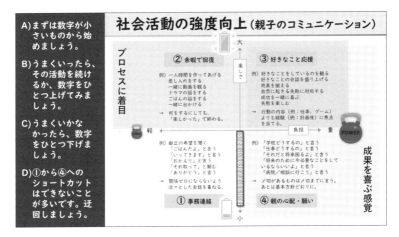

図6-1 社会活動の強度向上（親子のコミュニケーション）
（信州大学の高橋史先生より許可を得て掲載）

（3）暴力などが起こったとき

　子どもが大人に向けて大きな暴力を振るうと、大人もびくっとしてしまいます。中には、「何を！」と向かっていかれる方もいるかもしれません。けれども、暴力に暴力で返してしまったら、当然ながら暴力はおさまりません。むしろ、感情の火に油を注いでしまい、より大きく暴力が出ることもあるでしょう。そんな時は「お父さん（お母さん）は、部屋に戻るね」と静かに伝えて、子どもさんが落ち着くのを待つことが望ましいでしょう。

（4）本人が困っていることや少しだけ我慢していることを探してみよう

　家族は一緒に暮らしていますから、時に子どもに対してお願いをしたいこともあります。例えば、夜中の大声での「ボイスチャット」は、ヘッドセットなど

をしている関係で大きな声になりやすく、大人の睡眠不足につながることもしばしばあります。けれども、挨拶もできにくい段階で「うるさい」と言えば、当然ながら子どもは「いちいちうるさい」と怒りますし、ましてや、相手に大人の声が聞こえるかもと恥ずかしくなり、余計に怒るかもしれません。では、大人はただただ我慢しなければならないでしょうか。いいえ、そんなことはありません。相手も自分も怒ることなく、自分の素直な気持ちを伝えればいいのです。先ほどの「Iメッセージ」のように「私（お父さん／お母さん）は静かな声で話して欲しい」と素直でシンプルな言葉を届けるだけでよいのです。これで激しく怒る子どもはそれほど多くありません。最初のうちは、無視をするかもしれませんが、それでも、あるとき子どもは言葉では無視しながらもいつもより静かにしてくれるかもしれません。その変化は本人にとっては小さな我慢かもしれません。そのような小さな我慢を見つけたら「静かにしてくれてありがとう」と素直に伝えるのもよいでしょう。

事例紹介

※事例については保護者および子どもから書面にて同意をを得ていますが、匿名性に配慮し細部を変更しています。

　ある親御さんが私の外来でこんなことを言っていました。

　たかくんはADHDを有している高校生です。「スプラトゥーン」にはまっていて、学校も休みがちです。時々促されて学校には行くのですが、夜通しゲームをしているため、授業中は眠っているようなこともあります。休み時間にテザリングをしながらゲームを楽しみ、やめられず、そのまま授業を休んでしまうこともあり、学校の先生からとがめられることもしばしばあります。そして、そんな時に彼は怒って学校から帰ってきてしまいます。

　高校に通い始めた当初は、親御さんもたかくんをとがめたり、注意をするコミュニケーションが多く、それをきっかけに親御さんへの暴言なども頻繁にみられていました。私は主治医として、たかくんのことを心配している親御さんの気持ちに共感するとともに、ポジティブなコミュニケー

ションを作っていくことを一緒に考えました。そして、親御さんも毎回粘り強く通って来てくださっていました。

　そんなたかくんですが、彼はもともとおしゃべりが大好きで声もとても大きいです。そして、夜中は「スプラトゥーン」のチームのみんなと大きな声で話していますので、親御さんはなかなか眠れないようでした。ある日、親御さんは深呼吸をして感情を整えてから、「たか、私そろそろ眠りたいから、もう少しだけ静かにしてほしいけど…」と伝えたそうです。たかくんは「ドン！」と壁を叩きましたが、その後は静かに話をしていたようで、その日は眠れたと言います。

　親御さんとの相談の中ではペアレントトレーニングでもテーマになる、小さな我慢などを見つけるといった話もこれまでに何度か出てきていましたので、ある日の診察で親御さんは「先生、その晩は静かに話してくれていたんですけど、これもよく話題に出る小さな我慢をしたということでしょうか？」と尋ねられました。『そう思います』とお返しすると、親御さんは「昨日はよく眠れたから、ありがとうって言ってみます」と言います。

　その次の診察は、たかくんも同席していました。たかくんは「先生、おれ最近はあんまり怒ることないよ」とニコニコしながら語ります。学校はギリギリで進級をしましたが、たかくんと親御さんは以前よりもずっと診察室でも仲がよさげに話をしています。時々たかくんが冗談交じりに「おれ、今日はでっかい声でみんなと話すよ！」なんて言うときも、親御さんは「最近そんなことしないじゃん」と言って、笑っています。そんなたかくんも現在は立派に就労しています。

　このように、子どものポジティブな部分や小さな我慢をしているところに気づくことはとても難しいことかもしれません。けれども、小さな我慢や本人なりの我慢を認められた子どもは、大人との関係もよくなり、我慢もそれほど嫌いじゃなくなるかもしれません。たかくんの事例からは、ゲームそのものの約束事を作っていくことよりも、親子のコミュニケーションの土台を作っていくことの大切さを感じます。

（5）大人が相談に行くことは隠さない

　対立構造にある家族はしばしば、子どもの機嫌を損なわないように、相談に来たことを隠してしまうこともありますが、相談に来たことは隠さない方がよいことがたくさんあります。ご家族だけで相談に来られても、児童精神科ではご家族を責めるようなことは一切ありません。そして、「今日相談に行ってきたよ」「なんか頭がボサボサの先生だったよ」「次は3月15日だって」なんてことを伝えていただいても構いません。ゲームやインターネットに傾倒し、ご家族との関係が対立してしまっている子どもは、大人の行動に敏感です。だからこそ、「あなたのことを心配だから相談に行ってきたよ」と隠さずに伝えた方がよいと思います。子どもは「何て言われたの？」と聞くかもしれません。そんな時には児童精神科医と話したことを素直に伝えてください。多くの児童精神科医はゲームやネットは「取り上げた方がいい」などとは言わず、親御さんがわが子のよいところやわが子とどんなコミュニケーションをしたいかを一緒に考えることで、親子のコミュニケーションが回復し、家庭の中に親子ともども「居場所」が回復するような働きかけを行うと思います。そして、家族と子どもの対立構造が緩み、子どもの「居場所」が家庭の中にできてくると、子どもは「相談について行ってみようかな」と思い、ひょっこり顔を出してくれることもしばしばあります。そんな時、児童精神科医はお子さんにも「よく来てくれたね」と声をかけ、お子さんをねぎらうとともに「どうして来ようと思ってくれたの？」「何かおうちで困っていることはない？」などと声をかけるのです。

（6）大人も楽しいことに胸を張ろう！　失敗にも胸を張ろう！

　子どもがゲームやインターネットに傾倒し、不登校の状態になってしまうとき、大人は子どものことがとても心配になります。自分の子どもですからそれは当たり前の親としての気持ちだろうと思います。けれども、心配のあまり、「子どもの近くにいるべき」と考え、自身の仕事を過度に制限したり、楽しいことを制限したりすることはあまりお勧めできません。仕事に関しては、家庭の生活の豊かさにどうしても直結しますから、子どものためにと考えすぎてしまい、仕事をやめてしまうようなことはしない方が先の道が広いように思います。

また、仕事は大人にとって「居場所」となり得ます。○○くんの親という役割からしばし離れた「居場所」をもてることも、大人のメンタルヘルスの上では有益なのかもしれません。もちろん、少し余裕があり、お子さんと家庭で楽しく過ごしたいというお気持ちからであれば、それはまったく問題はありません。

　大人の失敗についても同様です。このような状態になると、「大人がしっかりしなくてはいけない」「大人が正しい姿を見せなければいけない」と思ってしまい、失敗をしないことや正しさに疲れてしまうこともしばしばあります。先程の仕事を制限するということも、このような気持ちの延長線上にあるかもしれません。けれども、大人が常に正しいことばかりを追求していたら、家にいる子どもは息が詰まってしまうかもしれません。ですので、大人も過度に正しさを追い求めることなく、時には失敗をすることがあってもよいだろうと思います。

　楽しいことも同様です。部屋にいる子どもは大人の行動にとても敏感になります。大人が自身のことを心配するあまり、楽しいことを我慢し、制限して、家にいるということは子どもにとって落ち着かないものです。ですので、大人は大人のコミュニティや「居場所」を大切にしてくださったほうがよいように思います。「今日釣りに行ってくるね。おいしい魚が釣れるといいな」と行って喜んで出かけたり、「今日美容院に行ってくるね」と素直に伝えたりしてくれる方が、子どもは安心して家にいられるかもしれません。そして、帰ったら元気に「ただいま」「ありがとう、楽しかったよ」と伝えればよいのです。そのような過程の先に、子どもの「居場所」の回復の道はあるものと思われます。

第 3 部

発達障害・不登校の子どもたちとインターネット・ゲームの世界

7. 発達障害の子どもとインターネットやゲームの世界

ここからは、自閉スペクトラム症（ASD）の子どもや注意欠如・多動症（ADHD）の子どもがインターネットやゲームでどんなことを楽しんでいるのかについて見ていこうと思います。

7.1 ASDの子どもたちとインターネットやゲーム

（1）ASDの子どもたちの選好性

最近では、ASDの子どもは他者をはじめとした社会からの影響を受けることが少なく、このような社会的動機づけの問題から社会的な認知の低下につながっているのではないかと指摘されています。つまり、多数派である定形発達の子どもに比べて、みんなの世界を優先的に志向することやみんなとの相互作用に喜びを求めることや、みんなとの絆を維持することに対する行動のモチベーションがあまり強くないことが知られています[1]。ASDの子どもと定型発達の子どもとでは趣味が異なることも知られており、日本ではなくアイルランドにおける調査ですが、自閉スペクトラム症の子どもは、テレビやDVD、ビデオゲームなどの座ってできる趣味を好み、定型発達の子どもはサッカーなどの活動的な趣味を好むことが示唆されています[2]。多数派である定形発達の子どもたちの中ではお互いが社会的に影響を及ぼしあってある特定の趣味が流行するようなことがありますが、ASDの子どもたちはそのような流行の影響を受けにくいということもいえるかもしれません。例えば、当院の外来の調査では、自閉スペクトラム症の子どもが好む動画として、「鉄道の踏切の動画」「新撰組の動画」「エレベーターの動画」「洗車機の動画」「第二次世界大戦のアメリカ軍の空母に関する動画」など、彼らの特別な興味の眼差しの先にある対象が見えてくるような動画が多く挙げられています。同じ動画を繰り返し視聴するだけでなく、大きくなって、その踏切や洗車機を探しに出かけるなど行動の範囲の広がりにもつながっているところも意義深く思いますし、さらに広がりが出て、踏切や洗車機を撮影する写真を趣味にする青年や、それらをネットにアップすることで写

真が好きな仲間との交流が深まっている青年もいます。

　ゲームという趣味をとってみても、その対象をもう少し詳しくみてみると彼らの好きなことが見えてきます。例えば、私の外来には、ファミコンの「レトロゲーム」をこよなく愛している青年やオレカバトルをプレイするために9年間毎週ゲームセンターに通い続けていた青年（今はサービスが終了してしまったためほかの趣味に没頭していますが、彼は稼働日の最後まで戦い抜きました。彼は間違いなく市内随一のオレカバトラーだったでしょう！）が通ってきてくれています。もちろん、「レトロゲーム」や「オレカバトル」が彼らの周囲で流行しているわけではありません。彼らはどこかで自分の大好きなモノやコトと出会い、それを長く大切にしています。診察室から眺めていると、このような周りの流行に流されることなく、特別に大好きなものがあることは、自閉スペクトラム症の子どもたちの幸福と密接に関わっているように思います。ASDの子どもたちは何を選び好むかという選好性（preference）に関してマノリティであることも示唆されています[3)]が、これも周囲からの影響をあまり受けず、自分の特別大好きなことを深掘りできることの結果であるのかもしれません。

（2）ASDの子どもたちや青年とインターネットやゲームにおけるコミュニケーション

　ASDの子どもたちや青年は、言語能力が高くても、非言語（ジェスチャー、アイコンタクト、声のトーンなど）を扱うコミュニケーションが苦手であることはよく知られています。インターネットを通じたコミュニケーションはこのような非言語コミュニケーションが苦手なASDの子どもたちや青年にとって、有用なコミュニケーション手段になっている側面もあるといわれてきました。

　例えば、ASDの青年のインタビュー調査からは、彼らがインターネットを快適なコミュニケーションメディアであると認識しており、その要因として、視覚的な匿名性、多様で柔軟なコミュニケーションのペース、テキストの永続性（テキストがスクリーン上に残ってくれること）などが挙げられています[4)]。

　外来でASDの子どもたちにLINEのトークやテキストチャットなどのメリットをたずねると「考える時間がある」「相手が見えないし、自分も見られないから伝えやすい」「ボイチャは苦手だけど、テキストはゆっくりでも大丈夫だし、

焦らない」と答えてくれることが多いのですが、これらはLINEのトークやテキストチャットが、対面してのジェスチャーなどを使わずにコミュニケーションできることで、その複雑さを軽減していることを表しているのかもしれません。確かに、ボイスチャットなどが苦手な子どもも出会いますが、コミュニケーションの入り口を、テキストもしくは音声といった具合に選ぶことができるという点においてインターネットはASDの子どもにとって使いやすいコミュニケーションツールといえるかもしれません。

　一方で、LINEなどのトークは苦手であると語るASDの子どもたちもいます。その子どもたちの話を聞いてみると「何を返信していいかわからない」などと答えることもしばしばあります。また、LINEにおいては現実での人間関係が反映されやすいことに加えてある程度の即応性が求められますので、何を返信しようか考えているうちにグループラインの話題が流れてしまうこともしばしばあります。そして、グループラインにはある程度流れもありますが、このあたりの流れを断ち切ってしまうようなトーク（それまで、明日の文化祭の話題だったのに、唐突に今から放送する大好きなアニメについての投稿をするなど）をしてしまうこともあります。実は、先程のASDにおける「コンピューターを介したコミュニケーションが得意なのでは？」という議論に関しては、LINEの送受信をした友人の数やInstagramの投稿数とASD特性との間には負の相関があるという報告[5]やASDの子どもはほかの人とコミュニケーションをとりながらマルチプレイをするよりも一人でソロプレイを好むといった報告[6]などもあり、「意外とコンピューターを介したコミュニケーションを好まないのでは？」という議論もなされています。ただし、私自身はこれらの報告からASDの子どもたちや青年がSNSをはじめとするインターネットやコンピューターを介したコミュニケーションが苦手であると結論づけてしまうのはやや早計だと考えています。

　ASDの青年のSNSの利用目的を調べた調査からは、ASDの青年は、新しい友人関係を探し、「自分の趣味に関するディスカッショングループに参加することを楽しむため」に、定型発達の青年は「家族や友人と親しくするなど既存の人間関係を維持するため」にSNSを利用することが示唆されています[7]。このような目的の違いのため、自ずと利用するSNSが異なる可能性もあり、何をソー

シャルメディアとして対象に加えたかによっても結果は異なりそうです。例え
ば、LINEやInstagram、Facebookなどは日本においては現実のコミュニティ
の人間関係とのつながりも深く、既存の人間関係のつながりの維持にも適して
います。ですので、もともと現実における交流が多ければ多いほどその交流も
活発になりやすい一面があるといえます。一方で、現実のコミュニティの人間
関係とつながりのないTwitterの趣味アカウントや匿名掲示板などは「趣味に関
するディスカッション」に適しているといえそうです。実際に外来に来てくれ
る子どもたちや青年はTwitterで趣味のアカウントを作り、ほかの人と交流す
ることも多く、Twitterがやがて家でも学校や職場でもない「居場所」となり、
オフ会などに出かけていくこともしばしばあります。そして、自分の大好きな
ことに関する投稿に、そっと押される「いいね」やリプ（返信）に心が救われる
こともしばしばあります。

　よく考えてみれば、私が外来をしている田舎の地域では、自分の特別な興味
（例えば、ある特定のアニメやゲーム）に関して、自分と同じくらい知識があり、
ディスカッションできる仲間と出会ったり、好きなだけそのことについて語り
合える仲間と出会ったりすることは非常に困難ですから、Twitterのような距
離や年代が離れていても、自分と同じ特別な興味や趣味嗜好があった他者を見
つけやすいツールは彼らの友達関係の構築に一役買っているといえます。最近
の研究ではソーシャルメディアの利用は、不安のそれほど大きくないASDの若
者の友情と関連することも報告されています。これらの調査からは、ASDの子
どもたちや青年も自分の趣味に合ったソーシャルメディアを効果的に活用する
ことで、友人関係をはじめとする社会的関与の機会を広げることができるとい
えそうです[8]。

（3）ASD の子どもたちや青年とインターネットにハマること

　時々、「ASDの子どもは動画ばっかり見てネット依存になりませんか？」「ゲーム
ばっかりしてゲーム依存になりませんか？」と質問を受けることもあります。
これには専門家でも議論がありますが、ASDの子どもに関しては、強迫的なイ
ンターネット利用（強迫的なインターネット利用はインターネット依存の別呼
称と考えてよく、背景にある考え方に違いがあり、インターネットに嗜癖的に

なるのではなく、特定のコンテンツやサービスに嗜癖的になる結果、インターネットを強迫的に利用するという考えに基づいています）の傾向があることは報告されています[9]。

　日本におけるASDの子どものインターネット依存の有病率をみてみると、宗龍平先生らによる調査では、ASDの子どもの10.8%、ASDにADHDが併存する子どもの20.0%がインターネット依存であったとされています[10]。ヤングのインターネット依存度テストは随分前に作成されたものですから、現在のインターネットの実情を反映していないという批判もありますが、先行研究が多いため比較をしやすいというメリットもあります。当院の同様の調査においても、小学校高学年では8.3%、中学生では5.4%、高校生では2.9%のASDの子どもや青年がスクリーニング尺度の上では、インターネットに依存的であるとされました[11]。河邉憲太郎先生らによる別の調査ではスクリーニング尺度の上では45.5%がインターネットに依存的であるとされています。この調査はほかの調査とカットオフポイントが異なっていますので、有病率に関して単純な比較はできませんが、自閉スペクトラム症のインターネットへの嗜癖に関して携帯ゲーム機との関連や先行研究[10]と同様にADHD特性との関連を指摘している点が大変興味深いところです[12]。

　以上を考え合わせると、インターネットに依存的になることと自閉的な特性についてはいくらか関連がありそうであり、ADHDが併存した場合にはその傾向はより強くなりそうです。その背景としては、ASDの子どもの情動調節の問題やそれによる学校でのうまくいかなさ[13]や不安などが想定されています。ただし、ASDの大学生と、定型発達の大学生との間のインターネット依存の傾向に差がなかったという報告[14]などASDとインターネットに依存的になることとの関連を支持しない報告も散見されますから、この分野はまだまだ研究の途上であるといえそうです。

（4）ASDの子どもたちや青年とオンラインゲームの世界

　ASDの子どもたちの多くはゲームを好んでいます。ある調査によれば、ASDの男の子が最も好むゲームは「Minecraft」（18.5%）であり、マルチプレイヤーモードで他者と遊ぶ頻度は低かった（つまり一人で遊ぶことが多かった）といい

ます[6]が、この背景にはオンラインゲームのコミュニティ特有の難しさがある
のかもしれません。オンラインゲームのコミュニティにはMMORPGであれ
FPSやTPSであれ、何らかの暗黙のローカルマナーが存在することは多くあり
ます。ASDの子どもや青年にとって、このような暗黙のローカルマナーを読み
取ることは難しいことも多く、結果としてコミュニティに疲れてしまうことは
外来でしばしば耳にするところです。ですので、ASDの子どもや青年がネット
やゲームの中でのコミュニティに関するリテラシーを安全に学ぶ機会を作って
いくことはとても大切になります。まだ小学生の子どもであれば、大人が一緒
にゲームをしながら、ゲーム上でのリテラシーやコミュニケーションマナーを
伝えていくことで、それらを学んでいくことは可能だろうと思われます。また、
海外の事例ですが、Autcraftと呼ばれるMinecraftのコミュニティもあるよう
です[15]。Autcraftは、ASDのプレイヤーとその家族や友人のために設計された
Minecraftのサーバーであり、ASDの方やその家族を含む大人たちにより安全
に管理されているそうです。また、「ヘルパー」や「シニアヘルパー」といった
子どもや大人が初めてサーバーに入りたてのプレイヤーを助けるシステムも用
意されていますから、このようなコミュニティは安全にリテラシーを学ぶ場に
なるかもしれません。そして、それらはリアルの生活における社会性にもつな
がっていくものかもしれません。このようなリテラシー教育の必要性から今後
はひょっとすると、「習い事」としてのゲームが今よりもずっとニーズが多くな
るかもしれませんね。

7.2 ADHDの子どもとインターネットやゲーム

　ADHDは、不注意かつ／または多動、衝動性により特徴づけられる発達障害
です。ADHDの本態としては、Barkleyが実行機能障害仮説を提唱[16]して以来、
広く受け入れられてきました。実行機能障害とは目標を設定することや目標に
向けて計画を立てること、そして、計画を実行し、そのために行動の取捨選択
をすることなどを適切に行うことが難しいことを指しています。もう少しいい
換えれば、意図したことを柔軟かつ計画的に考えて行動に移すことが苦手にな
りやすいという「段取りの悪さ」などがその特徴といえます。しかし、すべての

実行機能がADHDにおいて一様に障害されるわけではありません。そこで、Sonuga-Barkeらは実行機能システムと報酬系のシステムの二つの経路の障害を並列に配置した二重経路モデルを提唱しました[17]。これらの報酬系のシステムの障害からは遅れてくる報酬を待つことができない遅延回避の特性や代わり手近な報酬を選択する傾向、衝動制御の困難などが説明されるといわれています。

（1）ADHDの子どもたちとゲーム

　ADHDの子どもたちとゲームやインターネットとの関わりで問題になりやすいことの一つは過集中の問題です。外来でADHDの子どもたちが「YouTubeずっと見てたんだけどね、呼んだって親は言うんだけど、全然気がつかなかった。本当は呼んでないんじゃないかな？」「気がついたらいつの間にか朝の4時だった。10時間も一気にやっちゃった」などと語られる言葉の背景には彼らの過集中の特性が見てとれます。

　そして、段取りが悪いことや好きなことに区切りがつけにくい側面から「ゲームをおしまいにすることが難しい」という側面もあります。例えば、「マインクラフト」などは、何をするのも自由なゲームですから、自分で区切りをつけて終えることが必要なゲームです。うまく装置（例えばエレベーターなど）を作ったり、建造物を建てたりするためには、事前の準備や段取りも必要になってきます。このようなゲームの特徴から診察室に来るADHDの子どもはとても「マインクラフト」が好きなのですが、「マインクラフト」をおしまいにすることはとても苦手です。また、FPSやTPSのバトルロイヤルなどのゲームでは、敵が次から次へと現れ、比較的短時間で1ゲームが終わる構造になっており、対人戦の要素で勝ち負けがわかりやすく、待たされることも少ないといった即時報酬が多い構造になっています。このような背景もあって、診察室に来られるADHDの子どもは「フォートナイト」や「スプラトゥーン」などもとても好きなのですが、これらをおしまいにすることはとても苦手です。中には、序盤でやられてしまうなどうまくプレイできないことや勝ち負けの結果に怒ってしまう子どももいますし、それをとがめた大人と口論になるようなこともしばしばあります。

　ADHDのお子さんではもう一つ注意すべきことがあります。それはお金との付き合い方です。特に「ガチャ」における課金との相性があまりよいとはいえず、「ほしいキャラが出るまで引きたい」と「ガチャ」を引きすぎてしまうことや、「ガチャ」を引きたいあまり、親のお金を盗んでしまうなどの問題が起こった結果、子どもと大人の対立が深まってしまうケースはしばしば見られます。このような際には、適切な（オンライン）ゲームとお金に関する心理教育などがどうしても必要になります。

（2）ADHDの子どもたちや青年とインターネットやゲームにハマること

　ADHDとインターネットに嗜癖的になることの関連を扱った調査ではほとんどすべての調査で関連があることが明らかになっています[18]。また、インターネットに嗜癖的な人はそうでない人に比べておおよそ2.51倍ADHDと診断されるリスクが高いともいわれています[19]。これらの背景には退屈な時間が苦手なこと、満足を早く得たいと思っていることやセルフコントロールが苦手であることといったADHDの中核となる特性が関与していることが示唆されています。また、ADHDの子どもたちはゲームに嗜癖的になりやすく、その特性の強さとゲームの過剰な使用には相関があること[20]やインターネットゲーム行動症にADHDを併存していた場合、回復率などに影響を与えることやADHD症状の変化はインターネットゲーム行動症の症状の経済的な変化と関連していたことも指摘されています[21]。

　実際に精神科受診をしているADHDの青年にヤングのインターネット依存度テストを用いた調査では、ADHDの12.5%がスクリーニングテストの上ではインターネット依存であったとされています[10]。当院の同様の調査でも、小学校高学年で10.0%、中学生で3.7%、高校生では18.2%がスクリーニングテスト上ではインターネット依存に分類されます[11]。

　このようにみてきますと、自閉スペクトラム症とインターネットへの嗜癖が何らかの不安を媒介としていたのに対して、ADHDについては衝動性や不注意などその中核的な特性がインターネットへの嗜癖と関連しているのかもしれません[22],[23]。そのため、時にはADHDの治療そのものがゲームやインターネットの問題を減らすことにつながることもあり、メチルフェニデートやアトモキ

セチンでは有効性を示す報告もあります[24),25)]。

　実際の診療場面においても、中学生のADHDケースにおいてメチルフェニデート徐放製剤がその転帰に寄与したと考えられる事例があります。

事例紹介

※事例については本人および保護者から書面にて承諾を得ていますが匿名性に配慮し細部を変更しています。

　はるくんは、YouTubeの実況やオンラインゲームにハマり、家族とも喧嘩が多くなったことや学校を休みがちであることを主訴に当院を受診しました。

　たまに通う学校での様子や友人との関係性、発達歴や行動観察からADHDを背景に有することが明らかになりましたので、2回目の診察の際に、家族と本人にADHDを有していることを伝え、ADHDの特性についても可能な限りわかりやすくお伝えしました。

　家族にも彼への適切な関わり方などを知ってほしいと思いましたが、両親は共働きであり、ペアレントトレーニングを受けに来られるほどの時間的な余裕もなかったため、月に一度出勤前の時間に両親に診療に来ていただくこととしました。その診察の中で、「よいところを見つけること」や、「本人なりに我慢しているところを見つけていくこと」、「本人への褒め方」などペアレントトレーニングのエッセンスを扱い、両親も次第に「はるは素直でやさしいところはあるんです。この間もおばあちゃんが寝込んだ時に俺が料理作るわって言って、本当に簡単なものですけど、作っていました」などと彼のいいところを診察室で自然と語られるようになりました。この頃、家では相変わらずゲームやYouTubeをおしまいにすることができず、夜更かし気味になることが日常であり、たまに行く学校では授業中に仲間と大声で話すことや、気に入らない男子にちょっかいをかけ、喧嘩になることがしばしばありました。

　ちょうどその頃の診察で、本人が「先生、ADHDって薬でも少し良くなるって聞いたけどほんと？おれ、学校で友達にすぐちょっかい出しすぎて

うまくいかんから、学校もいきたくなくなるし、薬でよくなるなら薬も使ってみたい」と語りました。はるくんのこのような発言を受けて家族と本人に薬物治療のメリットやデメリットについて説明し、同意を得たうえでメチルフェニデート徐放製剤を開始しました。

　その後、両親が本人の頑張りを認めることが日常的に上手になりました。それにつれて家族関係もよくなったこともあり、YouTubeやゲームに関する家庭でのトラブルもピタリとなくなってしまいました。学校でもうまくいくようになり、先生から両親に「最近はよく頑張ってノートもとっていますよ」と報告されることも増え、両親はますます彼の頑張りを認めるようになりました。折しも受験が近づいており、彼はなかなか家庭での学習は集中できず、ほとんど家では勉強しませんでした。そんな彼は塾に通うようになります。「最近は塾に行ってるよ。家ではおれ、まったく勉強できないから」「親も家で勉強できないこともわかってくれてる」「塾行くだけでも、よくやってると言ってくれるし、なんとか高校行きたいな」と語りました。

　ある日の診察で『はるくんは全然怒らなくなったよね？』『あの頃はなんだったんだろうね？』と質問をすると、はるくんは「あの頃は何もうまくいかんかったし、勉強もできんから、学校でも家でもいろいろ言われてたし」「自分でもいっつもイライラしてたと思う」「今は全然そういうことない」「友達とも親ともうまくいってるからいいんじゃないかな」と語りました。

　彼は現在、高校を卒業し、無事に就職しています。職場での適応もよく、時々上司とご飯を食べに行くこともあります。高校在学中にメチルフェニデート徐放製剤の服薬も終了していますが、特段大きな問題はありません。こうして振り返ってみると、彼にとって薬物治療は、家庭や学校での「居場所」の回復のきっかけだったのかもしれません。

　このように書くと、すべてのADHDを併存したゲームやインターネットをめぐる問題に薬物治療をすればよいのでは？と思われる読者の方もおられるかも

しれませんが、決してそうではありません。当然のことですが、ADHDの子どもへの支援方針は心理社会的な教育やペアレントトレーニングなどを中心とした親を中心とする大人へのサポートなどを基盤として組み立てられる必要があります。今回は両親が共働きであり、家庭の時間的な余裕がそれほどなかったため、どのような支援が提供し得るか、両親とともに考え、「朝の出勤前の短時間なら通って来れる」と両親も言ってくださったため、そのようなセッティングで心理社会的教育を行いました。

　両親の子どもとよい関係を作りたいというモチベーション、そして、子どもの「学校で友達とうまくやっていきたい」というモチベーションが家庭や学校での「居場所」の回復に大きく貢献し、薬物治療はほんのすこしきっかけを作ったにすぎないと思っています。

8. 不登校の子どもとインターネットやゲームの世界

　ここからは、不登校の子どもの支援に軸足を置いて、インターネットやゲームの世界を見ていきましょう。

　不登校とは、児童生徒が学校を長期に休み、それをめぐって何らかの悩みや葛藤が生じている状況の総称であり、学校という場に内在している何かとの関わりにおいて登校ができず、そこに悩みが生じている状況をいいます[1]。

　令和2年度の文部科学省の調査では、小学校で63,350人、中学校で132,777人が不登校の状況にあり、その要因としては「無気力・不安（46.9%）」、「いじめを除く友人関係をめぐる問題（10.6%）」、「生活リズムの乱れ・あそび・非行（12.0%）」の順に多く、「親子の関わり方（8.9%）」が次いで多くなっています[2]。一方で、日本財団による中学生を対象とした調査によれば、1年間に30日以上学校を休んだことがある／休んでいる者の学校に行きたくない理由として、「朝、起きられない（59.5%）」が最も多く、不登校の状況にある生徒の多くが「朝、起きられない」と思っていることが示唆されます[3]。

　多くの大人は子どもが不登校の状態になると「この子の将来はどうなるんだろう」と不安になると思います。不登校の転帰に関する調査をみてみますと、1年後の登校状況は、完全登校48%、部分登校26%、不登校の継続が26%であったという報告があります[4]。また、もう少し長期間の調査で見れば、中学卒後10年目の状況として、会社員（49%）、アルバイト（19%）、専業主婦（5%）、学生（9%）、無職（18%）としており、社会参加を基準とした適応状況では適応、やや適応を含め73%であったとする報告があります[5]。実際に当院に通院しているお子さんを見ていると、不登校を経験した子どもの8割くらいは就職などに至り、社会参加をしています。

8.1 不登校をめぐる臨床的評価

　不登校は児童、思春期を通じて誰にでも起こり得る状態像であり、一括りの精神病理や精神疾患としてとらえることは非常に難しいものです。そのため、

個々の不登校を呈した子どもの支援のための多軸診断も提唱されています[4]。

表8-1　不登校の多軸評価（齊藤[4]の不登校の多軸評価に基づき、一部筆者が語句を修正）

	不登校の多軸評価
第1軸	背景にある精神科的な疾患のアセスメント
第2軸	背景にある発達障害のアセスメント
第3軸	不登校の出現過程による下位分類の評価
第4軸	不登校の経過に関する評価
第5軸	環境要因の評価

　実際に不登校の子どもが診察室に来られた際に、私たち児童精神科医は、①不登校の子どもの背景にみられる何らかの精神科的な疾患について、また、②何らかの発達障害についてアセスメントを行い、③不登校に至る過程や④不登校の経過の中で現在がどの時期にあるかについて検討するとともに、⑤環境的な要因の評価を行っています（表8-1）。

（1）不登校の子どもの背景にある精神的な疾患の評価

　不登校の子どもの背景にみられる精神科的な疾患としては、現代でいう適応障害や社交不安症、分離不安症、全般性不安症、強迫症などがあるといわれており[6]、国府台病院による調査では43％が適応障害、33％が不安障害、12％が身体表現性障害であったといいます[7]。一方で、別の調査では不登校の背景に精神科的な疾患が認められたものは19例（24％）しかなく、不安障害13例、強迫性障害1例、うつ病1例、不安障害とうつ病の併存が3例、解離性障害が1例であったとされています[8]。このように不登校は精神科的な診断がつくものからつかないものまで幅広い概念と言えるでしょう。また、この調査では不登校の80例中73例に身体愁訴が認められ、そのうち19例が起立性調節障害、1例が過敏性腸症候群と診断されたとされていますので、私たち児童精神科医は子どもの心身症的な背景にも注意をする必要があるといえます[8]。

　不登校の背景にある精神科的な疾患や子どもの心身症的な疾患のアセスメントの結果により、治療的な支援が異なりますから、これらのアセスメントは大

切になってきます。また、思春期発症の統合失調症の場合、その初期の症状としても成績の低下、意欲低下や不登校などを呈して受診することもありますのでこの点にも注意が必要になります。

（2）不登校の子どもの背景にある発達障害の評価

また、不登校の子どもの背景にある発達障害のアセスメントも大切な視点になります。特に自閉スペクトラム症においては、不登校に至る場合が多いとかねてより指摘されています。当院における調査でも、ASDで経過をフォローしている子どもの39.0％に、中学を卒業するまでの間に少なくとも一度の不登校がみられました[9]。また、不登校の36％にASD、7％にADHDが併存するという報告[8]や、11％にADHDが併存するという報告もあります[10]。また、不登校と睡眠障害のために来院して初めて不注意優勢型のADHDと診断された中高生例の報告もあります[11]から、多動や衝動性といった行動特性が目立たないタイプ（不注意優勢型）のADHDのお子さんにも注意が必要になります。

このように不登校と発達障害との関連については多くの報告がありますが、このようなアセスメントをするのは、その発達障害の特性を考慮した支援や環境調整が必要であるからにほかなりません。

（3）不登校とオンラインの世界との関係

日本の大学病院における調査では、ヤングのインターネット依存度テストを用いた調査において、病的な使用をしている群の69.2％に不登校が認められたことが報告されており[12]、不登校とインターネットに依存的になることとの関連が示唆されています。実際に、学校に行きづらくなった子どもたちが、その苦しい現実になんとか対処しようと、オンラインゲームなどに傾倒することもありますが、そこからもたらされるものは、それぞれのゲームと子どもたちとの関係性によっても異なります。

例えば、不登校に至ったばかりで、登校への葛藤や休んでいることへの罪悪感を打ち払うように一人で「フォートナイト」に没頭する子どもと、学校に行かなくなってから時間が経過しており、ネット上で知り合った友達と雑談などをしながら楽しそうに遊ぶ子どもとではそのゲームとの関わりやそこから得られ

ているものは大きく異なります。前者の子どもの場合にはゲームに没頭することが、登校への葛藤や休んでいることへの罪悪感から、身を守るための救命浮き輪のような役割を担っていますし、後者の場合には「居場所」のような役割を担っています。そういった意味では、同じゲームでも、そこからもたらされる意味合いはその子どもとそのゲームの世界との関係性によって異なるといえます。

（4）不登校の経過の評価

　不登校はその定義上、多くのものを含んでいますから、経過に関して単純な類型化はすべきではないかもしれませんが古典的には心気症的時期（登校前に身体のあちこちに不調を訴える時期）、攻撃的時期（葛藤が強くなり不安と自責の念が強くなり、それを攻撃という形で表す時期）、自閉的時期（親やきょうだいとの接触も回避する時期）の三期分類[13]や、不登校準備段階、不登校開始段階（激しい葛藤の顕在化による不安定さが際立つ段階）、ひきこもり段階、社会との再会段階の4段階の分類[14]などが知られています。古典的な不登校の経過をわかりやすく示すと以下のようになります。

　不登校は当初、学校内での何らかのうまくいかなさや居場所のなさなどを背景に、腹痛や嘔気、頭痛などの身体症状を訴えることで始まることが多いとされています。医療機関でもはっきりとした身体的な所見が得られず、「ストレスがあるのでは？」と曖昧な説明がなされることもあります。登校時間帯に体調を崩すことが多いため、学校には行きづらくなりますが、その原因やはっきりとした理由が見つからないことも多く、保護者の焦りも募り、「やる気が足りないのでは？」と子どもを責めてしまうことも多くなりがちです。そして、子ども自身も「行けない自分はダメだ」と自分を責めるようになります。無理に学校に連れて行こうとすると暴れてしまうこともよくありますので、親御さんの不安も大きなものになっていきます。

　さらに不登校の状況が続くと、朝起きると学校のことを考えねばならない葛藤から、寝る時間も遅くなり、昼夜逆転の状態になることもあります。一方で、この頃には親御さんが無理やり登校させようとすることも少なくなり、学校のことをもち出さない限りは、身体症状の訴えや激しい攻撃性は少なくなり、比較的穏やかな日常が流れるようになります。

　このような時期を経て、やがて多くの不登校の子どもたちは、家庭内で家族と日常的な会話などをするようになり、家庭内に居場所を見つけ、オンラインであれ、オフライン（適応指導教室やフリースクール）であれ、自分自身を肯定的に認めてくれる他者と出会い、その影響を受けながら、少しずつ心理的な「居場所」を広げ、社会へと再会していきます。

　目の前にいる子どもが、現在、不登校のどの時期にあたるかによって、おのずと支援の方針は変わるものと思われますから、経過のアセスメントはとても大切になるものと思われます。例えば、不登校の始まった当初は家庭を中心とした休息や家庭における「居場所」の回復が大切になりますし、中期以降になると、本人のモチベーションと歩調を合わせながら、相談機関であれ、フリースクールであれ、家庭でも学校でもない「居場所」を探していくような試行錯誤が大切になってくるものと思われます。

（5）不登校の子どもたちの環境の評価

　不登校の支援において、家庭や学校、地域社会などの子どもたちの周囲の環境についてアセスメントしておくことはとても大切です。特に、子どもを支えるポジティブな環境因子のアセスメントは重要です。なぜなら、子どもを取り巻く環境の評価とそれに基づく環境要因への介入や環境調整を行うことにより、子どもや保護者を中心とした支援のネットワークが広がることや、子どもにとっての小さな「居場所」がいくつもできていくことにつながるからです。

　子どもにとっての「居場所」の大部分は学校と家庭ですから、不登校とは、子どもの大きな「居場所」の一つである学校との関係が途切れてしまった状態ともいえます。そして、学校という「居場所」は、子どもにとって、友達との相互交流などを通じて、社会的な関係性を学ぶ場でもあります。

　不登校の状態にある子どもと出会ったとき、私たちのような支援者が目指すのは、長期的な視点では「いかに社会とのつながりを途切れさせないか」であり、短期的な視点では「いかに社会とのつながりを回復していくか」という点にあります。

　背景にいじめがあるような場合には、学校内におけるいじめへの対応を最初に行うことになりますが、いじめのために学校に行きたくないと泣く子どもを

学校に通わせながらいじめに対応することは困難なこともしばしばあります。いじめが実際に起こっているとき、いじめが大人に明らかになった時点では、その場所がSNSであるにせよ、教室内であるにせよ、子どもは現実での学校の「居場所」をだいぶ失っています。周囲の大人の中には「逃げないで」とメッセージを送ってくださる方もおられますが、いじめを受けている場所に出かけていくのは子どもにとってはものすごくつらいことで、一旦学校に行かないという選択をする必要がある場合もあるでしょう。

いじめの被害にあった子どもは、「学校に行かなくちゃ」と思えば思うほど、足取りが重くなります。そして、学校のことを考えれば涙が出るほどつらいことや恐怖に体を固くすることもあります。そんな朝が毎日やってくるのです。そんな時に子どもたちはリアルでないどこかの世界に脱出を試みるかもしれません。その脱出先がオンラインゲームやゲームということもあるでしょう。オンラインにもオフラインにもその脱出先が保証されず、家庭にも学校にも「居場所」が見つからない場合に、子どもたちは「死にたい」「消えたい」と考えることもあります。そう考えると「逃げないで」というメッセージよりも「あなたの命の方が大切」「家にいてほしい」というメッセージを伝えることの方が大切になるでしょう。

そして、背景に虐待をめぐる問題がある場合には、虐待に対する対応が優先されます。児童相談所への通報を含め、子どもの安全が保証されることが最優先になりますし、学校との連携も大切になります。また、背景に発達障害が認められるような場合には発達障害の特性に応じた環境的な配慮などが大切となりますので、子どもを中心として親御さんや学校が話し合いながら考えていく必要があります。

(6) 不登校の子どもたちとポジティブなかけら

学校に行きづらい子どもと出会う時、臨床家である私たちはオンラインゲームに傾倒していようといまいと、子どもと家庭とのつながりを模索し、家庭が再び「居場所」となり、その上で学校の内外に小さな「居場所」が広がっていくことを目指していくことが大切になります。

学校に行きづらい子どもは、学校の「居場所」を一旦は失いかけるのですが、

学校の中にポジティブなかけらが残っている場合もあります。それは、その子にとっての幼なじみの友人であったり、大好きな部活であったり、優しい保健室の先生や相談室の先生であったりします。その場合、本人のモチベーションや元気さと相談しながら、オンラインで友人と一緒にゲームで遊んだり、少しだけ部活に参加したり、保健室や相談室で安心できる先生と好きな話をしたりしながら、もう一度ポジティブなかけらとの接点が回復できるよう試行錯誤していくこともあります。

　一方で、学校の中にポジティブなかけらが見つからない場合は、本人のモチベーションや元気さと相談しながら、フリースクールや適応指導教室など、学校外の「居場所」との接点を探していきますが、そのような子どもが回避的にゲームやオンラインゲームに傾倒することはよく見られます。このような場合に、大人は、「ゲームやオンラインゲームをしているせいで学校に行けない」と思いがちですが、この因果関係はむしろ逆で、「学校に行きづらいから、回避的にゲームやオンラインゲームをしている」ことが多くあります。

　このようなケースを「ゲームやオンラインゲームのコントロールが難しい」という本人の中にある問題としてとらえてしまうと、環境と本人との相互作用という不登校の側面を見逃しがちになってしまいます。この理由からも、私はDSM-5-TRのインターネットゲーム行動症やICD-11のゲーム障害／ゲーム症の診断基準については、臨床的にはきわめて慎重に扱わなければならないものと考えています。

8.2 社会とのつながりの回復の第一歩は家族とのつながりの回復

　ここからは、不登校のお子さんの「居場所」の回復過程について、もう少し詳しくみていきましょう。

　子どもが不登校の状態になり、心配にならない親御さんはおられません。最初の頃は「勉強の遅れ」や「成績の低下」などが心配になりますし、そもそも、子どもが元気のない状態で家にいることも心配でしょう。多くの大人にとっては子どもが朝になったら、学校に元気に出かけ、夕方、ちょっと疲れてはいても元気に帰ってくることが、当たり前の日常であり、この当たり前の日常が失わ

れてしまうことが大きなショックであることはいうまでもありません。

　一方で、子どもの視点に立って不登校を眺めると、子どもはそれまでは当たり前にあった学校という大きな「居場所」を失っています。その中で家族からも「何とか学校へ行ってほしい」という思いを感じて、自分を責める状態が長く続くと、次第に家族との接点は失われ、家庭の中で「居場所」を失ってしまいます。どんな背景があるにせよ、自分が学校に行きづらくなってしまったことを後ろめたく思わない子どもはいません。後ろめたいあまり、当初は家族との会話もぎこちなく、中には家族とのつながりが途切れてしまうこともあります。そのような子どもの支援としては、まずは、家庭が安心できる「居場所」になっていく必要があるのです。

（1）家庭が安心できる「居場所」となるために

　家庭が安心できる「居場所」になるためには、①子どもの後ろめたい気持ちに寄り添い、「学校に行く／行かないよりも、あなたが元気でいてくれることの方が大事だと思っている」というメッセージや、②「あなたが元気になるためのチャレンジは応援している」というメッセージを子どもにもわかりやすい形で伝えていく必要があります。そして、③大人も子どもも、家庭外の信頼できる専門家などとつながりをもつことも大切になります。

　当初、子どもは、家庭外の専門家に相談することを好まないこともありますが、その際にも隠し事はしない方がいいでしょう。「学校に行く／行かないよりも、あなたが元気になるために家族はどうしたらよいのか相談したいと思う」と大人の素直な気持ちを伝えたうえで、相談に出かけることが望ましいと思われます。

　外部への相談を続けていくことは、大人のメンタルヘルスの上でもとても大事になります。子どもが不登校の状態になった当初は、大人の気持ちも当然ながら激しく揺れ動きます。「子どもが安心して家にいられるように」と一度は思ったとしても、「このままでいいのだろうか」という漠然とした不安が、周囲の子どもたちが元気に遊ぶ声や、学校の先生からの電話、進級の時期など折にふれてたちのぼってきます。それは親御さんとしてごく当たり前の気持ちですから、責められるべきではありません。私たちのような専門家は、そのような

大人の不安にも寄り添いつつ、家庭で子どもと過ごす中で生じてくるポジティブな出来事（一緒にご飯が食べられる、日常の雑談が楽しくできる）などに目を向けてもらうことによって、親御さんも家庭で子どもを安心して見守ることができるように支えていく必要があります。そして、親御さんがそのような眼差しを子どもに向けることによって、子どもにとって家庭は安心して、くつろげる「居場所」となるのです。

（2）回避的な行動としてのゲーム

　不登校が始まった当初の子どもが、回避的にゲームやオンラインゲームに没頭する姿はよく目にするところです。不登校は、学校という大きな「居場所」を失うことで、リアルとつながった個人的なコミュニケーションも失いかけることを意味します。同時に、趣味や関心が似ていることで得られる同期的なコミュニケーションも失いかけます。これを後ろめたく思い、家族の視線が気になるようになり、自分を責めてしまうと家庭という大きな「居場所」も失うことにつながっていきます。このような連鎖の中にある子どもにとって、ゲームやオンラインゲームの世界は、溺れてしまいそうな現実の海に放り出された際の救命浮き輪のような役割を担っています。

　しかしながら、ゲームやオンラインゲームの世界は当初はなかなか「居場所」にはなりません。「居場所」とは、自分ではない誰かがそこにいてくれて、そこでお互いに認め、認められることを通じ、お互いに影響しあって自分という存在が自分らしく広がり、新たな人生の方向性を獲得していく場所です。「居場所」が「居場所」として機能するためには他者の存在が不可欠であると言えるでしょう。

　子どもは、やがて、救命浮き輪となったオンラインゲームの世界の仲間と交流をもつようになり、失いかけた同期的なコミュニケーションの感覚を取り戻すようになります。仲間と一緒に戦い、笑い、時には喧嘩をし、仲直りする、このようなリアルでも当たり前にある人間関係はオンラインゲームのコミュニティの中にも認められます。やがて子どもは、自分と波長のあった仲間をゲームの中に見つけ出すかもしれません。こうしてオンラインゲームの世界は子どもにとって、広い海の上にぽつんと浮かんだ小島のような「居場所」となっていきま

す。そして、家族がオンラインゲームなどでの交流にポジティブな眼差しを向けることで、再び家庭も「居場所」となっていきます。そして、次第に家庭の「居場所」とオンラインゲームの「居場所」はつながり、地続きになった大きな「居場所」になっていきます。

　子どもたちの多くは、その後、さまざまなチャレンジを繰り返していきます。しかし、チャレンジは安心できる家庭の「居場所」があってこそ可能となるものです。もし、小さなチャレンジにつまずいたとしても、戻って来ることができ、その小さなチャレンジそのものを認めてくれる「居場所」があってこそ、子どもはまた別の小さなチャレンジができるのです。そのためにも、まず家族とのつながりが回復し、家庭が安心できる「居場所」となる必要があるのです。

　子どもがまだ挨拶に返事をしない段階では、毎日の挨拶は大切になるでしょう。無理に学校に行かされないこともわかってくると、子どもも挨拶を返してくれるようになっていきます。そんな時の嬉しさは、「挨拶を返してくれてうれしい」と素直に伝えることで、子どもはもっと挨拶を返してくれるようになるかもしれません。挨拶が返ってくるようになったら、「夕飯のメニュー」を尋ねたりしながら、一緒にご飯を食べられる関係を目指していきます。ご飯が一緒に食べられるような日があれば、照れくさいですが、素直にその嬉しさも表現し「一緒に食べられてうれしい」と伝えることも大切になってきます。

　そのうち、子どもはリビングなどで大人の前で過ごすことをいとわないようになり、大人の前でゲームの話などもするようになってきます。これに対しても「楽しそうでうれしい」と素直に伝えることで、子どもたちは大人の前でゲームをしたり、大人にゲーム画面を見せてきたりするようになってきます。

　「これ見て！すごいでしょ！３枚も一気に抜いたんだ」

　これは、「スプラトゥーン」をしている子どもが親にゲーム画面を見せながら思わず発した言葉です。ここに周りの大人があたたかい眼差しを向けたり、「おお、すごいね」と関心を寄せていったりすることで、オンラインゲームの中のコミュニティは家庭とつながり、家庭は子どもにとって安心できる「居場所」になるのです。

　もちろんゲーム以外の子どもの好きなものにもポジティブな眼差しを向けていくことは大切です。けれども、不登校の始まった当初に子どもが自分からで

きることは、オンラインゲームやYouTubeなどの動画を見ることしかないこともしばしばあるのです。「ゲームばっかりして」「YouTubeばかり見て」ということを言いたくなることもあるかもしれませんが、実はそれくらいしか自分からできることがないかもしれないという点は少しだけ留意しておきたいところです。

事例紹介

　かりんさんは、小さな頃から社交不安が強く、人前で話すことがとても苦手でした。小学5年生までは、教室ではあまり話すことはないものの一生懸命学校に通っていました。成績はあまり振るわず、学校でヘトヘトになってしまうため、帰ってから宿題をする元気はなく、宿題はやりませんでした。学校からは「家でも少し勉強を」と懇談のたびに指摘をされていましたが、両親も無理に勉強は勧めず、家ではYouTubeを見たり、ゴロゴロしたりしながら過ごしていました。

　彼女には一人気楽に話すことができ頼ることもできる友人おり、5年生までは同じクラスになっていましたが、「もう小6だから、そろそろ友達に頼ることはやめたほうがいい」という担任の意向もあり、6年生のクラスは友達とは別のクラスになってしまいました。その頃から、彼女は朝、起きられなくなり、少しずつ学校に足が遠のくようになりました。学校からは「このまま休むと不登校になる」「今が大事」と言われ、親御さんはものすごく不安になったそうです。先生が朝迎えに来て学校に連れて行ったり、両親が学校に車で送ったりすることを繰り返していましたが、しばらくして朝になると頭痛を訴えるとともに体を震わせて泣くようになり、学校に行けなくなりました。

　両親もはじめの頃はなんとか学校に行かせようと、彼女を励ましていましたが、彼女の泣き顔を見て、次第に学校に行くことを促すことを控えるようになりました。彼女も後ろめたかったのでしょう、次第に両親とは別

　の生活時間帯で過ごすようになり、これまでしていたような雑談をするようなことも少なくなり、昼過ぎに起床し、自分のスマートフォンでYouTubeを見たり、ゲームをしたりしながら自室で過ごすことが多くなっていました。両親からの挨拶には応じたりはするものの、食事は一人でとることも多くなりました。そんな頃、彼女は心配した両親に連れられて、私の外来を訪れました。

　初診時、彼女は緊張して、母親の手を握りながら座っていました。問いかけには、わずかにうなずくのみで、ほとんど話すこともありません。両親は「家でもあまり話さなくなり、元気がない」「学校に行けない」「YouTubeやゲームばかりをしていて、どんなふうに声をかけていいのかわからない」と話されていました。

　母は彼女のしているゲームについて「刀のゲーム」と知っていましたので、診察ではこの「刀のゲーム」について話題になりました。

　『刀のゲームって刀剣乱舞かな？』

　母「そんな名前だったと思います」

　かりん「うん」

　『お、実は先生もやっているよ、あなたも審神者なのね』

　かりん「うん」

　『今のイベントは走ってる？』

　かりん「うん」

　『推しはどの子かな』

　かりん「…」

　（治療者のスマホのゲーム画面を見せながら）『この中にいるかな？』

　かりん「（指差しながら）うん…小夜ちゃん（と声を出す）」

　『小夜ちゃんはもう極？』

　かりん「ん…あとちょっと」

　『小夜ちゃんも極になると強いよね！』『頑張ろうねお互い！』

　などと話したり、彼女のスマートフォンの「刀剣乱舞」の刀帳などを一緒に見たりしているうちに次第に彼女の緊張は緩んできました。

　彼女が刀剣男士の絵などを描いて過ごす間に、家庭での様子をうかがうと、

　「このまま毎日YouTubeやゲームをしていてよいのだろうかと悩みます」と語られたため、

　①不登校の経過から考えると、まだ家庭の中で安心して過ごせるという段階ではないため、まずは家庭で一緒にご飯が食べられるようになることを目指していくこと、

　②そのために生活時間帯が一致している夕食から始めていくこと、

　③夕飯のメニューを彼女が好むメニューになるように、「何が食べたい？」と尋ねていくこと、

　④彼女の好きなことを知っていくために、時間があればご両親も「刀剣乱舞」をプレイしてみること

などをお伝えしました。ご両親はとても真面目な方でしたので、「先生、私にもできるゲームでしょうか？」と尋ねてくださいました。『とても簡単です』と私が答え、彼女も「一緒にやろう」「教えてあげる」と声に出しました。

　その後、両親が「刀剣乱舞」をプレイし始めたところ、母が先にかりんさんの推しの一人であった刀剣男士をお迎えするようなこともあり、「なんで！？お母さんばっかりずるい！」と家庭での会話も弾むようになりました。

　ちょうどその頃の診察のことです。今までは外に出なかったかりんさんが「クリアファイルが欲しい」と、コンビニでお菓子を買うともらえるクリアファイルを欲しがるようになりました。両親はそれを大人が入手してくることも考えましたが、診察の中でかりんさんが「家の近くは緊張する」「でも、隣町なら大丈夫だと思う」と語ったことから、「隣町のコンビニでお菓子を買って、クリアファイルをもらう」というチャレンジを企画しました。両親もクリアファイルを手に入れることを手伝ってあげたいと思っていたのも幸いし、彼女は次の回の診察では大量のクリアファイルをもって嬉しそうに来院しました。両親も「久しぶりに一緒に病院以外で外に出かけられました」と嬉しそうに語ってくれました。

その後は次第に生活リズムも改善し、両親と生活リズムが合うようになり、「ゲームセンターで景品を取りたい」といった小さなチャレンジを両親と楽しそうに行ったり、「美術館に本物の刀を見にいく」といった外出をしたりすることができるようになってきました。

家庭では、刀以外の話題も出るようになり、両親と食べたい料理やお菓子を作ることなどもするようになり、これまでは出かけなかった近所のスーパーにもお菓子の材料を買いに出かけることもできるようになってきました。

現在、かりんさんは確かに学校には行けていませんが、両親が学校からの電話を受ける際にもそばで聞いているようになってきました。今、両親は「適応指導教室の見学に行く」ことを計画しています。両親からの説明を受け、彼女もそのことは理解をしており、「建物だけ見て来る」と語っています。『そのチャレンジはとても大きなものだから、そう思えるだけで十分』と伝え、両親もその姿勢を喜んでおられます。

かりんさんの事例では、両親が彼女の好きな「刀剣乱舞」をプレイし始めてくれたこと、そして、両親もそのゲームを実際に楽しんでくれたことから、家庭が安心して過ごせる「居場所」となっていったことが見てとれます。そして、その後から彼女のいくつかのチャレンジが始まっていきます。「コンビニに出かける」「ゲームセンターに出かける」「美術館に出かける」などの外出は、他者からみれば小さなチャレンジかもしれません。けれども、一度学校に行きづらくなり、「居場所」を失いかけた彼女にとっては、これらはものすごく大きなチャレンジです。このようなチャレンジは安心できる「居場所」があってこそ、できることであり、家庭が「居場所」となっていない段階であれば決してうまくいかなかったことでしょう。そして、それを認め、励ましてくれる両親がいることで彼女のチャレンジは好きなこと以外にも広がってきています。例えば、かりんさんにとって料理はもともと好きなことではありません。けれども、自分を認め、励ましてくれる両親と行うことで、料理をすることが好きになってきており、この夏はアイスクリームも作ったそうです。また、適応指導教室のような

場所の見学は、本来好きなものではないのですが、少しずつチャレンジしよう
と考えているようです。そして、この両親は本人のチャレンジがどんな結果で
あっても大切に認めてくれるだろうと思います。

8.3 家族とのつながりから、社会とのつながりへ

　家庭の中に「居場所」が回復し、家庭の中で好きなことができるようになって
きたら、その後は社会の中にいくつかの「居場所」ができていくのを目指すよう
になっていきます。その一つが、家族が出かけていく相談機関でしょう。家族
が相談に出かけるのは、もちろん家庭の中に「居場所」ができる以前からで問題
ありません。病院の受診であれ、フリースクールや適応指導教室の利用に向け
ての相談であれ、余暇支援の場の利用に関する相談であれ、大人は子どもに対
して「相談に出かけること」を隠さない方がよいでしょう。そして、大人がそこ
で「誰と出会うか」がとても大切になってきます。特に不登校が始まった当初、
子どもは大人の行動にとても敏感になります。だからこそ、「あなたのことを心
配だから相談に行ってきたよ」と隠さずに伝えた方がよいと思われます。

　家庭が安心できる「居場所」になってくると、子どもたちは病院についてきた
り、余暇支援に出向いたりするようなチャレンジをするようになってきます。そ
して、どんな場所であれ、そこで出会った大人やお兄さんお姉さんが学校に行
かないことを否定せず、本人の気持ちに寄り添うとともに、あたたかく、ポジ
ティブな眼差しを向けてくれることによって、それらの場所は安心して過ごせ
る「居場所」となっていきます。ときどき不登校の子どもへの支援として、「誰
もいない空き教室に両親と出かけ、そこで10分間座って帰ってくる」といった
支援を耳にすることがありますが、誰もいない場所は単なる場所でしかありま
せん。自分のことを認めてくれる他者がいなければ、どんなに通い続けようが、
決して安心できる「居場所」にはなりません。ましてや、子ども自身がそこに行
きたいと思うようにはならないでしょう。

　以上から、社会の中に「居場所」ができていくためには、どこに行くかよりも、
誰と出会うかの方が大切になってきます。例えば、適応指導教室であれば、そ
こにいる大人が子どもの好きなことを否定せず、子ども自身にポジティブな眼

差しを向けてくれることで、子どもはその先生と何かをすることが好きになります。そして、少しずつ時間を共有していくことで子どもは安心して自分らしく活動ができるようになります。やがて、そこにやって来るほかの子どもと交流していくことで、その適応指導教室は子どもにとっての「居場所」となっていくのです。

　そう考えるとある場所が「居場所」になるための第一歩は、子ども自身や子どもの好きなものに対し、周囲の大人があたたかくポジティブな眼差しを向けていくことでしょう。もちろん、相談機関は一つでなくともよいでしょう。余暇支援の場での大人やお兄さんやお姉さん、ほかの子どもとの交流やスクールカウンセラーさんなどとの交流も、自分の好きなことや自分自身が認められ、そこにポジティブな眼差しが通い合うことで、多くの不登校の子どもにとっての「居場所」になり得ます。社会の中に「居場所」を得た子どもは、そこにいる支援者や子どもからの影響を受けていきます。影響を受けることで子どもの好きなものは変化していきます。その「居場所」にキャンプを好きな人がいれば、キャンプが好きになることもあるでしょう。サッカーが好きな人がいれば、サッカーを楽しむようになるかもしれません。子ども同士が好きなことを誰からも批判されることなく語ることができる「趣味トーク」[15]などのコミュニティは子ども自身が好きなことを語るとともに、他者の好きなものを知ることで、好きなものが広がっていくことにつながるかもしれません。自分にとって小さな「居場所」が増え、それらが互いにくっつき、広がっていくことで、子どもたちの好きなものはゲームばかりではなくなっていくのです。

　そして、やがてオンラインゲームの「居場所」はその役割を終え、子どもたちがそこから卒業していくことはしばしば目にするところです。

事例紹介

※事例については本人および保護者より書面にて承諾を得ていますが匿名性に配慮し細部を変更しています。

　とうたくんはお母さんと二人暮らしです。小学校時代はずっと「いい子」で、友人も多い子どもだったといいます。中学1年の2学期頃から、学校

で「今まで気にならなかったような人の声が気になる」ようになりました。朝になるとお腹の痛みを感じることも多くなり、近医の小児科を受診しましたが、異常はなく、「ストレスかもしれない」と言われたと言います。その後も何とか学校には通っていましたが、11月から、朝、起きられなくなり、遅刻をすることも多くなりました。冬休みは元気に過ごしていましたが、冬休みの最終日に担任の先生から「明日迎えに行くから学校がんばろう」という電話が入り、本人も「はい」と返事をしました。

　しかし、冬休み明けの初日は、先生が迎えに来ても、起きられず学校には行けませんでした。その頃から、「学校に行けない自分はだめだ」と落ち込むようになりました。家では、お母さんに反抗的な様子を見せたかと思えば、急に甘えるようなこともしばしばありました。「起きているのか寝ているのかよくわからず」深夜まで起きて「お母さんに話しかけ続ける」ようになりました。昼間、お母さんが仕事に出かけると、なんだか急に不安になり、電話をかけるようにもなりました。「学校に行っても迷惑をかけるだけ」と落ち込んだ様子で話したことを心配したお母さんに連れられて彼は病院を訪れました。

　初診では、「学校に行って楽しいこともある」けれど「イライラするようなことや気になることも多い」と語りました。「学校で友達になんて言われているか気になる」ので、「家では気を紛らわすために一人でゲームを」をして過ごしました。お母さんも『学校は休んでもいい』と伝えていましたが、学校の先生から電話がかかってくると、彼は「明日は行けます」と答えてしまい、落ち込んでしまう日々が続きました。「一人になるとつい、学校のこといろいろ考えてしまって」意欲が下がる日々も続きましたし、朝起きてすぐに涙がでてしまうような日々も多くなりました。私やお母さんが「休んでいいよ」と話しても、

　「明日からは行く、行かなきゃ」と言い、泣いてしまうような日々が続きました。

　薬物治療も開始しましたが、あまり効果は出ませんでした。

　そんな日々が続き、彼は2年生になりました。新しい担任の先生は熱心な先生で、彼に毎日連絡をくれるようになりましたが、「朝になると体調

が悪くなって、起きているのもつらい」と語るようになりました。彼は毎日、「自分の遅れがどのくらいあるか計算している」

「勉強のことばっかり考えると眠れない」と語りました。

私やお母さんが『体調が悪い時は休むことが大事だよ』と伝えても、なかなか彼には届きませんでした。

ちょうどその頃です。彼はMMORPGを始めました。そして、そこで知り合った人と「チャットしながら敵と戦って、他愛もない話をする」ようになりました。

「気分のいい日はMMOの友達と話している」「そんな大事な話でもなくって他愛もない話」

「インしていなくても、誰かから誘われてインする」「ゲームで疲れるようなことはないです」といったことを語るようになりました。お母さんは「時間のことは気になりますが、最近では友達と時間を合わせてゲームしているみたいです」「そればかりになってしまって、現実の友達と離れるのは心配ですが…」と語りました。

『どこであれ他者と交流できる「居場所」ができることは大事なことだと思う』と診察室で彼とお母さんに伝えると、彼は久しぶりににこっと笑いました。お母さんも「そうですよね、ゲームをしている時は、なんだか普通に明るく見えます」と語りました。

その後とうたくんは「少し浮かんでいる」といったことを話すようになり、気分は少しずつ改善していきました。オンラインゲームでできた仲間に誘われてボイスチャットを使いながらFPSを楽しむことができるようにもなりました。

FPSについては「まだ、みんな始めたばっかりだから、へたくそ」と笑顔で語り、家庭でも元気に過ごすようになりました。このようなコミュニティについて彼は「人に合わせて雑談をしたり、ゲームをしたり、たまに人の愚痴を聴いたりしています」「なんか普通の友達関係が作れてます」「楽しく過ごせる場所ができた」「最近は友達の影響でボカロを聴いたり、ニコニコ動画を見たりしています」と語りました。少しずつ元気になった彼は高校の見学などにもお母さんと一緒に出かけ、見事志望校にも合格しまし

た。その際には「友達みんなから、おめでとうって言われました」と、ゲーム内の仲間から祝われたことを報告してくれました。

　高校生になり、彼は「PCを買いたい」と思い、バイトを始めます。バイト先では持ち前の真面目さもあり、店長からも気に入られ、一緒にFPSをやろうと誘われるようになります。

　当初はこれまでのゲーム友達と半々でやろうとして、疲れていましたが、次第にリアルのつながりのあるバイト仲間や店長と遊ぶことも楽しくなってきました。これまでは、もっぱら23時から3時くらいまでオンラインのゲーム仲間とプレイすることを楽しんでいましたが、折しも「チーム内の雰囲気が自分と関係のないことで悪くなっていた」こともあり、バイトが終わって、21時から24時まで、バイトの仲間とプレイすることが多くなっていきました。自然とバイト仲間と生活リズムが合うようになり、以前ほど学校に行くことも苦痛ではなくなったと言います。

　そんな彼は現在社会人です。今でも彼はその頃のバイトの仲間と食事に出かけたり、一緒にオンラインゲームをすることを楽しんでいます。

とうたくんは持ち前の真面目さもあり、私やお母さんが「休むことが大事」と伝えても、自分ではなかなかそう思うことができず、「自分の遅れがどのくらいあるか計算」することや「勉強のことばっかり考える」日々を送っていました。そんな彼を救ってくれたのはMMORPGで出会った仲間でしょう。「チャットしながら敵と戦って、他愛もない話をする」と彼が語るように、MMORPGではFPSなどのゲームに比べると長時間プレイが前提の構造になっており、「他愛もない話をする」余裕がゲームの中にあります。そして、MMORPGの世界にはクリアーの概念もなく、仲間と一緒に終わらない物語を旅することができます。当初、もちろん彼は回避的にこのゲームを始めたと思いますが、その中で波長の合う仲間と出会い、「普通の友達関係」を作り、「楽しく過ごせる場所ができた」と語るようになります。そして、頑なだった彼はその友達の影響を受けながら、少しずつ好きなものが変わっていきます。

　「最近は友達の影響でボカロを聴いたり、ニコニコ動画を見たりしています」

と語る彼は本当に楽しそうでした。とうたくんは自分の「居場所」にいる仲間の影響を受けて、そして、仲間からも祝福され高校受験に合格し世界を広げていったのです。

　もちろんオンラインゲームの「居場所」はいいことばかりではありません。当然ながらそこには社会がありますから、リアルの対人関係で起こるいさかいなども起こります。「チーム内の雰囲気が自分と関係のないことで悪くなっていた」と彼が語ったことはそのような仲間関係の一端を表しているのでしょう。ただ、これを機に彼は新しい「居場所」をリアルの中に見つけていきます。バイト先の店長やバイト仲間と出会い、現在に至るまで続く友達関係を見つけたのです。

　今振り返ってみると、彼は真面目ではありますが、お母さんが初診で語ったほど「いい子」ではありませんでした。高校生になってバイトを始めてからは、バイト仲間と遅くまでお喋りして家に帰ったこともしばしばありますし、時には店長のアパートで夜を明かすこともありました。その当時、お母さんはそんな様子を心配もしていましたが、「なんだか急に大人になった」と嬉しそうに語ってもいました。

　このように、ついこの間まで不安で昼間に電話をかけたり、甘えていたりした子どもの手を自然に放すことができる、このお母さんの強さを私はこの時垣間見た気がします。本当の彼は「いい子」ではなく、こんな当たり前の青年だったのかもしれません。そして、そんな「当たり前」の自分を出しても認められる「居場所」を見つけられたことは、彼にとってかけがえのない宝物になったという気がしてなりません。

事例紹介

※事例については本人および保護者より書面にて承諾を得ていますが匿名性に配慮し細部を変更しています。

　りくくんは赤ちゃんの頃から、あやしてもあまり反応がなく、笑顔が少ない子どもだったと言います。お母さんによれば、おとなしい子どもで、スイッチを押す遊びを続けることが大好きだったと言います。言葉が出る

ようになっても、お母さんに「見てみて」と何かを伝えるようなことも、視線が合うことも少なかったと言います。

保育園に入園しても、一人でいつも特定のミニカーを持ち歩き、そのミニカーで黙々と遊び、ほかの子どもにはほとんど関心を示さなかったそうです。

5歳頃にサンタさんからゲームをもらい、家で「マリオカート」をプレイするようになりました。彼の就学児の知能検査は境界線であり、就学前はひらがなが読めず、お母さんが猛練習させて、なんとか読めるようにして、通常学級に就学したと言います。

小学校入学後も、特定の友人はおらず、いつも一人でぽつんとしていました。壁に向かって、一人で空想遊びをする姿や、独り語でゲームのセリフを言う姿が認められていました。勉強の成績は振るいませんでしたが、本人はあまり気にしていない様子だったそうです。高学年になると、勉強が「さっぱりわからない」状態になり、授業中も独り言が多くなりました。

中学校も授業にはまったくついていくことができませんでした。運動は得意だったのでテニス部での活動は頑張っていましたが、あまりコーチの言うことを聞かないため、コーチの判断で「ダブルスのペアを練習しない下級生に変更された」そうです。それまで、ダブルスのペアだった友人は試合に出られるのに、自分はペアが下級生になったことで、試合に出られなくなったことから、腹を立てて彼はテニス部を退部してしまいました。それ以降、元ペアだった友人を見ると「嫌な気分になり」、鉛筆をなめるなどの嫌がらせをするようになりました。クラスでももともと孤立しがちでしたが、ますます孤立し、彼は学校を欠席するようになりました。

「高校くらい行けなくてどうする」「行かないなら、無理にでも働かせる」と親が叱ると、

「もう、卒業したら死ぬからいい」と答え、部屋にひきこもるようになっていきました。

生活は昼夜逆転し、MMORPGに傾倒するようになり、中学3年の春、お母さんに連れられて私の外来を訪れました。

　初診の際、彼はふてくされたような顔をして入室しながらも、こちらが
『嫌なことは話さなくても大丈夫だから、少し話をしてもらっても大丈
夫？』とたずねると
「はい」と答えて話し始めます。年齢を問うと
「んーと、14歳か15歳かなー」と真面目な顔をして答えます。
『どうして、14歳か15歳？』とたずねると、「中学3年だから」と答えま
す。
　言葉は一貫して少ないのですが、診察を拒否しているというよりは、言
葉で説明をすることが苦手な様子でした。家ではほとんどの時間を
MMORPGをして過ごしているといいます。学校に行けなくなったことに
ついては「微妙だから」「部活も微妙だった」「学校は居心地が良くない」と
語りました。けれども、面接の最後には、本人から「少しは学校に行った
方がいいと思います」と語られたので、本人のできそうな相談室での登校
や少人数の学級なども利用できることを伝えると、「相談室や少人数の方
がいいかな」「いやな同級生の顔も見たくないし」と語ります。
　お母さんと彼の了解を得て、学校の先生ともお話しをして、本人ができ
そうと言った相談室への登校を始めることとなりました。けれども、相談
室には決まった先生もおらず、ぼんやりと一人で過ごすだけだったため、
次第に足も遠のき始めてしまいました。その頃の診察では、
「家では同じMMORPGをずっとしている」「いつも決まった時間にイン
している」
「ネットの中ではいろんな人と話ができるんだけどな…同級生とはうま
く話せない」「なんでかな」と寂しそうに語りました。
　友人とのトラブルや家庭にひきこもっていることを、学校の先生から
「このままでは、犯罪者になる」と言われたことに傷つき、家では「Skype
で、ゲームの仲間と話す」日々を送っていました。「どうしても、どもっ
ちゃうから、うまくいかないこともある」「それでも誰かとつながりたいか
らインする」そんな日々が続いていました。

　ある日のことです。

「先生、ちょっと今日は話したいことがある」

『どうしたの？』

「だんだん、自分は人と違うなぁって思えてきて、治せるなら治したい」

「でも、どうしようもなくて、話す相手も全然いない」

「だから、ネットの中で話すしかなくて、でもうまくいかないこともあって…」と語りました。

初診時に家族には彼が自閉スペクトラム症の特性を有していることは伝えてありましたが、家族との話し合いの中で、「本人が自分自身のことや進路について悩んだ際に本人告知をしていく」ことになっていましたので、私から本人に告知をすることとなりました。

『りくくんは自閉スペクトラム症という特徴を有しているんだ』

『これまでも、友達との関係を作ることにすごく苦労しているんだけど、それはりくくんの努力が足りないせいでも、りくくんが悪いわけでもないんだ』

『むしろ、りくくんはなんとか友達を見つけようと、ネットの中に探しにでかけていたよね』

『そうやってチャレンジができるりくくんはとても立派だと思う』

『そして、そのチャレンジを繰り返したりくくんには必ず少数精鋭の友達ができると思う』

と伝え、

『りくくんは、以前テニス部をすごく頑張っていたよね』

『あなたはコツコツと好きなことをまじめに取り組む力はあるんだよ』

と伝えました。りくくんは少し驚きながらも、

「実はネットで調べて、そうじゃないかと思ってました」

と語りました。

将来に向けて、『りくくんのいいところも苦手なところもわかった上で、一緒にその先を考えてくれる進路が先生は望ましいと思っている』と伝え、その後は現実的な進路の話が診察室では話されるようになっていきました。

彼は、その後いくつかの進路を見学し、特別支援学校の高等部に入学しました。入学にあたっては、私と特別支援学校の高等部の先生とで会議を

行い、『現実の高等部の中で、できることを見つけてほしい』『そして、自分にも好きなものやできることが現実の中にあることを知ってほしい』と思っていることを伝えました。

　特別支援学校の高等部には現場実習と呼ばれる外の会社での就業に向けての実習があるのですが、りくくんは「どもっちゃうけど、大丈夫かな」「来なくていいって言われないかな」

　と、当初ものすごく緊張していました。

　担任の先生は「入学してきたときから見てきたけど、細かい作業を真面目にこなすことができる」

　「一生懸命やってきたりくくんなら大丈夫」と励ましてくれたそうです。

　実習をなんとかこなせたことで、「現場実習はそれほど疲れなかった」「自分の中でハードルを上げすぎていたかもしれない」「先生は励ましてくれたし、褒めてくれた」「あんまり学校で褒められたことがないから、嬉しかった」と語りました。

　その後、彼は学校内でも生徒会など責任ある役割に推されるようになりました。彼は、

　「先生が勝手に僕を推薦する」「めんどくさいけど、だからこそがんばろうとも思う」

　と語りました。

　『りくくんが、高等部に入ってずっと頑張っているのは先生も知っているよ』

　『りくくんなら、きっとできると思う』

　と伝えると、彼は嬉しそうに笑っていました。生徒会の役員の交流を通じて、学校の中でも、次第に友人と話す姿も見られるようになっていきました。

　ある日の診察のことです、

　「先生、実はネットゲームやめました」と語りだします。私が驚いて『どうして？』と返すと、

　「わからないけど、生徒会とか実習とか忙しいのもあったのかもしれない」

　「ふっとやらなくなった」と語りました。

　その後も、学校での役割や実習などを真面目にこなし、

　「将来は工場の仕事につきたいです」

　「僕は人と話すのは苦手だけど、そういうのはきちんとできると思うんです」

　「この間の実習でも、実はいい評価を会社からもらったんです」

　と語りました。

　『りくくんは本当に立派な青年になったなって、先生会うたびに思うんだ』

　『前だったら、きっとつらくってやめてしまうようなことも続けているし、どうして頑張れるようになったの？』とたずねると、

　「やっぱりネットゲームをやめれたのは、すごく大きいと思う」「今思うとだけど、あの頃は本当にネトゲがやりたいわけではなかった」「毎日誰かとつながるためにやらなくちゃと思っていた」「今思えば本当に不思議です」「小学校の頃は、あんまり人のことは気にせずに過ごせていたかもしれない」「中学校から話す相手もいなくなって、ネットの中で話すしかなかったから…」「今の学校に来て、まだまだ積極的になれない部分はあるけど、これからもがんばっていこうと思う」とポジティブな気持ちを語りました。

　彼は卒業後地元の企業の工場に就職しました。残業もあり、仕事は体力的にもきついこともあるかもしれませんが、現在に至るまで休むことなく勤続しています。

　『お給料は何に使うの？』とたずねると

　「実は最近、音楽にハマっていて、昔のジャズのCDやレコードをネットで買っているんです」と語ります。

　彼は自分で稼いだお金の4分の1を趣味の音楽に使うと決めて毎日コツコツ働いています。

　りくくんはオンラインゲームの「居場所」から卒業をしたケースといえます。彼のオンラインゲームへの傾倒の背景には、現実での「居場所」のなさが見てとれます。学習が振るわず、頑張っていた部活動も不本意ながら退部せざるを得

なかったことや、その後の学校での孤立から、彼が現実での「居場所」を少しずつ失っていった様子が本当に痛いほど見てとれます。

　そんな彼が、かりそめでもいいからと「居場所」を求めて、オンラインゲームに傾倒したのも無理もない話かもしれません。彼はおそらくゲームをしたいからしていたわけではないのでしょう。

　「Skypeで、ゲームの仲間と話す」けれども、「どうしても、どもっちゃうから、うまくいかない」「それでも誰かとつながりたいからインする」という言葉からは、彼が「居場所」を求めて、そこにいたけれども、そこでもなかなかうまくいかないつらさが伝わってきます。そんなかりそめの「居場所」であるオンラインゲームの卒業のきっかけとしては、

　①本人への告知と適切な進路の選択

　②実習や学校での活動を通じて、自分の頑張りが人に認められることを知ったこと

　の2点が挙げられます。

　本人への告知を行う際には、特性について伝えることも大切かもしれませんが、それ以上に本人の強みを知らせることが重要だと私は考えています。りくくんに告知を通じて、「コツコツとまじめに取り組む力」があることの自己理解を促したことは、その後の特別支援学校高等部への進学につながりました。また、特別支援学校では、校内での実習や現場実習を通して、コツコツと取り組む力を高め、それを認めてくれる先生とも出会い、学校内でも生徒会などの責任ある仕事を任せられるようになりました。そして、少数ながらも友人関係を築いた彼は、ここに至って現実の「居場所」を見つけたのでしょう。

　「居場所」を見つけるために「オンラインゲームをやめなさい」と言うのは簡単なことかもしれません。けれども、子どもにとって、かりそめでもいいからつながっていたい場所と離れることには大きな不安が伴います。ですので、私たちのような立場の者はオンラインゲームの使用のコントロール以上に、現実の「居場所」に着陸していくための環境調整に重きを置く必要があるように思います。りくくんにとっての、自分の特性や強みを知り、適切な就学を家族や主治医と選択していったことや、学校との連携はこのような環境調整にあたるものです。今、彼は本当に好きな趣味である音楽に出会い、自分の給料の4分の

1をネットショッピングに使っています。けれども、これは彼が「買わなきゃ」と思っているわけではなく、素直に「買いたい」と思っているショッピングです。そのようなモチベーションに支えられた買い物は、彼の人生を豊かなものにすることに疑いはありません。

　最後に、ひなたくんの事例を紹介しようと思います。この事例は、既出事例[16]ですから、少し要約して紹介します。

事 例 紹 介

※細部を要約しています。

　ひなたくんは9歳の時に当院を訪れた自閉スペクトラム症の子どもです。小学校は特別支援学級を選択しましたが、適応がよかったため、当時の担任の先生の勧めで、通常学級に在籍することになりました。ここでの移行は比較的うまくいっており、担任もひなたくんが孤立しないように、班の配置などにもさまざまな配慮をしていたと言います。

　しかし、小学校3年になり担任が変わり、「通常学級にいるならみんなと同じ配慮でなければならない」と、意図的に彼への配慮は少なくなりました。担任からの叱責が増えるにつれて、次第に、自動車レースの空想に没頭し、独り言を言うひなたくんに「うるさい」と注意をする子どもも増えてきました。

　担任は注意をした子どもを褒め、ひなたくんに「ちゃんと聞かないから悪い」と指導していたと言います。いじめも受けるようになり、彼は「僕がばかで本当にごめんなさい」と毎日家で泣くようになりました。メルトダウンを伴った自傷行為も頻繁に認められるようになり、学校に行けなくなったため、心配したお母さんに連れられて当院を訪れました。

　初診時から彼は自分の好きなゲームについては雄弁に語ります。そして、学校に関しては「行かない」とはっきりと語っていました。私は「学校で嫌なことがある間は無理して行かなくてもよいこと」を伝え、了解を得て

学校と連絡を取り、「大人の対応がきっかけとなり、彼が学校での「居場所」をなくしてしまっている」ことを伝え、いじめへの対応をお願いしました。

　その上で本人を中心として家族と話し合い、小学4年時からは、特別支援学級で過ごすこととなりました。彼は

　「いじめもなくなったし、うるさい奴らを見る事もない」と言い、学校には時々行きましたが、交流学級には一切参加しませんでした。

　診察では「マインクラフト」について大いに語りました。

　「今は家を作っているよ、先生知らない？」

　『時々、先生もプレイ動画を見たりするよ』

　「面白いよね、装置もいろいろ作れる」

　「マルチプレイ（多人数の同時プレイ）がしたいけど、家族がまだ許してくれないから」と語りました。

　家族は当初、ゲームに没頭するひなたくんに否定的でしたし、「ゲームをしているから学校に行かないのではないか」とも思っていました。私は家族にマインクラフトの特徴と利点／欠点について説明し、『今の彼の「居場所」として、オンラインは大きな位置を占めている』と伝えました。その後、家ではマルチプレイもできるようになりました。

　ネットのマナーなどについては診察で取り扱い、彼に具体的に伝えていきました。そのかいもあってか、オンラインでは友達ができ、情報交換をしながらゲームを行うようになりました。彼は、

　「やっぱり仲間との通信があったほうが楽しい」「いろいろ一緒に雑談もできる」と語る一方で学校での対人交流は依然少ないままでした。

　中学校進学にあたっては引き継ぎの支援会議を行い、交流学級の中の「居場所」作りを模索していくこととなりました。ひなたくんは中学校入学にあたって、「心配もあるけど部活は頑張ってみたい」と話していました。

　中学校に入学し美術部を選択した彼は

　「先生も優しいし、楽しい話してくれるから、なんとか学校は行けています」「部活は真面目にやっています」「展覧会に出さなければいけないから、頑張ります」と語りました。持ち前のこだわりから目指すレベルも高く、

「今の技術じゃダメだから、もっと練習しないといけない」と語りました。部活の顧問や担任の先生を始め、周りも彼の努力をよく認めており、お母さんも「今まではオタク熱が高かったのに、最近は美術熱の方が高くて、ゲームはあんまりしなくなりました」と言います。

診察の場面も少しずつゲームの話から変化をし、私は彼の描く絵を見せてもらい、感想を言い合うような関係を続けていました。友人も部活を通じてでき、中学3年には修学旅行のしおりの絵を任されました。そのことについて彼は「僕は、交流のクラスの中では絵がすごい人という立ち位置なんです」と笑顔で語りました。

ASDの子どもがいじめにあうことは実は非常に多いことが知られています。不登校の状態にある広汎性発達障害の子どもの41.3%にいじめられた体験を有していたという報告もあるほどです[17]。ひなたくんも「通常学級にいるならみんなと同じ配慮でなければならない」という担任の信念からいじめが始まり、次第に教室の中の「居場所」がなくなってしまっています。そのような中で彼は、オンラインゲームの中に「居場所」を見出したのです。

家族が彼のオンラインゲームの「居場所」にポジティブな眼差しを向け、治療者である私もそのような「居場所」にポジティブな眼差しを向けたことは、家庭の中に「居場所」を作り、診察室も楽しく「マインクラフト」の話ができる「居場所」の一つになっていきました。つまり、「居場所」はそこに向けられるポジティブな眼差しによって広がり得るのです。

では、彼はそこからどのようにして現実の「居場所」に着陸したのでしょう。きっかけの一つは、美術部での活動を顧問が認め、頑張りを担任が認めたという周囲のポジティブな眼差しにあります。自分の強みを知り、部活に「居場所」を見出した彼は、交流学級でも修学旅行のしおりの絵を任されることで「居場所」を得ていきます。そして、現実で楽しい「居場所」が広がった結果、「今まではオタク熱の方が高かったのに、最近は美術熱の方が高くて、ゲームはあんまりしなくなりました」とお母さんが語るように、オンラインの「居場所」から、現実の「居場所」へと着陸を果たすのです。

　不登校の状態にあるASDの子どもと出会うとき、最も大切なことは、素直に楽しいと思える「居場所」作りを子どもと一緒に模索していくことでしょう。そして、大人は、彼らが活躍できる機会を見逃さないように、彼らの好きなことに敏感でなければならないでしょう。ひなたくんにとっての「マインクラフト」や「美術」のような好きなものごとには肯定的に関わるべきでしょう。好きなものを肯定され、そこで出会った誰かからあたたかくポジティブな眼差しを向けられる過程で「居場所」は広がっていくのです。

コラム

コロナの時代とインターネットやゲーム

　現代においては、新型コロナウイルス感染症（COVID-19）の世界的な感染の拡大に伴って、日常生活が変化を余儀なくされています。2020年1月以降、国内でも徐々に感染が拡大するとともに、メディアではクルーズ船における感染や渡航歴のない人の感染に関する報道が連日なされ、日本国内では不安が広がり、多くの大人や子どもたちのメンタルヘルスにも影響を与えることとなりました。

　2020年3月2日からは全国一斉の学校の臨時休校が要請され、多くの子どもたちにとって当たり前の日常であった、「朝学校に行き、夕方帰る」ことがなくなり、子どもは日中の多くの時間を家で過ごすようになりました。そして、休校が始まった直後の報道番組においては連日、「パンデミック」「ロックダウン」「オーバーシュート」となんとなくただならぬ雰囲気を漂わせるカタカナ言葉や感染者数の報道などが連呼されていました。SNS上においては事実か事実でないかわからないような情報が錯綜し、多くの人々の不安が煽られてしまう状態にあったように思います。

　そこから1年以上を経た現在においても、私たちの暮らしはかつてとは変化を余儀なくされています。例えば、これまで息抜きとしてできていた同僚や友人との食事などに出かけることを自粛し我慢されている方は多いでしょう。趣

味であったスポーツや音楽の集まりなどに参加することを自粛しておられる方もおられるかもしれません。家族でできることを考えてみても、これまでは当たり前のように、週末は家族で郊外のショッピングモールに出かけたり、時々旅行に出かけたりしていた生活が一変し、今でも出かけにくい空気を感じている方も少なくないことでしょう。

　子どもに目を向けてみれば、これまでは帰ってきてから友達と遊んだりすることが当たり前でしたが、なんとなく友達と一緒に遊びにくい空気もあります。このように大人も子どもも、家庭以外のコミュニティとのつながりが次第に薄くなり、家庭で過ごす時間が長くなっているといえそうです。

　そんな世情の中において、インターネットでできることは、私たちの暮らしやメンタルヘルスを保つのに大きく役立っています。

　例えば、YouTubeの動画やAmazonプライムやHuluなどのサブスクリプション動画サービスにおいては、見たい動画や映画などを自分からアクティブに選択することができます。時代劇が好きな人は時代劇を、アニメが好きな人はアニメを見続けることもできます。

　テレビなどでは、見たいと思っていなくても目に入ってしまうニュースがあります。例えば、新型コロナウイルス感染症のニュースや戦争のニュースを見れば、それを機にそのことばかり考えたり、これからの先行きのことばかり考えたりして、不安が大きくなってしまう方がおられるかもしれません。これらの不安は、私たちが考えることを栄養にして育ちますから、ニュースに触れ、考えれば考えるほど大きく育ってしまいます。

　YouTubeの動画やAmazonプライムやHuluなどのサブスクリプション動画サービスは、これらの私たちの不安を小さくすることにも役立っているといえます。私の患者さんでも、嫌なニュースに触れることなく、安心して見られるという理由から、YouTubeで動物の動画やプロ野球の珍プレー動画などを視聴しているご高齢の方もおられます。

　また、かつてはライブを主戦場にしていた、芸人やアイドルの方達は、ライブが行えなくなった時期には、YouTubeでライブをしたり、オンラインでのサイン会などのイベントを行っていました。これらは、かつては芸人やアイドル

のライブに足を踏み出すことがなかった層にもアクセスしやすいというメリットもあるでしょうし、一度オンラインの方向に踏み出した時代は元には戻りにくいかもしれません。これからもネットを利用したイベントは模索され続けるでしょう。テレビはますます見逃し配信を便利にし、アイドルやバンドのライブイベントも今よりもリアリティを伴って、オンライン空間で仮想的に行われる時代がもうすぐ来るかもしれません。

　小説やイラストなどの同人誌に目を向けてみれば、以前は当たり前のように各地で同人誌即売会などの同人イベントが行われておりましたが、2020年は開催できないイベントも多かったものと思います。世界最大の同人誌即売会であるコミケも、2020年は新型コロナウイルス感染症の影響を受け開催ができませんでした。しかし、できなくなったことばかりではありません。最近では、pictSQUAREなどオフラインの同人イベントを再現するような試みもみられるようになってきています。これらのオンラインイベントのよいところは、①地方からも宿泊費や交通費が要らず参加しやすいこと、②オンラインで顔が見えないから売り手側の方と交流がしやすいこと、③マイナージャンルでも興味をもっている人同士が出会いやすいこと　などが挙げられます。時代は確実に前に進みますから、より快適なオフラインイベントを補完するだけでなく、それよりも魅力が詰まったオンラインイベントも今後行われていくことと思います。
　また、現代では多くの小学生や中学生が、オンライン上で同級生と一緒に放課後、「マインクラフト」を楽しんだり、「フォートナイト」を楽しんだりしています。放課後に外で遊ぶ約束ができなくとも、オンラインで遊ぶ約束はできます。このように、離れていても一緒に遊ぶことができるのはインターネットの最たる特徴でしょう。小学生や中学生だけでなく、大人も誰かとのつながりを求めています。そのような思いが背景にあり、「あつまれ　どうぶつの森」の大ヒットにつながったことは前述の通りです。

　このようにインターネットを通じてできることやオンラインゲームのコミュニティは、新型コロナウイルス感染症の影響を受けて、薄くなりがちな私たちのコミュニティとのつながりを維持してくれているといえそうです。

おわりに

9. 子どもたちの「居場所」が広がっていくために

9.1 子どもの世界に興味をもって近づいてみる

　これまでみてきたようにたくさんの「居場所」がインターネットやゲームの世界にはあります。子どもたちや青年にとって、これらの世界が非常に魅力的であり心惹かれるのもよく理解できる話ですし、彼らがその世界のどこに惹かれるのかを知ることは大人にとっても意味があります。もし、その世界の魅力を知らなければ、子どもたちに尋ねてみましょう。ただし、子どもはその世界から自分を遠ざけようとする大人には自分の世界のことをあまり語りたがりません。一方で多くの子どもたちは自分の好きなものを好きだと言ってくれたり、興味をもってくれたりする人たちのことは好きになってくれます。そして、その人たちとゲームをしたり、お話をしたりすることも好きになってくれます。中には、その人たちの影響を受けてその人たちが好きなものを好きになることもあります。このように。子どもたちの「居場所」はオンラインの世界だけでなく、リアルの世界にも広がっていくのです。

9.2 好きなもので子どもの世界を操作しない

　好きなものがあることは、それだけで尊いことです。だからこそ、私たちのような大人は子どもが好きなものや好きなものの話を、レコード盤に触れるかのように大切に扱わなければならないでしょう。好きなものがあること、そして、それが肯定されていることがメンタルヘルスの上でも有益であることはいうまでもありません。私たちのような大人が気をつけておきたいことは、子どもの好きなものを「大人の尺度」で勝手に善悪を決めつけたり、子どもの好きなものを利用して、大人が思うように子どもの世界を操作したりすることです。

「マインクラフト」は教育に役立ちそうだからよいもの、SNSは騙されるニュースをたくさん見るから悪いものと決めつけてしまう大人とは子どもはあまり自分の世界のことを話したがらないでしょう。

9.3 インターネットやゲーム以外にも世界は楽しいことに溢れている

　そして、この世界にはインターネットやゲームの世界以外にもたくさんの楽しいことにあふれています。その楽しさを私たち大人は子どもに伝えていく必要があるでしょう。ゲーム行動を減らすことを目指して余暇活動を促すことは、ネット記事などにもよく書いてありますが、余暇活動は子どもがどんなことを好んでいるかを知らなければうまくいかないでしょう。ましてや、いやいや参加させられるようなキャンプなどではうまくいくはずもありません。そして、何よりもこのような余暇活動は一緒に行く大人も楽しめるものがよいでしょう。つまらなさそうに付き合われてもその活動は少しも面白くありません。そういった意味では、大人が子どもに誇れるほど好きな活動があるかという点もとても大切になります。少し思い返してみれば、私たち大人にも好きなことが必ずあるはずですし、あったはずです。私たち大人が、大人として好きなものを楽しんでいる姿に、子どもたちはきっとよい意味で影響を受けてくれることでしょう。そして、そんな大人と「一緒にやってみたい」と思ってくれることもあるでしょう。それはキャンプであれ、ラジコンであれ、Jリーグの観戦であれ、子どもの世界を広げていくことにつながるでしょう。だからこそ、大人も自分の好きなものを大切にするとともに自分の好きなものに胸を張ってほしいと思います。

あとがき

　本書を最後まで読んでくださったみなさま本当にありがとうございます。本書をインターネットやゲームの世界から子どもを救うための書籍だと思って手に取ってくださった方にはひょっとすると期待外れの内容だったかもしれません。

　子どもを取り巻くインターネットやゲームの世界は日々進歩し続けており、インターネットやゲームに依存的になることに関しては多くの専門家が調査研究をしている途上にあります。けれども、インターネットやゲームの世界に子どもたちが傾倒するのには、その子どもたちなりの背景があります。その背景の一つ一つを知らずして、私たちのような大人たちが「インターネットは善い」VS「インターネットは悪い」、「オンラインゲームは善い」VS「オンラインゲームは悪い」などの議論をすることは、あまり有意義なこととはいえません。私たちが本来ポジティブな視線を向けるべきは、そこに「居場所」を求めた子どもたち自身なのです。その子どもたちに「インターネットやゲームの悪いところ」をお説教し、そのコントロールを目指して「インターネットやゲームからの卒業」を目指すことよりも、少なくとも当初は、その世界に興味をもって近づき、対話をすることを通じて、子どもにとってその「居場所」が存在する意味や意義を考えていく姿勢が大切なのではないかと思います。そして、そんなリアルの他者との関わりを通じて、子どもたちは居場所を広げていってくれるのだろうと思います。

　そのような「居場所」を求める子どもの中には、リアルの中で大きく傷ついたり、溺れそうになったりしている子どももいるでしょう。子どもたちがSNSに「居場所」を求め、「死にたい」とつぶやかざるを得ないときにも、そのことを責めるのではなく、共感的にその背景に目を向けていくことは、近くにいる大人たちの中にも意外と信頼できる人はいるかもしれないと思ってもらえることにつながるかもしれません。そして、それだけでも救える命があるかもしれません。

　そういった背景から、本書はできるだけインターネットやゲームの世界について網羅的に記述し、大人がその世界を知るために気をつけておきたいポイン

トを取り上げるとともに、事例などを通じて子どもたちにとっての「居場所」としての意義を検討するという形をとっています。読者のみなさんが目の前の子どもと接していく参考に多少ともなってくれたらこれほどうれしいことはありません。

　インターネットやゲームの世界は確かにとても魅力的な世界です。そして、私たちが思っている以上にたくさんのことがインターネットやゲームの世界ではできます。そして、インターネットやゲームを通じてできることは今後も広がっていくでしょうから、この世界はますます魅力的になっていくことでしょう。ひょっとすると「ソードアートオンライン」や「くまクマ熊ベアー」の世界観に登場したようなVRMMORPGなんかももうちょっと先の未来では一般のユーザーがプレイできるようになるかもしれませんね。そして、その頃には子どもにとってのインターネットの良し悪しについての議論も、インターネットがあることが当たり前になりすぎてすっかりなくなっているかもしれませんね。

　いずれにせよ、子どもには子どもの世界があります。そこには、子どもが大事にしているささやかな「居場所」やそれを彩る好きなものがあるでしょう。私たち大人は、その世界の良し悪しを勝手に大人の都合で判断したり、その世界に土足で踏み入ったり、子どもの好きなものを馬鹿にしたり、取り上げたり、子どもの世界を大人の都合がいいように操作したりしてはならないでしょう。ささやかな「居場所」や好きなものを周囲の大人から大切に扱われることで、子どもは他人の「居場所」や好きなものを大切にする姿勢を学んでいきます。

　一方で、大人はインターネットやゲームの世界のほかにも、好きなことを見つけてほしいと思うかもしれません。その時に大切なことはかつて子どもであった自分たちが、好きなモノやコトのかけらをポケットにしのばせながら生活できているかということです。子どもに「大人にもこんなに楽しいことがあるんだ」「だからこそ頑張ることもできるんだ」と誇れるくらい好きなものを大切にしてほしいと思います。今は新型コロナウイルス感染症の影響もあり、できること、できないことはあるかと思いますが、大人の皆さんも、自分が好きなことや好きだったことを思い出していただければと思います。例えば、キャンプがお好きな方は、楽しそうにキャンプ用品を手入れしたり、計画を立てたりする時間を思い出してみてください。コーヒーと読書が好きな方は、お好きな本

を手に取り、お気に入りの喫茶店にお出かけする時間を思い出してみてください。ベランダで外の風にふかれながらコーヒーを嗜まれるのもよいかもしれませんね。自分の好きなコトを思い描くと、ちょっと幸せな気分になる方も多いかと思います。そして、もし事情が許せば、短時間でもよいのでそのような時間をとってください。大人には大人の世界があり、そこにはささやかな「居場所」や大人の好きなものがあり、大人も楽しんでいる姿を子どもに見せていくことは、大人になっても世界は楽しいことにあふれているということを子どもたちに伝えることにつながります。だからこそ、大人にも自分の好きなものに胸を張ってほしいのです。ここまで読んでくださった勘がよい読者のみなさんはすでに薄々お気づきのことでしょうが、私はインターネットやゲームの世界、そして現代カルチャーの世界をとても好んでおり、大切にしております。

　そして、この本を手に取ってくださった方の中には、インターネットやゲームの世界に傾倒する子どもの保護者の立場の方もおられるかもしれません。どうかお一人で悩まないでください。そして、身近な方でも、友人でも、私たちのような専門家でも結構ですから、信頼できる誰かに相談をしてみてください。私がインターネットやゲームや現代カルチャーの世界を好んでいたとしても、私たちのような児童精神科医は悩み疲れ果てている保護者の方に「子どもの世界を知らないといけません」とお説教をすることはありません。子どもが事情により来られなくても「子どもが来ないと話になりません」と突き放すようなこともありません。私たちは保護者の方が「今」「できそうな」ことや無理なく続けられそうなことを一緒に考えていきます。それも私たちのような児童精神科医の大きな役割の一つなのです。

　最後になりましたが、本書を書き上げるにあたって信州大学の本田秀夫先生に感謝申し上げます。先生が信州大学での講演に私を呼んでくださらなかったら、本書を書き上げる機会を得ることもなかったと思います。また、愛知県医療療育総合センターの吉川徹先生には日常臨床においても、本書を書き上げるにあたってもたくさんの刺激をいただいております。本当に私にとっては高くとも優しい壁としていてくださる先生です。そして、本書を書くにあたって事例の承諾をしてくださった子どもたちや保護者のみなさんにも厚くお礼申し上

げます。みなさんのがんばってきた足跡が多くの未来の子どもたちや保護者の方に勇気を与えられるように丁寧に言葉を紡がせていただきました。最後になりましたが、なかなか筆が進まない文章を根気よく待ち続けてくれた編集の南部優子さん、声をかけてくださった加藤浩平さんをはじめとする金子書房のみなさまにも感謝申し上げます。

2023年6月

関 正樹

引用・参照文献

序章

1) 総務省　令和3年度　通信利用動向調査 https://www.soumu.go.jp/main_content/000815 653.pdf

2) 総務省　令和3年度　青少年のインターネット利用環境実態調査 調査結果（概要）https:// www8.cao.go.jp/youth/kankyou/internet_torikumi/tyousa/r03/net-jittai/pdf/kekka_ gaiyo.pdf

3) 東京都家庭における青少年の携帯電話・スマートフォン等の利用等に関する調査 https://www. metro.tokyo.lg.jp/tosei/hodohappyo/press/2020/04/06/02.html

4) 濱田・岡安ほか，高校生のインターネットのソーシャルネットワーキングサービス利用とイン ターネット依存傾向に関する調査報告，明治大学心理社会学研究，2017，(13)，pp.91– 100.

5) ニフティキッズ みんなのホンネ 調査レポート ネッ友について https://kids.nifty.com/research/ 20220602nettomo/

6) 滝川一廣，子どものための精神，医学書院，2017.

7) 令和元年度 児童生徒の問題行動・不登校等生徒指導上の諸課題に関する調査結果につい て．https://www.mext.go.jp/content/20211007-mxt_jidou01-100002753_1.pdf

8) Broadwin, I.T.，A contribution to the study of truancy, *American Journal of Orthopsychiatry*, 1932, 2(3)，pp.253-259.

9) Johnson, A.M., et al. School Phobia, *American Journal of Orthopsychiatry*, 1942, 11, pp.702- 711.

10) 佐藤修策，神経症的登校拒否行動の研究―ケース分析による―岡山県中央児童相談所紀 要，1959，4，31-37.

11) 鷲見たえ子，学校恐怖症の研究，精神衛生研究，1960，8，27–56.

12) 高木隆郎，学校恐怖症の典型像 (1)，児童精神医学とその近接領域，1965，6，146-156.

13) 滝川一廣，「なぜ?」を考える (成因論)，不登校を解く――三人の精神科医からの提案， 1998，pp.1–52.

14) 奥地圭子，東京シューレ物語――学校の外で生きる子どもたち，教育資料出版会，1991.

15) 萩原健次郎，子ども・若者の居場所の条件，田中治彦（編著），子ども・若者の居場所の構 想，学陽書房，2001，pp.51-65.

第1章

1) 総務省　「ソーシャルメディアの普及がもたらす変化」平成27年版情報通信白書 https://www. soumu.go.jp/johotsusintokei/whitepaper/ja/h27/html/nc242000.html

2) 総務省　令和3年度　通信利用動向調査 https://www.soumu.go.jp/main_content/000815 653.pdf

3) 濱田・岡安ほか，高校生のインターネットのソーシャルネットワーキングサービス利用とインターネット依存傾向に関する調査報告，明治大学心理社会学研究，2017，(13)，91–100.

4) 総務省　中学生のインターネットの利用状況と依存傾向に関する調査，2016.

5) 総務省　令和3年度情報通信メディアの利用時間と情報行動に関する調査報告書 https://www.soumu.go.jp/main_content/000765258.pdf

6) 関 正樹，unpublished data.

7) 朝日新聞デジタル ツイッター最多，Yay!やKoeTomoも　子ども巻き込む犯罪 https://www.asahi.com/articles/ASQ3B3TR0Q38UTIL014.html

8) 総務省　社会課題解決のための新たなＩＣＴサービス・技術への人々の意識に関する調査研究報告書 https://www.soumu.go.jp/johotsusintokei/linkdata/h27_06_houkoku.pdf

9) 西村麻希，中学生におけるネットいじめの実態－心理的支援および情報モラル教育のあり方についての検討，西九州大学子ども学部紀要，2014，(6)，pp.33-46.

10) 原 清治　編著，ネットいじめの現在子どもたちの磁場で何が起きているのか，ミネルヴァ書房，2021.

11) Twitter Japan「おかげさまで日本国内の月間利用者数が4500万人を超えました．どうもありがとうございます」https://twitter.com/TwitterJP/status/923671036758958080

12) 若者まるわかり調査2015，https://www.dentsu.co.jp/news/release/pdf-cms/2015038-0420.pdf

13) ナイル株式会社2019「『Twitter』の利用実態をアンケート調査！10代のアカウント所有率は8割超に」(アプリ紹介サービス「Appliv」調べ) https://mag.app-liv.jp/archive/123547

14) 荻上チキ，ウェブ炎上――ネット群集の暴走と可能性，2ちくま新書，2007.

15) 田中辰夫・山口真一，ネット炎上の研究――誰があおりどう対処するのか，勁草書房，2016.

16) Sunstein, C.R.，インターネットは民主主義の敵か，毎日新聞社，2003.

17) Zimbardo, P.G., *The human choice: Individuation, reason, and order versus deindividuation, impulse, and chaos*, Nebraska Symposium on Motivation, 1969, 17, pp.237–307.

18) Meta　2022　Meta 2022年第2四半期 (4月－6月) 業績ハイライト https://about.fb.com/ja/news/2022/07/2022_second_quarter_result/

19) Business Journal 「Facebook．若者離れ＆ユーザー激減が深刻…もはや，おじさんの道具？」2015．https://biz-journal.jp/2015/09/post_11583.html

20) Meta　2019　Instagram の国内月間アクティブアカウント数が3300万を突破 https://about.fb.com/ja/news/2019/06/japan_maaupdate-2/

21) 総務省　令和2年度通信利用動向調査 https://www.soumu.go.jp/johotsusintokei/statistics/data/210618_1.pdf

22) Sullivan, H.S., *The Interpersonal Theory of Psychiatry*, 1953. サリヴァン，中井久夫他訳，精神医学は対人関係論である，みすず書房，2022.

23) 保坂 亨・岡村達也，キャンパス・エンカウンター・グループの発達的・治療的意義の検討——ある事例を通して，心理臨床学研究，1986，4(1)，pp.15-26.

24) MarkeZineニュース，"推し"がいる高校生は79%／男女ともに人気ジャンルは「アニメの登場人物」【LINEリサーチ調査】https://markezine.jp/article/detail/36842

25) 保坂 亨，学校を欠席する子どもたち——長期欠席・不登校から学校教育を考える，東京大学出版会，2000.

26) 岩宮恵子，フツーの子の思春期，岩波書店，2009.

27) 末木 新・伊藤次郎，インターネットを使った自殺予防–ゲートキーパー活動におけるリアルとネットの融合，最新精神医学，2015，20(3)，pp.213–219.

第2章

1) 濱田・岡安ほか，高校生のインターネットのソーシャルネットワーキングサービス利用とインターネット依存傾向に関する調査報告，明治大学心理社会学研究，2017，(13)，pp.91–100.

2) 総務省　令和3年度情報通信メディアの利用時間と情報行動に関する調査報告書 https://www.soumu.go.jp/main_content/000831290.pdf

3) 関 正樹，unpublished data.

4) 濱野智史，アーキテクチャーの生態系——情報環境はいかに設計されてきたか，ちくま文庫，2015.

5) ベネッセ教育情報サイト「小学生がなりたい職業ランキング2021，ユーチューバーが総合1位に　僅差で2位は女子で1位のあの職業」https://benesse.jp/juken/202112/20211217-1.html

6) ソニー生命　中高生が思い描く将来についての意識調査，2021.

7) 武田綾乃，どうぞ愛をお叫びください，新潮社，2020.

8) 稲葉ほたて，実況・配信文化 ゲームの今，徳岡正肇編著，2015.

9) トラちん／ガッチマン，パパはゲーム実況者 ——ガッチマンの愉快で平穏な日々，KADOKAWA，2016.

10) ジャン・ボードリヤール，竹原あき子訳，シミュラークルとシミュレーション，法政大学出版局，1984.

11) 吉川 徹，ゲーム・ネットの世界から離れられない子どもたち，合同出版，2021.

12) 第31回インターネット消費者取引連絡会　資料1 ライブ配信サービス（投げ銭等の動向整理）https://www.caa.go.jp/policies/policy/consumer_policy/policy_coordination/internet_committee/pdf/internet_committee_190117_0002.pdf

第3章

1) https://ja.wikipedia.org/wiki/%E5%B0%8F%E8%AA%AC%E5%AE%B6%E3%81%AB%E3%81%AA%E3%82%8D%E3%81%86

2) 大橋崇行，「なろう系」小説の現状とファンタジーをめぐる「教養」の変容，子どもの文化 12，2020，pp.12-18.

3) 「小説家になろう」インタビュー　文芸に残された活路．https://premium.kai-you.net/article/53

4) 関 正樹，unpublished data.

5) 並木勇気，ウェブ小説からみる出版業界の新しい形，大橋崇行・山中智省（編著）小説の生存戦略ライトノベル・メディア・ジェンダー，2020，pp73-78.

6) 飯田一史，ウェブ小説の衝撃―ネット発ヒットコンテンツのしくみ，筑摩書房，2016.

7) pixivがサービス開始から15周年！総登録ユーザー数は8400万人超，グローバルに作品が投稿されるサービスへ！〜15周年インフォグラフィックを公開〜 https://www.pixiv.co.jp/2022/09/20/100000

8) pixiv「pixivのユーザー登録数が3,000万人を突破」2018．https://www.pixiv.co.jp/news/press-release/article/6050/

9) エリクソン，「自我同一性」アイデンティティとライフ・サイクル，誠信書房，1973．

10) 波戸岡景太，ラノベの中の現代日本　ポップ/ぼっち/ノスタルジア，講談社現代新書，2013．

第4章

1) American Psychiatric Association, *Diagnostic and statistical manual of mental disorders (DSM-5®)*, Washington DC, American Psychiatric Publishing, 2013.

2) ICD-11 for Mortality and Morbidity Statistics (ICD-11 MMS) (Version : 02/2022) https://icd.who.int/browse11/l-m/en

3) 総務省　令和2年度　通信利用動向調査 https://www.soumu.go.jp/johotsusintokei/statistics/pdf/HR202000_001.pdf

4) 濱田・岡安ほか，高校生のインターネットのソーシャルネットワーキングサービス利用とインターネット依存傾向に関する調査報告，明治大学心理社会学研究，2017，(13)，pp.91–100.

5) 総務省　令和3年度　青少年のインターネット利用環境実態調査 https://www8.cao.go.jp/youth/kankyou/internet_torikumi/tyousa/r03/net-jittai/pdf/2-1-1.pdf

6) 関 正樹ほか，発達障害におけるインターネット依存度の調査――ゲームジャンルとの関連から，児童青年精神医学とその近接領域，2021，62(3)，pp.365–384.

7) spaceinvaders.jp「キャラクターのひみつ」https://spaceinvaders.jp/characters.html

8) spaceinvaders.jp「スペースインベーダーの歴史」https://spaceinvaders.jp/history.html

9) パックマンオフィシャルウェブサイト「HISTORY」https://www.pacman.com/jp/history/

10) ダンジョンズ&ドラゴンズ日本語版公式ホームページ「プレイヤーズ・ハンドブック」https://dnd-jp.com/products/players-handbook/

11) Nintendo「ドラゴンクエストⅢそして伝説へ…」https://www.nintendo.co.jp/titles/50010000043038

12) CAPCOM「ストリートファイターII開発者インタビュー」https://game.capcom.com/cfn/sfv/column/132581

13) My Nintendo Store「スプラトゥーン3」 https://store-jp.nintendo.com/list/software/70010000046394.html

14) 深田浩嗣，ソーシャルゲームはなぜハマるのか──ゲーミフィケーションが変える顧客満足，ソフトバンククリエイティブ，2011.

15) 中川大地，現代ゲーム全史──文明の遊戯史観から，早川書房，2016.

16) 徳岡正肇，ブラウザーゲーム，徳岡正肇編著，ゲームの今ゲーム業界を見渡す18のキーワード，ソフトバンククリエイティブ，2015，pp.71-83.

17) 世永玲生，ソーシャルゲームの誕生と現在・未来．https://ipsj.ixsq.nii.ac.jp/ej/?action=repository_uri&item_id=174910&file_id=1&file_no=1

18) 約75億回の「面白さ」を提供！「怪盗ロワイヤル」が愛されている理由．https://dena.com/jp/article/003469

19) https://www.itmedia.co.jp/makoto/articles/1001/08/news004.html

20) 鈴屋二代目，あなたはなぜパズドラにはまったのか，双葉社，2014.

21) ナナトエリ・亀山聡，ゲーマーズ×ダンジョン　僕はゲーム依存じゃない　第5話，月間！スピリッツ

22) TesTeeLab，2018秋──ゲームアプリに関する調査，2018．https://lab.testee.co/2018gameapp-result#i-3

23) 盛本晶子，時間選好率および現在バイアス性がオンラインゲーム内コンテンツへの課金行動に与える影響，行動経済学，2018，11，pp.1-13.

24) 小川一仁ほか，日本の小中高生はオンラインゲームにどれほど課金しているのか?，情報通信学会誌，2019，37 (1)，pp.47-52.

25) 株式会社ビヨンド「日本初！新卒採用に「Minecraft(R)(マインクラフト)」を導入　難波のIT企業が"Minecraft(R)の世界で会社説明会"を実施」https://www.atpress.ne.jp/news/204938

26) Google Play　Ingress Prime　https://play.google.com/store/apps/details?id=com.nianticproject.ingress&hl=ja&gl=US

27) 『INGRESS』史上最大のイベント"Darsana Tokyo"【もうひとつの戦い】その2 https://app.

famitsu.com 9 20141218_476286/

28) 徳間書店　電脳コイル　あらすじ　https://www.tokuma.jp/coil/story.html

29) 圓田浩二，モンスター化する世界：ポケモンGoの社会学(4)，沖縄大学法経学部紀要，2019，(30)，pp.11-24.

30) さやわか，僕たちのゲーム史，星海社新書，2012.

31) CESA Developers Conference 2010(CEDEC 2010)レポート「テレビゲームとはなにか——ゲームプレイの記録と分析を通じて」元ファミコン開発責任者，上村雅之教授が取り組むプレーヤー側からのゲーム研究．https://game.watch.impress.co.jp/docs/news/391455.html

32) イティ・サレン／エリック・ジマーマン，山本貴光訳，ルールズ・オブ・プレイ上　ゲームデザインの基礎，SBクリエイティブ，2011.

33) イェスパー・ユール，松永伸司訳，ハーフリアル，合同会社ニューゲームズオーダー，2016.

34) "シミュレーションゲームの父"ことシド・マイヤー氏が語る「デザインとは、興味深い選択の連続」の真意　https://www.4gamer.net/games/105/G010598/20120308054/

35) ブラウザ三国志「プレイスタイルごとの遊び方」https://www.3gokushi.jp/howto/card

36) 渡辺修司・中村彰憲，なぜ人はゲームにハマるのか——開発現場から得た「ゲーム性」の本質，東京，SBクリエイティブ，2014.

37) 荻上チキ，社会的な身体−振る舞い・運動・お笑い・ゲーム，講談社現代新書，2009.

38) 関正樹，S6-4，ゲームの中で子どもたちは何をしているんだろう，児童青年精神医学とその近接領域，2021，62，pp.543-548.

39) 日本経済新聞　「ゲーム代行」トラブル多発　学生らがレベル上げ受託 https://www.nikkei.com/article/DGXMZO60187660Q0A610C2CE0000/

40) Lemmens, J.S. & Hendriks, S.J., Addictive Online Games: Examining the Relationship Between Game Genres and Internet Gaming Disorder, *Cyberpsychol Behav Soc Netw*, 2016 Apr, 19(4), pp.270-6.

41) Brooks, GA. & Clark, L., Associations between loot box use, problematic gaming and gambling, and gambling-related cognitions, *Addict Behav*, 2019 Sep, 96, pp.26-34.

42) Kristiansen S., & Severin MC., Loot box engagement and problem gambling among adolescent gamers: Findings from a national survey, *Addict Behav*, 2020 Apr, 103:106254.

43) メンタルヘルス不調からの社会復帰にゲームが有効？『マインクラフト』を使ったグループワークがもたらした成果【CEDEC 2020】https://www.inside-games.jp/article/2020/09/08/129464.html

44) Minecraftカップ2022全国大会公式サイト　https://minecraftcup.com/

45) Lee, M.S. et al., Characteristics of Internet use in relation to game genre in Korean adolescents, *CyberPsychology & Behavior*, 2007, 10, pp.278-285.

46) レイオールデンバーグ，忠平美幸訳，サードプレイス——コミュニティの核になる「とびきり

居心地よい場所」，みすず書房，2013.

47) Batle, R., Hearts, clubs, diamonds, spades: Players who suit MUDs, 1996.https://www. researchgate.net/publication/247190693_Hearts_clubs_diamonds_spades_Players_who_ suit_MUDs

48) 加藤浩平，発達障害のある子ども・若者の余暇活 動支援の大切さ，加藤浩平(編)，発達障 害のある子ども・若者の余暇活動支援，金子書房，2021.

49) Newzoo Newzooは2020年eスポーツ市場規模をわずかに見直します　https://newzoo.com/ insights/articles/newzoo-coronavirus-impact-on-the-esports-market-business-revenues- japanese-version/

50) 4Gamer.net「賞金総額110億円。Epic Gamesがeスポーツトーナメント「Fortnite World Cup」の開催を発表」https://www.4gamer.net/games/144/G014484/20190222068/

51) ソニー生命「中高生が思い描く将来についての意識調査2019」https://www.sonylife.co.jp/ company/news/2019/nr_190806.html#sec7

52) 新潮社　東京トイボクシーズ　https://www.shinchosha.co.jp/book/772286/

53) KADOKAWA　対ありでした。～お嬢さまは格闘ゲームなんてしない～ https://www. kadokawa.co.jp/product/322001000273/

54) 黒川文雄，eスポーツの全てがわかる本，日本実業出版社，2019.

55) 岩間達也，アイテム課金制による無料PCオンラインゲーム，デジタルゲームの教科書 第9 章，ソフトバンククリエイティブ，2010.

56) Masashi Ono　確率計算機－ガチャの期待値を計算しよう)※現在配信停止

57) 三菱UFJリサーチ＆コンサルティング　オンラインゲームの動向整理　https://www.caa.go.jp/ policies/policy/consumer_policy/caution/internet/assets/consumer_policy_ cms106_220630_08.pdf

58) Zendle, D., Problem gamblers spend less money when loot boxes are removed from a game: a before and after study of Heroes of the Storm, *Peer J.*, 2019 Oct 29, 7:e7700.

59) Zendle, D. et al., Adolescents and loot boxes: links with problem　gambling and motivations for purchase, *R Soc Open Sci*, 2019 Jun 19, 6(6), 190049.

60) Haagsma, M.C. et al., A cognitive-behavioral model of problematic online gaming in adolescents aged 12–22 years., *Computers in Human Behavior*, 2013, 29, pp.202–209.

61) Iacovides, I. & Mekler, E.D., The Role of Gaming During Difficult Life Experiences. In *Proceedings of the 2019 CHI Conference on Human Factors in Computing Systems (CHI '19)*, Association for Computing Machinery, New York, NY, USA, 2019, Paper 223, 1–12. https://doi.org/10.1145/3290605.3300453

62) なぜ基本プレイ無料という仕組みは韓国から登場したのか――国策が韓国をオンラインゲー ム大国に押し上げた経緯を語ろう　https://news.denfaminicogamer.jp/column05/181022

63) 基本無料（F2P）は、どうしていまの形になっていったか？ 2001年アイテム課金登場の経緯
https://news.denfaminicogamer.jp/column05/190805a

第5章

1) 和田 清，物質の乱用・依存・中毒とその疾病性について，「精神科治療学」第28巻増刊号，
2013，pp.16-21.

2) Goodman, A., Addiction: Definition and Implications, *British Journal of Addiction*, 1990,
85(11), pp.1403–1408. https://doi.org/10.1111/j.1360-0443.1990.tb01620.x.

3) Petry, N.M. et al., Behavioral Addictions as Mental Disorders: To Be or Not To Be?, *Annu
Rev Clin Psychol*, 2018 May 7, 14:399-423. doi:10.1146/annurev-clinpsy-032816-045120.

4) 松本俊彦，物質関連障害および嗜癖性障害群，臨床精神医学 43(増刊)，2014，pp.166-
172.

5) American Psychiatric Association, Diagnostic and statistical manual of mental disorders
(DSM-5®), Washington DC, American Psychiatric Publishing, 2013.（アメリカ精神医学会
編，高橋三郎・大野裕監訳，染矢俊幸・神庭重信・尾崎紀夫・三村將・村井俊哉訳, DSM-5
精神疾患の診断・統計マニュアル, 医学書院, 2014.）

6) Petry NM. et al., An overview of and rationale for changes proposed forpathological
gambling in DSM-5, *J Gambl Stud*, 2014 Jun, 30(2), pp.493-502. doi:10.1007/s10899-013-
9370-0. PMID: 23526033; PMCID: PMC3722301.

7) American Psychiatric Association, Diagnostic and statistical manual of mental disorders
(DSM-5-TR®), Washington DC, American Psychiatric Publishing, 2022.（アメリカ精神医
学会編，高橋三郎・大野裕監訳，染矢俊幸・神庭重信・尾崎紀夫・三村將・村井俊哉・中尾
智博訳, DSM-5-TR 精神疾患の診断・統計マニュアル, 医学書院, 2023.）

8) Starcevic, V., Tolerance and withdrawal symptoms may not be helpful to enhance
understanding of behavioural addictions, *Addiction*, 2016 Jul, 111(7), pp.1307-8. doi:
10.1111/add.13381. Epub 2016 Apr 19.

9) Kaptsis, D. et al., Withdrawal symptoms in internet gaming disorder: A systematic
review, *Clin Psychol Rev*, 2016 Feb, 43, pp.58-66. doi:10.1016/j.cpr.2015.11.006. Epub 2015
Dec 7. PMID: 26704173.

10) 中山秀紀・樋口 進，ゲーム障害の治療 「医学のあゆみ」，医歯薬出版，2019，271，
pp.587-590.

11) Starcevic, V. et al., 2020, Internet Gaming Disorder and Gaming Disorder in the Context of
Seeking and Not Seeking Treatment for Video-Gaming, *Journal of Psychiatric Research*,
2020, 129, (October), pp.31–39.

12) Jo, Y.S. et al., Clinical Characteristics of Diagnosis for Internet Gaming Disorder:

Comparison of DSM-5 IGD and ICD-11 GD Diagnosis, *J. Clin. Med*, 2019, 8, pp.945.

13) Higuchi, S. et al., Development and validation of a nine-item short screening test for ICD-11 gaming disorder (GAMES test) and estimation of the prevalence in the general young population, J Behav Addict, 2021 Jul 6, 10(2), pp.263-280. doi: 10.1556/2006. 2021.00041.

14) Dong, G. & Potenza, M.N., A cognitive-behavioral model of Internet gaming disorder: theoretical underpinnings and clinical implications, *J Psychiatr Res*, 2014 Nov, 58, pp.7-11. doi: 10.1016/j.jpsychires.2014.07.005.

15) Brand, M. et al., PotenzaIntegrating psychological and neurobiological considerations regarding the development and maintenance of specific Internet-use disorders: An Interaction of Person-Affect-Cognition-Execution (I-PACE) model, *Neuroscience & Biobehavioral Reviews*, 2016, 71, pp.52-266.

16) McKenna, K.Y.A. & Bargh, J.A., Coming out in the age of the Internet: Identity "demarginalization" through virtual group participation, *Journal of Personality and Social Psychology*, 1998 75(3), pp.681–694. https://doi.org/10.1037/0022-3514.75.3.681

17) Kraut, R.E. et al., Internet Paradox Revisited, *Journal of Social Issue*, 2002, Vol.58, No.1, pp.49-74.

18) Kardefelt-Winther, D., A conceptual and methodological critique of internet addiction research: Towards a model of compensatory internet use, *Computers in Human Behavior*, 2014, 31, pp.351-354.

19) 齊藤万比古，不登校，山崎晃資ほか編，現代児童青年精神医学，永井書店，2002，pp343-354.

20) Young, K., *Caught in the net*, New York, Wiley, 1998.

21) Meerkerk, G.J. et al., The Compulsive Internet Use Scale (CIUS): some psychometric properties, *Cyberpsychol Behav*, 2009, 12, pp.1–6.

22) Chen, S.H. et al., Development of Chinese Internet Addiction Scale and its psychometric study, *Chin J Psychol*, 2003, 45, pp.279–294.

23) Kuss, D.J. et al., Internet addiction: a systematic review of epidemiological research for the last decade, *Curr Pharm Des*, 2014, 20, pp.4026–4052.

24) 河邉憲太郎ほか，青少年におけるインターネット依存の有病率と精神的健康状態との関連，精神神経学雑誌，日本精神神経学会，2017，119，pp.613-620.

25) Mihara, S. et al., Internet use and problematic Internet use among adolescents in Japan: A nationwide representative survey, *Addictive Behaviors Reports*, 2016, 4, pp.58–64. https://doi.org/10.1016/j.abrep.2016.10.001

26) Johansson, A. & Götestam KG., Internet addiction: characteristics of aquestionnaire and

prevalence in Norwegian youth (12-18 years), *Scand J Psychol*, 2004 Jul, 45(3), pp.223-9. doi: 10.1111/j.1467-9450.2004.00398.x. PMID: 15182240.

27) Ha, J.H. et al., Psychiatric comorbidity assessed in Korean children and adolescents who screen positive for Internet addiction, *J Clin Psychiatry*, 2006, 67(5), pp.821-826.

28) Lam, L.T. et al., Factors associated with Internet addiction among adolescents, *Cyberpsychol Behavior*, 2009, 12(5), pp.551-555.

29) Cao, H. et al., Problematic Internet use in Chinese adolescents and its relation to psychosomatic symptoms and life satisfaction, *BMC Public Health*, 2011, 11.

30) Wang, H. et al., Problematic Internet use in high school students in Guangdong Province, China, *Plos One*, 2011, 6(5).

31) Caplan, S.E., Problematic Internet use and psychosocial well-being: Development of a theory-based cognitive-behavioral measurement instrument, *Computers in Human Behavior*, 2002, 18(5), pp.553–575. https://doi.org/10.1016/S0747-5632(02)00004-3

32) Aa, v.d.N. et al., Daily and compulsive Internet use and well-being in adolescence: A diathesis-stress model based on Big Five personality traits, *J Youth Adolescence*, 2009, 38, pp.765-776.

33) Yen, C.F. et al., Multi-dimensional discriminative factors for internet addiction among adolescents regarding gender and age, *Psychiatry and Clinical Neurosciences*, 2009, 63(3), pp.357-364. https://doi.org/10.1111/j.1440-1819.2009.01969.x

34) Ikrkci, Z., The effect of internet use on well-being, *Comput. Hum. Behav.*, 65, C (December 2016), 2016, pp.560–566. doi:https://doi.org/10.1016/j.chb.2016.09.021

35) McKenna, K.Y.A. et al., Relationship formation on the Internet: What's the big attraction?, *Journal of Social Issues*, 2002, 58(1), pp.9–31.https://doi.org/10.1111/1540-4560.00246

36) González-Bueso, V. et al., Association between Internet Gaming Disorder or Pathological Video-Game Use and Comorbid Psychopathology: A Comprehensive Review, *Int J Environ Res Public Health*, 2018 Apr 3, 15(4), pp.668. doi: 10.3390/ijerph15040668.

37) Ho, R.C. et al., The association between internet addiction andpsychiatric co-morbidity: a meta-analysis, *BMC Psychiatry*, 2014 Jun 20, 14, pp.183.doi: 10.1186/1471-244X-14-183. PMID: 24947851; PMCID: PMC4082374.

38) Lin, P.C. et al., The association between comorbid psychiatric symptoms and remission of internet gaming disorder among college students and non-student adults, *Taiwanese J Psychiatry*, 2016, 30, pp.279–288.doi:10.1016/j.eurpsy.2010.04.011.

39) Liu, L. et al., The Comorbidity Between Internet Gaming Disorder and Depression: Interrelationship and Neural Mechanisms, *Front Psychiatry*, 2018, 9, pp.154. Published online 2018 Apr 23. doi: 10.3389/fpsyt.2018.00154.

40) Wang, B.Q. et al., The association between attention deficit/hyperactivity disorder and internet addiction: a systematic review andmeta-analysis, *BMC Psychiatry*, 2017 Jul 19, 17(1), pp.260.

41) Evren, C. et al., Relationships of Internet addiction and Internet gaming disorder symptom severities with probable attention deficit/hyperactivity disorder, aggression and negative affect among university students, *Atten Defic Hyperact Disord*, 2019 Dec, 11(4), pp.413-421. doi:10.1007/s12402-019-00305-8. Epub 2019 May 6. PMID: 31062235.

42) Sonuga-Barke, E., The dual pathway model of AD/HD: an elaboration of neuro-developmental characteristics, *Neuroscience & Biobehavioral Reviews*, 2003, 27, pp.593-604.

43) Su, W. et al., Do Men Become Addicted to Internet Gaming and Women to Social Media? A Meta-Analysis Examining Gender-Related Differences in Specific Internet Addiction, *Computers in Human Behavior*, 2020, 113 (December), 106480.

44) Hyun, Gi et al., Risk factors associated with online game addiction: A hierarchical model, *Computers in Human Behavior*, 2015, 48, pp.706-713.doi:10.1016/j.chb.2015.02.008.

45) Han, H. et al., Relationship between the experience of online game genre and high risk of Internet gaming disorder in Korean adolescents, *Epidemiol Health*, 2020, 42:e2020016. doi: 10.4178/epih.e2020016.Epub 2020 Apr 7.

46) Triberti, S. et al., What matters is when you play: Investigating the relationship between online video games addiction and time spent playing over specific day phases, *Addict Behav Rep*, 2018 Jun 22, 8, pp.185-188.

47) Kim, J.W. et al., The Relationships between Online Game Player Biogenetic Traits, Playing Time, and the Genre of the Game Being Played, *Psychiatry Investig*, 2010 Mar, 7(1), pp.17-23. doi:10.4306/pi.2010.7.1.17. Epub 2010 Feb 8. PMID: 20396428; PMCID: PMC2848772.

48) Na, E. et al., The influence of game genre on Internet gaming disorder, *J Behav Addict*, 2017 Jun 29, 6(2), pp.1-8. doi: 10.1556/2006. 6. 2017. 033. Epub ahead of print. PMID: 28658960; PMCID:PMC5520129.

49) 関 正樹ほか，発達障害におけるインターネット依存度の調査―ゲームジャンルとの関連から―児童青年精神医学とその近接領域，2021，62(3)，pp.365-384.

50) Lemmens, J.S. & Hendriks SJ., Addictive Online Games: Examining the Relationship Between Game Genres and Internet Gaming Disorder, *Cyberpsychol Behav Soc Netw*, 2016 Apr, 19(4), pp.270-6. doi: 10.1089/cyber.2015.0415. Epub 2016 Mar 9.

51) Haagsma, M.C. et al., A cognitive-behavioral model of problematic online gaming in adolescents aged 12–22 years, *Computers in Human Behavior*, 2013, 29, pp.202–209.

52) Przybylski, A.K. & Weinstein, N., Investigating the motivational and psychosocial dynamics of dysregulated gaming: Evidence from a preregistered cohort study,

Clinical Psychological Science, 2019, 7(6), pp.257–1265. https://doi.org/10.1177/ 2167702619859341

53) van den Eijnden, R.J. et al., Compulsive Internet use among adolescents: Bidirectional parent-child relationships, *J Abnormal Child Psychol*, 2010, 38, pp.77-89.

54) Mythily, S. et al., Prevalence and correlates of excessive internet use among youth in Singapore, *Ann Acad Med Singapore*, 2008, 37(1), pp.9-14.

55) Liau, A. et al., Pathological video-gaming among youth: A prospective study examining dynamic protective factors, *Addiction Research & Theory*, 2015, 23, pp.301-308.

56) Su, B. et al., Father-Child Longitudinal Relationship: Parental Monitoring and Internet Gaming Disorder in Chinese Adolescents, *Front Psychol*, 2018 Feb 6, 9, 95. doi: 10.3389/ fpsyg.2018.00095.

57) Dullur, P. & Starcevic, V., Internet gaming disorder does not qualify as a mental disorder, *Aust N Z J Psychiatry*, 2018 Feb, 52(2), pp.110-111.

58) King, D.L. et al., Internet gaming disorder should qualify as a mental disorder, *Australian & New Zealand Journal of Psychiatry*, 2018, 52(7), pp.615-617.

第6章

1) Huang, H.M. et al., The Association between Near Work Activities and Myopia in Children-A Systematic Review and Meta-Analysis, *PloS one*, 2015, 10(10), e0140419. https://doi.org/10.1371/journal.pone.0140419

2) Gong, Y. et al., *Parental myopia, near work, hours of sleep and myopia in Chinese children, Health*, 2014, 06, pp.64-70.doi:10.4236/health.2014.61010.

3) Li, S.M. et al., Anyang Childhood Eye Study Group. Near Work Related Parameters and Myopia in Chinese Children: the Anyang Childhood Eye Study, *PLoS One*, 2015 Aug 5, 10(8), e0134514. doi: 10.1371/journal.pone.0134514.

4) Sherwin, J.C. et al., The association between time spent outdoors and myopia in children and adolescents:a systematic review and meta-analysis, *Ophthalmology*, 2012 Oct, 119(10), pp.2141-51. doi: 10.1016/j.ophtha.2012.04.020. Epub 2012 Jul 17.

5) Turnbull, P.R.K. & Phillips, J.R., Ocular effects of virtual reality headset wear in young adults. Sci Rep 7, 16172, 2017. https://doi.org/10.1038/s41598-017-16320-6.

6) PlayStation®VR https://www.playstation.com/ja-jp/ps-vr/

7) Matthews, C.E. et al., Amount of time spent in sedentary behaviors and cause-specific mortality in US adults, *The American Journal of Clinical Nutrition*, 2012, Volume 95, Issue 2, February, pp.437–445.

8) Alimoradi, Z. et al., Internet addiction and sleep problems: A systematic review and meta-

analysis, *Sleep Med Rev.*, 2019 Oct, 47, pp.51-61．doi:10.1016/j.smrv.2019.06.004. Epub 2019 Jul 4.

9) e-ヘルスネット，子どもの睡眠　https://www.e-healthnet.mhlw.go.jp/information/heart/k-02-007.html

10) LeBourgeois, M.K. et al., Digital Media and Sleep in Childhood and Adolescence, *Pediatrics*, 2017 Nov, 140(Suppl 2), S92-S96. doi: 10.1542/peds.2016-1758J. PMID: 29093040; PMCID: PMC5658795.

11) 村田絵美ほか，日本の小学生の睡眠習慣と睡眠に影響を及ぼすライフスタイルについての大規模調査，小児保健研究，2014-11，73(6)，pp.798-810．

12) Prescott, A.T. et al., Metaanalysis of the relationship between violent video game play and physical aggression over time, *Proc Natl Acad Sci U S A*, 2018 Oct 2, 115(40), pp.9882-9888. doi: 10.1073/pnas.1611617114.

13) Ferguson, C.J. et al., A longitudinal test of video game violence influences on dating and aggression: a 3-year longitudinal study of adolescents, *J Psychiatr Res*, 2012 Feb, 46(2), pp.141-6.

14) Przybylski, A.K. & Weinstein, N., Violent video game engagement is not associated with adolescents' aggressive behaviour: evidence from a registered report, *R Soc Open Sci.*, 2019 Feb 13, 6(2), 171474. doi: 10.1098/rsos.171474.

15) Kühn, S. et al., Does playing violent video games cause aggression? A longitudinal intervention study, *Mol Psychiatry 24*, 2019, pp.1220–1234.https://doi.org/10.1038/s41380-018-0031-7

16) Ferguson, C.J. et al., Violent Video Games Don't Increase Hostility in Teens, but They Do Stress Girls Out, *Psychiatr Q*, 2016 Mar, 87(1), pp.49-56.

17) 香川県教育センター，全国学力・学習状況調査および香川県学習状況調査報告書　https://www.kagawa-edu.jp/educ01/section/research/research

18) 国立病院機構久里浜医療センター，ネット・ゲーム使用と生活習慣についてのアンケート結果（概要），2018．https://www.ncasa-japan.jp/pdf/document15.pdf

19) 田中辰夫，ゲームによる学力低下に閾値はあるか―想起による大規模調査― Threshhold of Effect of Video Game on Academic Performance GLOCOM Discussion Paper Series 20-001 2020. 1.

20) Kovess-Masfety, V. et al., Is time spent playing video games associated with mental health, cognitive and social skills in young children?, *Soc Psychiatry Psychiatr Epidemiol*, 2016, 51(3), pp.349-357. doi:10.1007/s00127-016-1179-6

21) Chaarani, B. et al., Association of Video Gaming With Cognitive Performance Among Children, *JAMA Netw Open*, 2022, 5(10), e2235721. doi:10.1001/jamanetworkopen.2022.35721

22) Willoughby, T., A short-term longitudinal study of Internet and computer game use by adolescent boys and girls: prevalence, frequency of use, and psychosocial predictors, *Dev Psychol*, 2008 Jan, 44(1), pp.195-204. doi:10.1037/0012-1649.44.1.195

23) Islam, M.I. et al., Effect of internet use and electronic game-play on academic performance of Australian children, *Sci Rep 10*, 2020, 21727. https://doi.org/10.1038/s41598-020-78916-9

24) Shimai, S. et al., Influences of TV games on physical and psychological development of Japanese kindergarten children.*Percept Mot Skills*, 1990 Jun, 70(3 Pt 1), pp.771-6. doi: 10.2466/pms.1990.70.3.771. PMID: 2377408.

25) Pine, R. et al., The Effects of Casual Videogames on Anxiety, Depression, Stress, and Low Mood: A Systematic Review, *Games Health J.*, 2020 Aug, 9(4), pp.255-264.

26) Johannes, N. et al., Video game play is positively correlated with well-being, *R. Soc. Open Sci*, 2021, 8:202049.https://doi.org/10.1098/rsos.202049

27) 総務省　令和3年度　通信利用動向調査 https://www.soumu.go.jp/johotsusintokei/statistics/data/220527_1.pdf

28) 総務省　令和3年度　青少年のインターネット利用環境実態調査 調査結果（速報）https://www8.cao.go.jp/youth/kankyou/internet_torikumi/tyousa/r03/net-jittai/pdf/sokuhou.pdf

29) 吉川 徹，ゲーム・ネットの世界から離れられない子どもたち，合同出版，2021.

30) Joiner, T.E., *Why People Die By Suicide*, Cambridge, MA: Harvard University Press, 2005.

第7章

1) Chevallier, C. et al., The social motivation theory of autism, *Trends Cogn Sci*, 2012, 16(4), pp.231-239. doi:10.1016/j.tics.2012.02.007

2) Russell, S. et al., Hobby preferences and physical activity participation among children with and without autism spectrum disorder, *EUJAPA*, 2018, 11(2), 8. doi: 10.5507/euj.2018.008

3) 本田秀夫，選好性(preference)の観点から見た自閉スペクトラムの特性および生活の支障，鈴木國文ほか 編，発達障害の精神病理，東京，星和書店，2018，発達障害の精神病理 I，pp97-113.

4) Benford, P & Standen, P.j., The Internet: A comfortable communication medium for people with Asperger syndrome (0S) and high functioning autism (HFA)?, *Journal of Assistive Technologies*, 3, 2009, pp.44-53. doi: 10.1108/17549450200900015.

5) Suzuki, K. et al., The Relationships Among Autism Spectrum Disorder Traits, Loneliness, and Social Networking Service Use in College Students, *J Autism Dev Disord*, 2021, 51(6), pp.2047-2056.

6) Paulus, F.W. et al., Gaming Disorder and Computer-Mediated Communication in Children

and Adolescents with Autism Spectrum Disorder, *Z Kinder Jugendpsychiatr Psychother*, 2020, 48(2), pp.113-122.

7) Gillespie-Lynch, K. et al., Intersections Between the Autism Spectrum and the Internet: Perceived Benefits and Preferred Functions of Computer-Mediated Communication, *Intellect Dev Disabil*, 2014, 52 (6), pp.456–469.

8) Van Schalkwyk, G.I. et al., Social media use, friendship quality, and the moderating role of anxiety in adolescents with autism spectrum disorder, *Journal of Autism and Developmental Disorders*, 2017, 47, pp.2805–2813.

9) Finkenauer, C. et al., Examining the link between autistic traits and compulsive Internet use in a non-clinical sample, *Journal of Autism and Developmental Disorders*, 2012, 42(10), pp.2252–2256.

10) So, R. et al., The Prevalence of Internet Addiction Among a Japanese Adolescent Psychiatric Clinic Sample With Autism Spectrum Disorder and/or Attention-Deficit Hyperactivity Disorder A Cross-Sectional Study, *J Autism Dev Disord*, 2017, 47, pp.2217–2224.

11) 関 正樹ほか，発達障害におけるインターネット依存度の調査―ゲームジャンルとの関連から―児童青年精神医学とその近接領域，2021，62(3)，pp.365–384.

12) Kawabe, K. et al., Internet addiction and attention-deficit / hyperactivity disorder symptoms in adolescents with autism spectrum disorder, *Res Dev Disabil*, 2019 Jun, 89, pp.22-28.doi: 10.1016/j.ridd.2019.03.002. Epub 2019 Mar 14.

13) Liu, S. et al., Autistic Traits and Internet Gaming Addiction in Chinese Children: The Mediating Effect of Emotion Regulation and School Connectedness, *Research in Developmental Disabilities*, 2017, 68, pp.122–130.

14) Shane-Simpson, C. et al., Associations between compulsive internet use and the autism spectrum, *Research in Autism Spectrum Disorders*, 2016, 23, pp.152–165.

15) AUTCRAFT https://www.autcraft.com/

16) Barkley, R.A., Behavioral inhibition, sustained attention, and executive functions : Constructing a unifying theory of ADHD, *Psychological Bulletin*, 1997, 121, pp.65-94.

17) Sonuga-Barke, E.J.S., The dual pathway model of AD/HD : an elaboration of neuro-developmental characteristics, *Neuroscience and Biobehavioral Reviews*, 2003, 27, pp.593-604.

18) Carli, V. et al., The Association between Pathological Internet Use and Comorbid Psychopathology: A Systematic Review, *Psychopathology*, 2013, 46, pp.1-13. doi: 10.1159/000337971

19) Wang, B.Q. et al., The association between attentiondeficit/hyperactivity disorder and internet addiction: a systematic review and meta-analysis, *BMC Psychiatry*, 2017 Jul 19,

17(1), pp.260.

20) Masi, L. et al., Video Games in ADHD and Non-ADHD Children: Modalities of Use and Association With ADHD Symptoms, *Front Pediatr*, 2021 Mar 12, 9:632272. doi: 10.3389/fped.2021.632272

21) Lee, J. et al., Impact of attention‐deficit/hyperactivity disorder comorbidity on longitudinal course in Internet gaming disorder: a 3-year clinical cohort study, *J Child Psychol Psychiatr*, 2021．https://doi.org/10.1111/jcpp.13380.

22) Yen, J. et al., Association between Internet gaming disorder and adult attention deficit and hyperactivity disorder and their correlates: Impulsivity and hostility, *Addictive Behaviors*, 2017, 64, pp.308–313.

23) Marmet, S. et al., Bidirectional Associations Between Self-Reported Gaming Disorder and Adult Attention Deficit Hyperactivity Disorder: Evidence From a Sample of Young Swiss Men. *Front. Psychiatry, 2018,* 9, 649. doi: 10.3389/fpsyt.2018.00649

24) Han, D.H. et al., The effect of methylphenidate on Internet video game play in children with attention-deficit/hyperactivity disorder, *Compr Psychiatry*, 2009 May/Jun, 50(3), pp.251-256．doi: 10.1016/j.comppsych.2008.08.011. Epub 2008 Oct 15. PMID:19374970.

25) Park, J.H. et al., Effectiveness of atomoxetine and methylphenidate for problematic online gaming in adolescents with attention deficit hyperactivity disorder, *Hum Psychopharmacol*, 2016 Nov, 31(6), pp.427-432．doi: 10.1002/hup.2559. PMID: 27859666.

第8章

1) 滝川一廣，子どものための精神医学，医学書院，2015.

2) 文部科学省，令和2年度 児童生徒の問題行動・不登校等生徒指導上の諸課題に関する調査結果の概要 https://www.mext.go.jp/content/20201015-mext_jidou02-100002753_01.pdf

3) 日本財団 不登校傾向にある子どもの実態調査 https://www.nippon-foundation.or.jp/app/uploads/2019/01/new_inf_201811212_01.pdf (2021年1月2日確認)

4) 齊藤万比古，不登校の多軸評価について，不登校対応ガイドブック，中山書店，2007，pp38-40.

5) 齊藤万比古，不登校の病院内学級中学校卒業後10年間の進路研究，不登校の児童思春期精神医学，金剛出版，2006，pp140-169

6) 大高一則，不登校とひきこもり，本城秀次ほか(編)，臨床児童青年精神医学ハンドブック，西村書店，pp375-383.

7) 齊藤万比古，不登校の病院内学級中学校卒業後10年間の追跡研究，児童青年精神医学とその近接領域，2000，41(4)，pp.377-399.

8) 鈴木 菜生ほか，不登校と発達障害：不登校児の背景と転帰に関する検討，脳と発達，

2017，49巻，4号，pp.255-259.

9) 関 正樹ほか，自閉スペクトラム症と不登校に関する調査研究，第57回 日本児童青年精神医学会，抄録集.

10) 前多治雄，Q10.学校に行くのを嫌がるときにはどのような疾患が考えられ，どのように鑑別していけばよいですか?，小児内科，2007，39(2)，pp.193-196.

11) 福西朱美，過眠で来院しADHDの存在が明らかになった2例，治療，2013，95，pp.1962-1965.

12) 藤田純一ほか，児童・青年期のインターネット・ゲーム依存:大学病院での経験から，児童青年精神医学とその近接領域，2019，60(2)，pp.147-157

13) 高木隆郎，登校拒否の心理と病理，季刊精神療法3，1977，pp.218-235.

14) 齊藤万比古，不登校，山崎晃資ほか編，現代児童青年精神医学，永井書店，2002，pp343-354.

15) オンラインで(も)できる自閉スペクトラムの子の余暇支援(加藤 浩平:東京学芸大学研究員／藤野 博:東京学芸大学教職大学院教授)＃つながれない社会のなかでこころのつながりを
https://www.note.kanekoshobo.co.jp/n/n44ef52cf8186

16) 関 正樹，自閉スペクトラム症と不登校，特集:学校と精神医療——病んでいるのは子どもか?学校か?，Psychiatry，2016，83，pp.78-84.

17) 武井 明，精神科思春期外来を受診した高機能広汎性発達障害の臨床的検討，精神医学，2010，52，pp.1213-1219.

▌著者紹介

関 正樹（せき・まさき）

児童精神科医。福井医科大学医学部卒業後，岐阜大学医学部付属病院，土岐市立総合病院　精神科を経て，現在は大湫病院に勤務。岐阜県東濃地方の地域の児童精神科医として，発達障害や不登校の子どもの診療にあたるとともに，地域における発達障害の啓発活動や保護者の座談会などに出席し，家族支援を行っている。また，自身もゲームやアニメ，漫画などの世界を好んでおり，最近では子どもとゲームやネットとの関わりについて各方面で発信を行っている。好きなゲームはスプラトゥーン。著書に『発達障害をめぐる世界の話をしよう：よくある99の質問と9つのコラム』(批評社)，『小児科医・かかりつけ医に知ってほしい発達障害のこと』(南山堂) など。

子どもたちはインターネットやゲームの世界で
何をしているんだろう？
──児童精神科医からみた子どもたちの「居場所」

2023 年 8 月 29 日　初版第 1 刷発行　　　　　　　　［検印省略］

著　者　関　　　正　樹
発行者　金 子 紀 子
発行所　株式会社 金 子 書 房
　　　　〒112-0012　東京都文京区大塚 3-3-7
　　　　TEL　03-3941-0111㈹
　　　　FAX　03-3941-0163
　　　　振替　00180-9-103376
　　　　URL　https://www.kanekoshobo.co.jp/

印刷／藤原印刷株式会社
製本／一色製本株式会社
装丁・デザイン・本文レイアウト／ mammoth.